자연어 처리를 위한

허깅페이스 트랜스포머 하드 트레이닝

코드와 결과물로 이해하는 언어 모델과 트랜스포머

자연어 처리를 위한

허깅페이스 트랜스포머 하드 트레이닝

코드와 결과물로 이해하는 언어 모델과 트랜스포머

박성환, 남승우 지음

저자 소개

박 성 환

2023년 9월부터 시작된 이 책을 완성하기 위한 집필 작업은 저에게 큰 도전이자 많은 배움을 준 과정이었습니다. 지금은 다양한 모델이 물밀듯이 등장하는 변화가 아주 빠른 시대입니다. 우리는 그 변화의 물살 어디인가에 있는 것 같습니다.

변화의 시대에 발맞추어, 허깅페이스로 오픈소스 모델을 활용해보고 싶은 인공지능 개발 초보자나 기존의 실무자 모두에게 유익한 내용을 담아내고자 최선을 다했습니다. 허깅페이스와 자연어 처리에 관심이 있는 많은 분들에게 유익한 가이드가 되기를 바랍니다.

책 한 권이 탄생하기 위해서 여러 분야의 사람들이 모여 정말 많은 노력을 기울여야 한다는 것을 알았습니다. 함께 작업을 무사히 마무리한 남승우 님과 기획자, 관계자분들께 감사드립니다. 전문적인 지식과 아낌없는 협력 덕분에 이 책을 좀 더 풍부하게 완성할 수 있었습니다. 그리고 집필 기간 동안 옆에서 많은 이해와 배려를 보여준 아내에게 대단히 감사하다는 말을 전하고 싶습니다.

앞으로도 늘 끊임없이 배우고 얻은 지식을 공유하기 위해 노력하겠습니다.

통계학을 전공하였으며 DB 관리 및 솔루션 개발 3년 9개월, 스타트업 자연어 처리Natural Language Processing, NLP 개발 2년 8개월 경력을 쌓은 후 현재는 국내 식품 관련 기업 풀무원의 Data&AI 팀에서 대규모 언어 모델Large Language Model, LLM을 활용한 HR 어시스턴트, AICC 콜봇 개발을 하고 있습니다.

최근에는 자연어 처리 관련 모델과 LLM에 관해 주로 공부 중이며 항상 아는 지식을 공유하고 모르는 지식은 배우려는 자세로 임하고 있습니다.

現) 풀무원 Data&AI 팀 NLP 개발
前) AI 관련 스타트업 NLP 개발
前) 퓨쳐누리 DB 관리 및 솔루션 개발

- 이메일: hipster4020@gmail.com
- 깃허브: github.com/hipster4020
- 블로그: hipster4020.tistory.com
- 링크드인: linkedin.com/in/sunghwanpark4020

저자 소개

남승우

별것 없는 평범한 개발자가 귀인 한 분을 만나 무려 전문서 집필에 동참하는 흔치 않은 기회를 얻었습니다. 자리를 제공해준 성환 님께 이 자리를 빌려 감사의 말씀을 드립니다.

기술의 발전이 너무도 빠릅니다. 매주 수십 편의 논문이 쏟아져 나오고 새로운 기술이 속속 개발되고 있습니다. 기술의 급류 속에 우리 개발자들 혹은 연구자들은 어쩔 수 없이 이를 따라갈 수밖에 없으며 관련 지식이 없다면 따라가기는커녕 휩쓸리거나 튕겨나가기 마련입니다.

자연어 처리를 공부하는 분들에게 『자연어 처리를 위한 허깅페이스 트랜스포머 하드 트레이닝』이 기반 지식이 되어 급류를 헤쳐나가는 방법을 전하는 지침서가 되었으면 합니다. 저 또한 그리 대단치 않은 일개 엔지니어지만 뒤따라오는 후배님들을 위해 먼저 이 길을 걸어간 자로서 도움이 되는 지침서를 남기고자 합니다. 부디 이 지침서가 알아보기 편하길, 잘못된 방향으로 안내하지 않길, 오래도록 남아 도움이 되길 바랄 뿐입니다. 책을 읽고 계신 여러분께 모두 감사드리며 이 책이 지식 성장과 업무 능력 향상에 도움이 되길 기원합니다.

소프트웨어마이스터고등학교 소프트웨어개발과를 졸업했습니다. 2020년도에 디스코드 챗봇 개발팀 '팀 크레센도'에서 활동하며 여러 챗봇 개발에 기여했고, 졸업 직후 취업해 5년 차 NLP 엔지니어로 재직 중이며 한국방송통신대학교 통계·데이터과학과 이수를 병행하고 있습니다.

현재는 sLM 사전학습, 프롬프트 엔지니어링 등의 자연어 처리 기술과 더불어 음성 인식 및 음성 합성에도 많은 관심을 가지고 공부하고 있습니다.

現) AI 관련 스타트업 NLP 개발
前) 디스코드 챗봇 개발팀 '팀 크레센도' 활동

- 이메일 nsw0311@gmail.com
- 깃허브 github.com/Nam-SW

베타리더

LLM 기술이 처음 등장했을 당시 대부분의 학습 자료가 영어로 작성된 논문이나 해외 영상이었습니다. 저를 비롯한 국내 연구자들과 실무자들이 LLM을 깊이 이해하고 활용하는 데 어려움을 겪었던 이유는 해외 자료에 의존할 수밖에 없었기 때문이 클 것입니다. 그러나 최근 들어 다양한 번역서와 국내 저자의 도서가 출간되면서 학습의 접근성이 크게 향상되었습니다.

그럼에도 불구하고, 여전히 대부분의 인공지능 관련 도서가 챗GPT 사용법이나 프롬프트 엔지니어링 정도에 집중된 경향이 있습니다. 따라서 실무에서 LLM을 구체적으로 어떻게 활용할 수 있을지에 대한 명확한 가이드를 찾는 일은 여전히 어려운 것이 현실입니다. LLM 학습에 필수적인 허깅페이스Hugging Face 플랫폼을 전문적으로 다룬 국내 자료 또한 매우 부족한 상황입니다.

『자연어 처리를 위한 허깅페이스 트랜스포머 하드 트레이닝』에서는 허깅페이스를 중심으로 LLM의 기초 이론부터 실무에서 바로 활용할 수 있는 다양한 사례까지 친절하게 안내합니다. 특히 허깅페이스를 단순히 LLM을 다운로드하는 플랫폼으로만 알고 있던 독자들에게는 그 기능과 활용 가능성에 대한 새로운 시작을 제공할 것입니다. 독자들이 LLM을 더 깊이 이해하고 효과적으로 활용할 수 있도록 돕는 귀중한 지침서가 되리라 기대합니다.

LG CNS 인공지능 연구원 **전창원**

오픈소스 LLM과 같은 기술로 인해 인공지능Artificial Intelligence, AI 모델의 개발과 미세조정파인튜닝, fine-tuning이 점차 더 쉽게 이루어지고 있습니다. 이제 AI는 우리 일상에 깊숙이 뿌리내린 필수 기술로 자리 잡았으며 누구나 이를 이해하고 활용하는 것이 중요한 시대가 되었습니다.

『자연어 처리를 위한 허깅페이스 트랜스포머 하드 트레이닝』은 자연어 처리 개발과 LLM 튜닝을 빠르게 배울 수 있도록 구성된 실용적인 가이드입니다. 실제 자연어 처리 프로젝트에서 개발자들에게 꼭 필요한 핵심 기술을 명확하게 설명하며 복잡하게만 느껴질 수 있는 AI 세계를 쉽게 이해하도록 돕습니다. 실무에 바로 적용 가능한 예제들이 아주 풍부하기에 머신러닝 전문가뿐만 아니라 나만의 AI를 만들고 싶어 하는 모든 개발자들에게 이 책을 강력히 추천합니다.

이스트소프트 리서치 엔지니어 **김진원**

챗GPT의 등장 이후 자연어 처리 분야가 뜨겁게 떠올랐습니다. 허깅페이스는 이러한 자연어 처리 분야를 대표하는 오픈소스 커뮤니티이자 플랫폼이지만, 점차 파생 라이브러리가 다양해지고 추상화도 깊어져서 때때로 모호하게 느껴질 때도, 어떤 파라미터를 사용해야 하는지 난감할 때도 많았습니다.

이 책은 허깅페이스의 대표 라이브러리인 Transformers부터 Datasets, Evaluate, TRL까지 모델 학습 코드를 기준으로 한 겹 한 겹 쌓아가며 각 라이브러리의 기능과 사용법에 관해 흐름을 따라 설명합니다. 그리고 이해를 돕는 수식과 꼭 필요한 메서드의 파라미터까지 함께 자세하게 안내합니다. 허깅페이스에 처음 입문하는 분도, 지금 현업에서 뛰고 계신 분도 허깅페이스 활용에 관한 고민은 해소하고 실제적이고 유용한 노하우를 얻으며 부담 없이 따라갈 수 있을 것입니다.

일루넥스 NLP 엔지니어 **정민주**

지난 2024년 5월에 열린 마이크로소프트 AI 투어 행사에서 허깅페이스에 등록된 sLM(small Language Model)을 온디바이스로 다운로드해 사용하는 모습을 보고, 앞으로 맞춤형 소규모 모델과 이에 대한 파인튜닝(미세조정)이 더욱 중요해질 것이라는 생각이 들었습니다. 하지만 국내에는 파인튜닝 관련 자료가 부족했고 이를 체계적으로 다룬 책도 찾기 어려워 고민이 많았습니다. 그러던 중 이 책을 통해 다가올 온디바이스 sLM 시대에 어떻게 대비해야 할지 통찰을 얻을 수 있었습니다.

이 책이 특히 도움이 되었던 이유는 독자 친화적으로 구성되어 있었기 때문입니다. 세심한 설명과 함께 코랩 환경을 구축하는 것부터 sLM과 LLM 모델에 대한 파인튜닝, 허깅페이스 모델 경량화와 강화학습까지 따라 해볼 수 있습니다. 또한 트랜스포머 모델, 인코더 기반 모델, 디코더 기반 모델, 인코더-디코더 기반 모델의 구조와 문장 분류, 다중 선택, 질의 응답 등의 태스크도 코드와 결과로 확인할 수 있습니다. 허깅페이스에서 모델과 데이터를 직접 다운로드해 파인튜닝까지 실습할 수 있는 자료는 국내에 거의 없기 때문에 매우 유익했습니다.

지피지기 백전불태(知彼知己 百戰不殆)라는 말처럼, 이 책 덕분에 앞으로 다가올 파인튜닝, 온디바이스 sLM 프로젝트에 대한 두려움이 많이 줄었고 자연어 처리 개발에 자신감이 생겼습니다.

유클릭 클라우드 엔지니어 문경필

목 차

저자 소개 iv
베타리더 viii

CHAPTER 1 자연어 처리와 허깅페이스

1.1 허깅페이스 소개 2
    1.1.1 Datasets 6
    1.1.2 Models 7
    1.1.3 Spaces 8
    1.1.4 Docs 9

1.2 자연어 처리와 허깅페이스의 관계 11

CHAPTER 2 환경 구축

2.1 구글 코랩 환경 구축 14
    2.1.1 계정 생성 14
    2.1.2 새 노트북 만들기 16
    2.1.3 코드 실행 17
    2.1.4 파일 저장 18
    2.1.5 깃 코드 열기 19

2.2 구글 드라이브 마운트 20

CHAPTER 3 허깅페이스 주요 라이브러리

3.1 Datasets 라이브러리 … 26
3.1.1 Datasets 설치 … 26
3.1.2 Datasets 실습 … 27

3.2 Transformers 라이브러리 … 33
3.2.1 Transformers 설치 … 35
3.2.2 Tokenizer … 36
3.2.3 DataCollator … 45
3.2.4 Model … 47
3.2.5 AutoClass … 53
3.2.6 Trainer, TrainingArguments … 55
3.2.7 Pipeline … 58

3.3 미세조정 … 62
3.3.1 토크나이저와 모델 준비 … 62
3.3.2 데이터 준비 및 전처리 … 63
3.3.3 학습 파라미터 선정 … 65
3.3.4 학습 진행 … 67
3.3.5 성능 평가 … 69
3.3.6 모델 저장 … 72

3.4 허깅페이스 허브 등록 … 75
3.4.1 push_to_hub() … 75
3.4.2 CLI … 79
3.4.3 huggingface-hub … 83

CHAPTER 4 보조 라이브러리

4.1 Tokenizers 라이브러리 88
4.1.1 Tokenizer 학습 89
4.1.2 모델 초기화 후 학습 97

4.2 Evaluate 라이브러리 100
4.2.1 Evaluate 평가 100
4.2.2 커스텀 메트릭 만들기 102
4.2.3 Trainer 적용 102

CHAPTER 5 언어 모델 구조 및 학습

5.1 트랜스포머 모델 108

5.2 인코더 기반 모델 111
5.2.1 기본 구조 111
5.2.2 Sequence Classification 113
5.2.3 Multiple Choice 122
5.2.4 Token Classification 128
5.2.5 Question Answering 136

5.3 디코더 기반 모델 142
5.3.1 기본 구조 143
5.3.2 Causal LM 144
5.3.3 Question Answering 152
5.3.4 Sequence Classification 156

5.4 인코더-디코더 기반 모델 160
 5.4.1 기본 구조 160
 5.4.2 Conditional Generation 162
 5.4.3 Sequence Classification 169
 5.4.4 Question Answering 173

CHAPTER 6 모델 활용

6.1 모델 미세조정 180
 6.1.1 인코더 - Sequence Classification 180
 6.1.2 디코더 - Causal LM 186
 6.1.3 인코더-디코더 - Conditional Generation 193
 6.1.4 언어 모델 문장 생성 198

6.2 모델 서빙 210

CHAPTER 7 모델 경량화

7.1 모델 경량화 개요 214

7.2 PEFT 215

7.3 양자화 230

7.4 QLoRA 미세조정 239

CHAPTER

 TRL

8.1 TRL 라이브러리 개요 252

8.2 RLHF 253

8.3 보상 모델 트레이닝 255

8.4 SFT 259

8.5 PPO 275

8.6 Best-of-N 샘플링 283

8.7 DPO 286

8.8 KTO 291

8.9 CPO 295

8.10 ORPO 298

찾아보기 301

CHAPTER 1

자연어 처리와 허깅페이스

1.1 허깅페이스 소개
1.2 자연어 처리와 허깅페이스의 관계

1.1 허깅페이스 소개

자연어 처리Natural Language Processing, NLP를 비롯해 이미지, 영상, 음성 등 다양한 분야에서 모델 학습 시에 사전학습pre-training된 모델을 사용하다 보면 가장 많이 접하는 것이 바로 허깅페이스Hugging Face입니다. 자연어, 이미지, 영상, 음성 등 데이터에 대해 사전에 학습된 모델을 찾아보았다면 이미 허깅페이스를 접해 보셨으리라 생각됩니다. 허깅페이스는 머신러닝Machine Learning, ML 모델을 구축 및 배포하기 위한 도구와 리소스를 개발하는 회사이자 오픈소스 커뮤니티입니다. 특히 사전학습 기반 모델을 간단하게 학습할 수 있도록 하는 자연어 처리 분야에서 혁신적인 역할을 하고 있습니다. 이 챕터에서는 허깅페이스라는 회사에 대해 알아보고 허깅페이스에서 제공하는 주요 기능에 대해 살펴보겠습니다.

허깅페이스는 미국에 본사를 둔 프랑스계 회사로 머신러닝으로 애플리케이션 구축을 돕는 도구를 개발합니다. 2016년 프랑스 기업가인 클레망 들랑그(CEO), 줄리앙 쇼몽(CTO), 토마스 울프(CSO)가 뉴욕에 설립하고 초기에 10대를 위한 챗봇 앱을 개발하였으나 모델을 오픈소스화한 후에는 지식을 공유하고 임팩트 있는 머신러닝을 위한 플랫폼으로 초점을 맞추었습니다. 웹 또는 앱에 머신러닝을 활용하려면 백엔드에서 별도 파이썬Python 앱을 통한 작업이 필요한데 이 불편을 해소하기 위해 자바스크립트JavaScript를 이용한 오픈소스 라이브러리를 제작하는 등 획기적인 행보를 보이고 있습니다. 이와 같은 꾸준한 발전과 펀딩 결과로 빠르게 유니콘 기업에 등극했으며 지난 2023년 8월에는 시리즈 D 펀딩으로 45억 달러(약 6조 원) 가치를 인정받았습니다.

2024년 9월 27일, 허깅페이스 플랫폼의 인공지능Artificial Intelligence, AI 모델 수가 100만 개를 초과했다고 발표되었으며 지금 이 순간에도 모델과 데이터셋은 계속 추가되고 있습니다.[1] 허깅페이스에서 제공하는 주된 기능은 데이터 프로세싱 라이브러리, 깃Git 기반 허깅페이스 허브

---

[1] 「"AI 모델 100만 개 넘었다"… 허깅페이스 "10초마다 생겨나"」, 『매일경제』, 2024), mk.co.kr/news/it/11126541

Hugging Face Hub, 자연어 처리 앱용으로 구축된 모델 학습 지원 Transformers 라이브러리 등이 있습니다. 따라서 허깅페이스는 머신러닝 분야의 깃허브 GitHub로 불리며 개발자는 모델 구조에 대한 이해만 있다면 코드를 직접 작성하지 않아도 Transformers 라이브러리로 모델 학습을 진행할 수 있기 때문에 모델을 활용한 앱 구축 과정을 비교적 간단하게 수행할 수 있습니다. 즉 완성도 높은 오픈소스 레퍼런스를 활용하여 각 태스크에 걸맞은 최신 모델을 손쉽게 바로 구축할 수 있습니다.

허깅페이스의 역사[2]

이 회사는 2016년 프랑스 기업가인 클레망 들랑그, 줄리앙 쇼몽, 토마스 울프가 뉴욕에서 설립했으며, 원래는 10대를 대상으로 한 챗봇 앱을 개발하는 회사였다. 챗봇 뒤에 있는 모델을 오픈소스화한 후 회사는 기계 학습을 위한 플랫폼이 되는 데 초점을 맞추었다.

2021년 3월 허깅페이스는 시리즈 B 자금 조달 라운드에서 4천만 달러를 모금했다.

2021년 4월 28일, 회사는 개방형 대규모 언어 모델을 출시하기 위해 다른 여러 연구 그룹과 협력하여 빅사이언스 리서치 워크숍 BigScience Research Workshop을 시작했다. 2022년 워크숍은 1760억 개의 매개변수를 갖춘 다국어 대규모 언어 모델인 BLOOM의 발표로 마무리되었다.

2021년 12월 21일, 회사는 기계 학습 모델의 대화형 브라우저 데모를 만드는 데 사용되는 소프트웨어 라이브러리인 Gradio를 인수했다고 발표했다.

2022년 5월 5일, 회사는 Coatue와 Sequoia가 주도하는 시리즈 C 자금 조달 라운드를 발표했다. 회사는 20억 달러의 가치 평가를 받았다.

2022년 5월 13일, 회사는 2023년까지 500만 명에게 기계 학습을 가르치겠다는 사명을 완수하기 위해 학생 대상 프로그램을 도입했다.

2022년 5월 26일, 회사는 Graphcore IPU용 Transformers 라이브러리를 최적화하기 위해 Graphcore와의 파트너십을 발표했다.

2022년 8월 3일, 회사는 SaaS 또는 온프레미스 배포를 지원하는 공개 허깅페이스 허브의 엔터프라이즈 버전인 Private Hub를 발표했다.

2023년 2월, 회사는 아마존 웹 서비스 AWS 고객이 허깅페이스의 제품을 사용자 지정 애플리케이션의 구성 요소로 사용할 수 있도록 허용하는 AWS와의 파트너십을 발표했다. 또한 이 회사는 차세대 BLOOM이 AWS가 개발한 독점 기계 학습 칩인 Trainium에서 실행될 것이라고 밝혔다.

2023년 8월, 회사는 시리즈 D 자금 조달에서 45억 달러 가치로 2억 3500만 달러를 조달했다고 발표했다. 자금 조달은 세일즈포스가 주도했으며 구글, 아마존, 엔비디아, AMD, 인텔, IBM 및 퀄컴에서 주목할 만한 참여가 이루어졌다.

---

2 ko.wikipedia.org/wiki/허깅_페이스

허깅페이스 사이트

허깅페이스 공식 사이트(huggingface.co)에서 허브에 등록된 모델과 데이터셋 등을 확인할 수 있고 공식 문서를 활용하여 모델이나 각 클래스의 파라미터에 대한 최신 정보를 볼 수 있습니다.

다음 URL을 통해 허깅페이스 사이트에 접속해 봅시다.

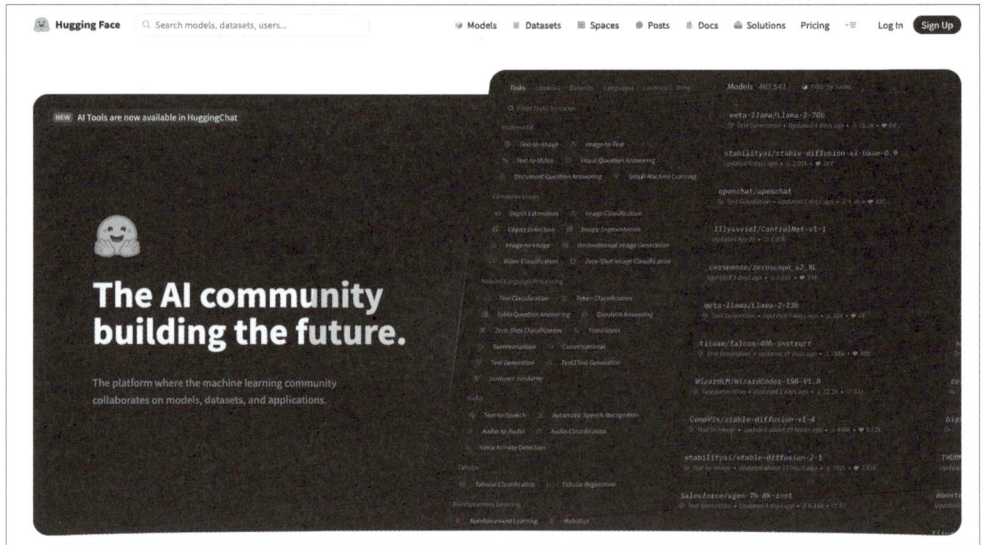

[그림 1-1] 메인 페이지

먼저 허깅페이스 메인 페이지에서 로그인을 합니다. 로그인 후 나오는 마이 페이지에는 개인 프로필 수정, 기관 등록, 새로운 모델 등록 활동 이력, 인기 급상승 모델 등이 있습니다. 상단에 있는 탭을 하나씩 살펴보겠습니다.

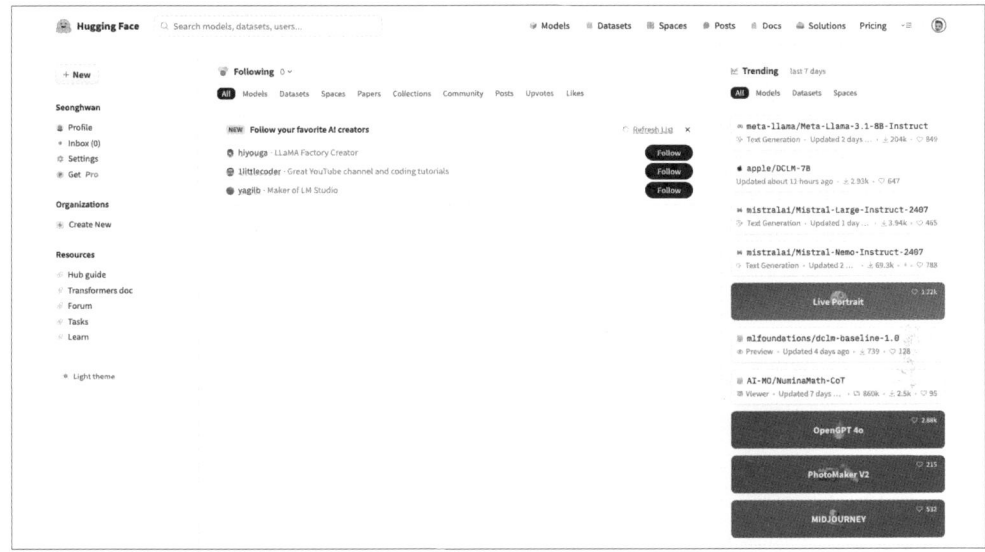

[그림 1-2] 마이 페이지

1.1.1 Datasets

Datasets은 멀티모달, 컴퓨터 비전, 자연어 처리, 음성 처리 등 다양한 분야를 위한 데이터셋이 등록된 허브입니다. 여기에 등록된 데이터셋을 활용하여 모델을 학습할 수 있고 자체 보유하고 있는 데이터를 데이터셋에 업로드하여 학습할 수도 있습니다. Datasets 라이브러리로 허브에 올라온 데이터를 가져와 사용할 수 있으며 다른 사용자가 업로드한 다양한 데이터셋을 간편하게 활용해 볼 수 있습니다.

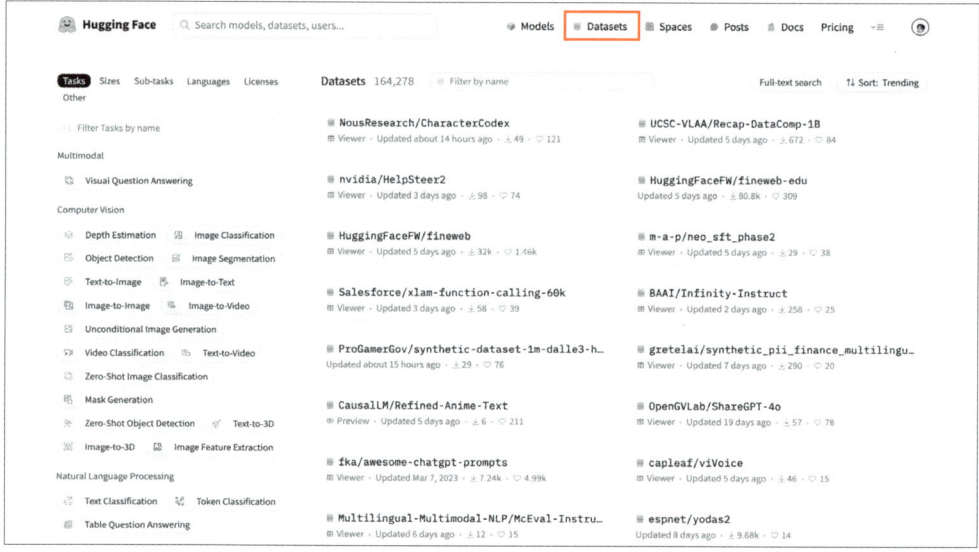

[그림 1-3] Datasets

1.1.2 Models

허브에 등록된 모델 중 적합한 모델을 찾기 위해 자주 방문할 페이지입니다. Tasks, Libraries, Datasets, Languages, Licenses, Other 카테고리별로 구분하여 등록된 모델을 확인할 수 있습니다. 좌측 카테고리에서 Libraries: PyTorch, Languages: Korean으로 설정하면 한국어로 사전학습되어 있거나 미세조정fine-tuning되어 허브에 등록된 모델을 확인할 수 있습니다. 해당 페이지를 통해 등록된 모델에 쉽게 접근하여 사용할 수 있습니다. Transformers 라이브러리로 모델을 불러와 일반 추론을 할 수도 있고 본인의 데이터로 미세조정하여 사용할 수도 있습니다.

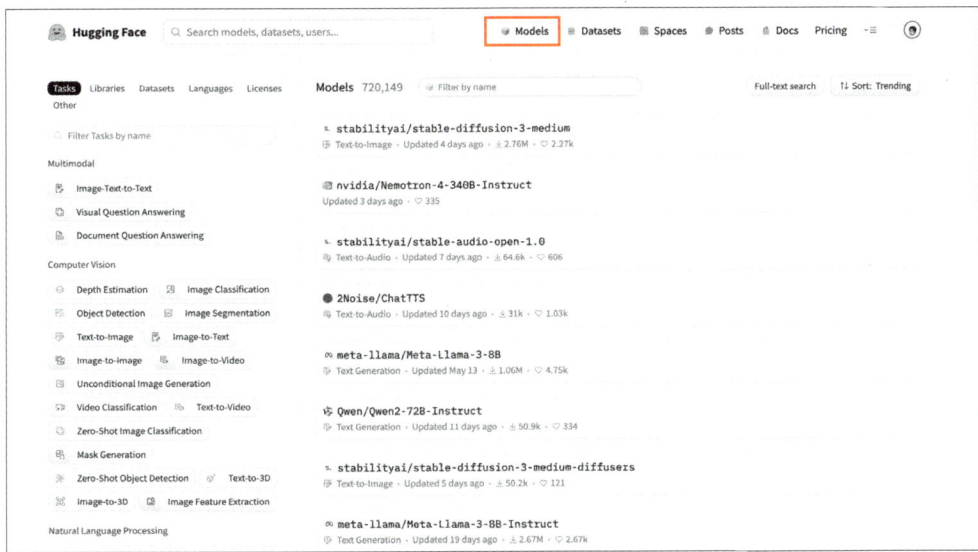

[그림 1-4] Models

1.1.3 Spaces

등록된 모델을 사이트 내에서 간단하게 추론 테스트해 볼 수 있는 페이지입니다.

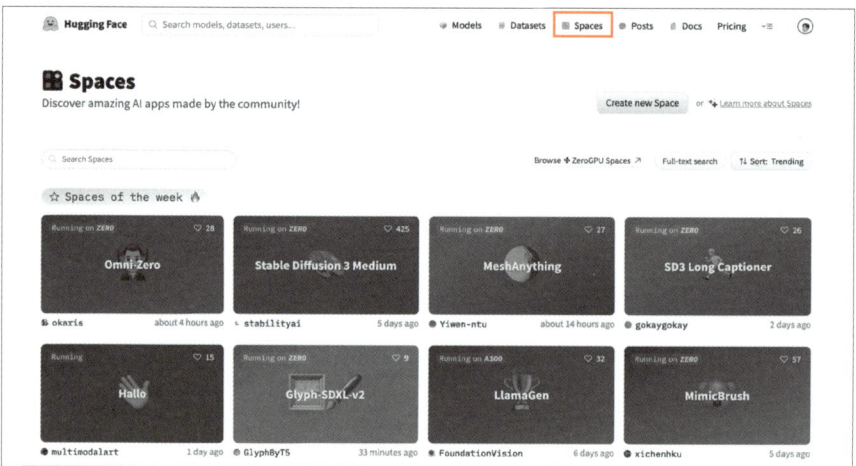

[그림 1-5] Spaces

다음은 Qwen/Qwen2-72B-Instruct 리포지터리의 모델을 테스트한 결과입니다. 이런 방식으로 모델을 사용하기 전에 웹페이지에서 간단한 추론을 테스트할 수 있습니다.

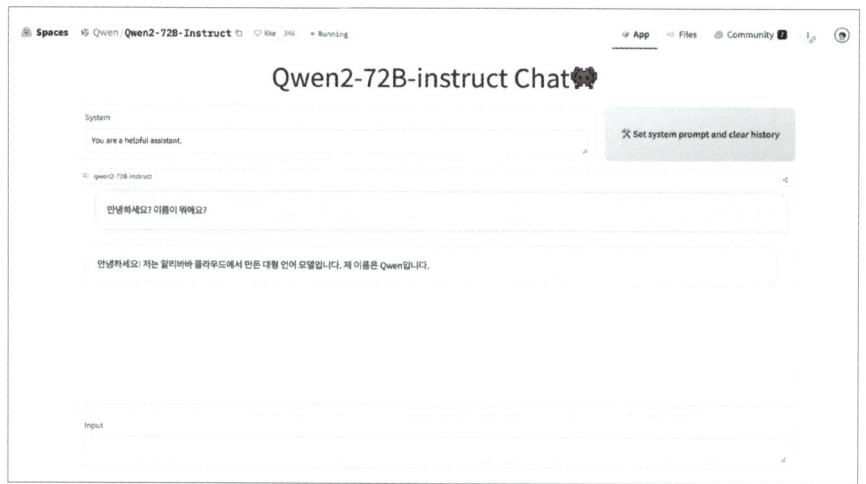

[그림 1-6] Spaces - 추론 테스트

1.1.4 Docs

가장 자주 보게 될 페이지로 허깅페이스에서 제공하는 Transformers, Datasets, Tokenizers, Hub 등 여러 라이브러리의 다양한 기능이 문서로 일목요연하게 정리되어 있습니다.

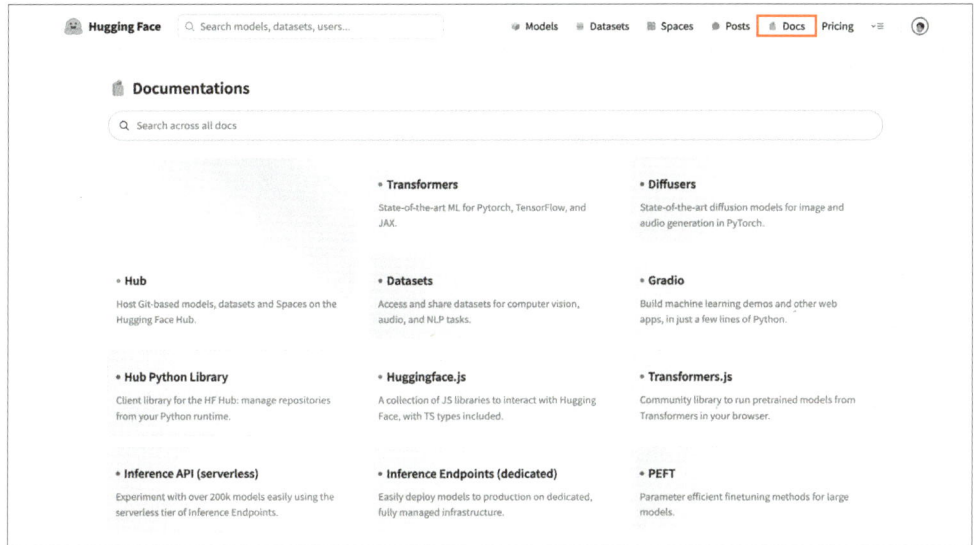

[그림 1-7] Docs

하루가 다르게 새로운 기술이 공개되는 만큼 허깅페이스 라이브러리 역시 빠른 속도로 기능이 추가되고 있습니다. 각 태스크에 대한 정리, 사용 예시, 클래스 및 함수의 파라미터를 최신화하여 예시와 함께 제공하고 있기에 허깅페이스를 사용할 때 자주 확인하게 될 페이지입니다.

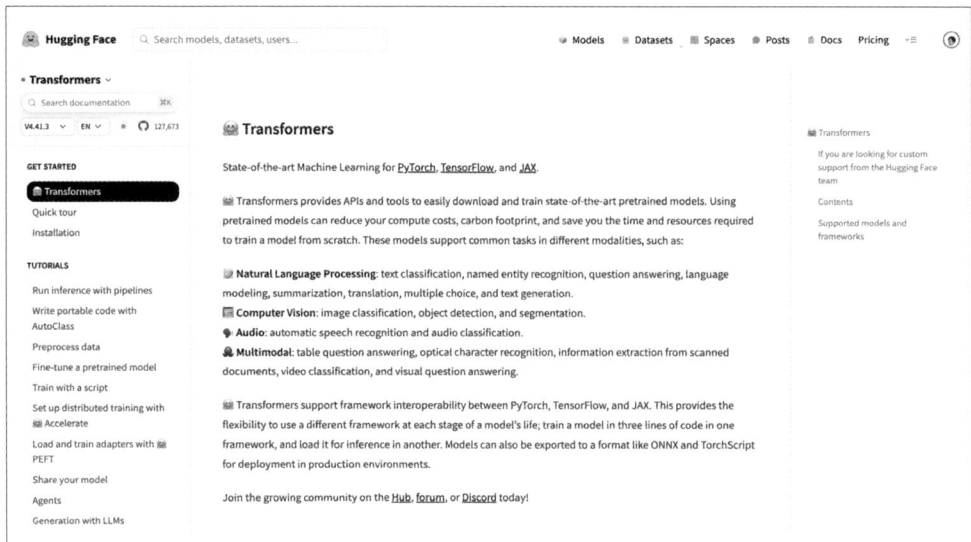

[그림 1-8] Docs - Transformers

추가로 Posts 페이지는 허깅페이스 사용자가 최근 소식이나 자료 등을 포스팅하여 올리는 피드 공간이라고 볼 수 있고 Pricing 페이지에서는 유료 정책 기능을 제공합니다.

1.2 자연어 처리와 허깅페이스의 관계

허깅페이스는 초기에 자연어 처리를 기반으로 성장하였습니다. 오픈소스 라이브러리 Transformers는 초기에 자연어 처리 관련 모델만을 지원했습니다. 서서히 규모가 커지며 모델뿐 아니라 학습 및 서빙을 위한 구현체가 등장했고 오늘날에 와서는 이미지 및 오디오 모델까지 다양한 인공지능 분야를 지원하는 전천후 라이브러리로 거듭났습니다. Transformers 라이브러리는 원래 pytorch-pretrained-bert라고 불렸고 이후 pytorch-transformers, Transformers 순으로 이름이 변경되었습니다. 파이토치Pytorch, 텐서플로Tensorflow, 구글 잭스Google JAX 라이브러리와 호환되며 BERTBidirectional Encoder Representations from Transformers와 GPTGenerative Pre-trained Transformer 등의 언어모델이 등장하면서 점차 성장하였습니다.

허깅페이스가 엄청난 인기를 끌어 크게 성장하게 된 계기는 바로 구글이 한 논문을 발표한 사건 때문입니다. 구글 브레인은 2017년 「Attention Is All You Need」 논문을 발표합니다. 바로 오늘날 자연어 처리를 넘어 전 분야에서 광범위하게 쓰이는 셀프 어텐션self-attention 기반 모델인 트랜스포머Transformer를 발표한 사건입니다.

2018년 트랜스포머 인코더encoder 기반인 구글에서 발표한 BERT 모델과 트랜스포머 디코더decoder 기반인 GPT 모델이 오픈소스로 공개되었고 BERT와 GPT를 시작으로 하여 사전학습 모델을 활용하는 것이 머신러닝 트렌드가 되며 사전학습한 모델을 공유하는 라이브러리인 Transformers가 주목받게 되었습니다. 이로 인해 개발자 사이에 폭발적인 인기를 끌게 되고 이 시기가 허깅페이스 성장의 기점이 됩니다.

2022년 11월 오픈AIOpenAI에서 챗GPTChatGPT 서비스를 출시한 후 생성형 AI 시장에 대해 크게 관심이 증가하였고 허깅페이스는 수백만 개발자가 모이는 거대한 플랫폼이 되었습니다.

현재 허깅페이스에서는 자연어 처리 개발자들이 자유롭게 모델과 데이터셋을 허브에 올려 공유하고 이를 쉽게 사용할 수 있도록 제공하고 있습니다. 허깅페이스 허브는 마치 깃허브처럼 자연어 처리 연구자나 개발자들 간에 쉽게 모델과 데이터셋을 공유할 수 있게 하여, 다양한 자연어 처리 작업에 대해 전이학습transfer-learning이 가능하게 되었습니다. 또한 다양한 언어 모델을 쉽게 사용할 수 있는 애플리케이션 프로그램 인터페이스Application Programming Interface, API와 도구를 제공하며 사용자가 고급 언어 모델을 효율적으로 활용하고 복잡한 자연어 처리 작업을 간단하게 수행하도록 돕습니다.

CHAPTER

2

환경 구축

2.1 구글 코랩 환경 구축
2.2 구글 드라이브 마운트

2.1 구글 코랩 환경 구축

코랩^{Colab}은 colaboratory의 줄임말로 구글에서 제공하는 아이파이썬 노트북^{IPython Notebook} 실행 환경입니다. 브라우저에서 구글 코랩을 활용하면 파이썬 스크립트를 작성하고 실행할 수 있습니다. 다른 구성요소는 필요하지 않으며 그래픽 처리 장치^{Graphics Processing Unit, GPU}를 사용한 파이썬 코드 작성과 모델 학습을 무료로 진행할 수 있습니다. 구글 코랩 환경에는 이미 파이토치^{PyTorch}, 텐서플로^{TensorFlow}, 케라스^{Keras}, 넘파이^{NumPy}, 판다스^{Pandas} 등 다양한 기본 라이브러리가 설치되어 있어 머신러닝, 딥러닝^{Deep Learning, DL}, 데이터 분석 등을 작업하기 수월합니다.

공통된 환경으로 실습할 수 있도록 이 책에서는 모든 실습에서 구글 코랩 기본 무료 버전을 활용합니다. 코랩은 기본적으로 구글 드라이브^{Google Drive}와 환경을 공유하기 때문에 구글 드라이브를 함께 살펴보겠습니다.

2.1.1 계정 생성

이 책에서 사용되는 코드는 모두 깃허브(github.com/hipster4020/Writing)로 제공하고 있습니다. 깃허브 코드를 포크^{fork}하여 직접 따라서 실습해 보기 바랍니다. 구글 코랩을 기준으로 진행되며, 특정 GPU 서버에서 활용하려면 환경에 맞는 코드를 적용합니다. 코랩 특성상 버전 업데이트가 빈번하게 발생하므로 코드 실행 시 호환성 충돌 문제가 있을 수 있습니다. 모든 라이브러리 버전은 깃허브에 있는 버전을 참고하여 실행해 주세요.

먼저 구글 코랩 사이트(colab.research.google.com)에서 구글 계정에 로그인합니다. 구글 계정이 없으면 회원가입으로 계정을 만들어 로그인을 진행합니다.

[그림 2-1] 코랩 시작 페이지

🙂 깃허브 포크와 클론

포크fork는 공유되어 있는 특정 리포지터리를 본인 계정 소유의 깃허브 리포지터리로 복제합니다. 저장소를 포크하면 원본 프로젝트에는 영향을 주지 않고 자유롭게 수정할 수 있습니다. 포크된 리포지터리의 이름은 기본적으로 업스트림 저장소와 동일하게 지정되므로 이름을 사용자 정의하여 구별하는 것이 좋습니다.

클론clone은 깃허브 저장소의 모든 파일과 기록을 로컬로 다운로드합니다. 복사된 저장소는 원본 저장소와 연결되고 권한이 있다면 변경사항을 가져오거나pull 등록할push 수 있습니다.

2.1.2 새 노트북 만들기

구글 계정을 생성하고 코랩에 접속한 후 새로운 노트북 파일을 만들어봅시다. 노트북은 파이썬 코드를 대화형으로 작성하고 실행할 수 있는 환경 파일 종류로 .ipynb 확장자를 사용합니다.

화면 상단 [파일] → [Drive의 새 노트북] 메뉴를 클릭하여 새로운 노트북 파일을 생성합니다.

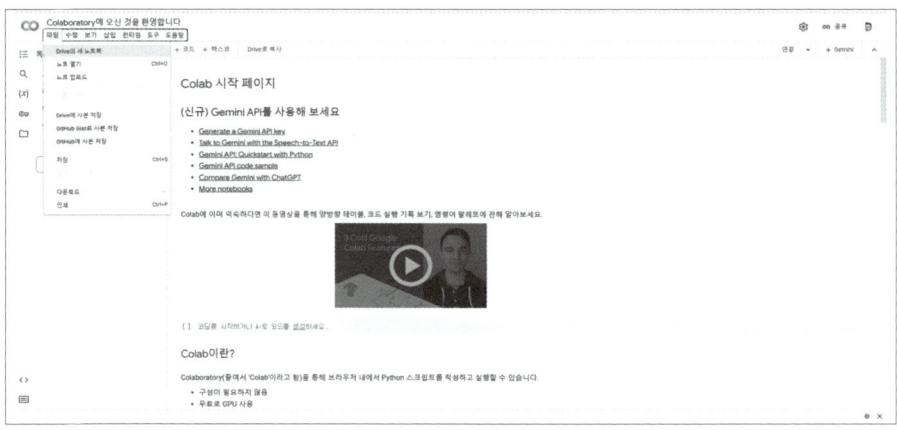

[그림 2-2] 새 노트북 만들기 - 1

코랩에서 새 노트북 파일을 만드는 방법도 있지만, 구글 드라이브에서도 새롭게 파일을 생성할 수 있습니다. 구글 드라이브 디렉터리에서 마우스 오른쪽으로 클릭하여 팝업 메뉴를 띄운 후 [더보기] → [Google Colaboratory]를 클릭하면 원하는 경로에 새롭게 파일을 추가할 수 있습니다.

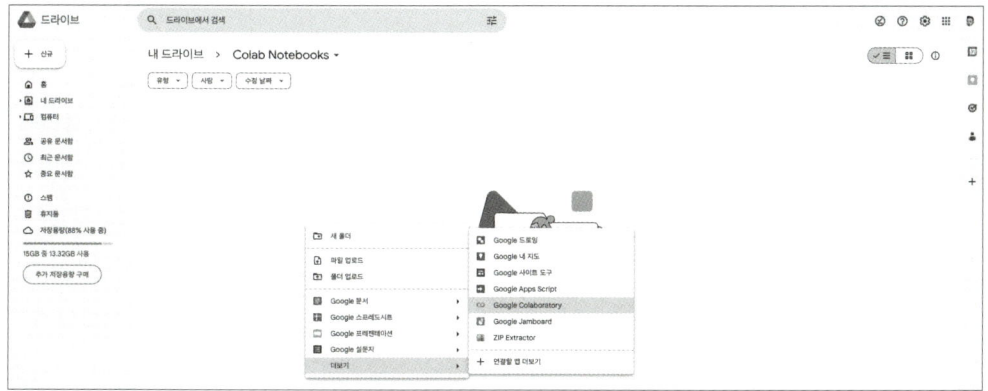

[그림 2-3] 새 노트북 만들기 - 2

2.1.3 코드 실행

IPYNB 파일은 파이썬 코드를 작성하고 실행할 수 있도록 구축된 환경 파일입니다. 재생 버튼을 클릭하거나 〈shift〉 + 〈enter〉 / 〈command〉, 〈ctrl〉 + 〈enter〉 키로 각 셀 코드를 실행할 수 있습니다. 각 셀에 작성된 코드 결과는 다음과 같이 해당 셀 바로 하단에 출력됩니다.

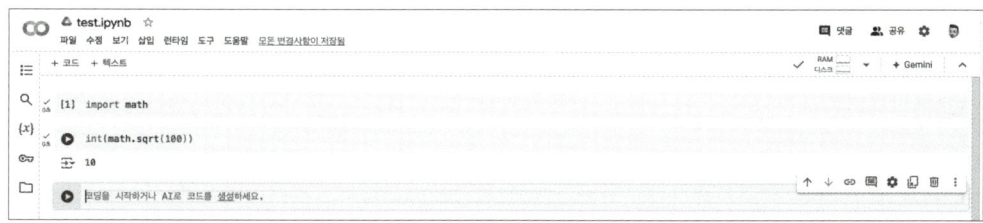

[그림 2-4] 코드 실행

2.1.4 파일 저장

노트북 파일을 저장하면 구글 드라이브 'Colab Notebooks' 디렉터리에 자동으로 저장됩니다. 화면 상단 [파일] → [저장] 메뉴 혹은 윈도우에서는 <ctrl> + <s> 키로 저장하고 맥OS에서는 <command> + <s>로 저장합니다.

[그림 2-5] 파일 저장

파일 저장을 완료하였으면 이제 저장된 경로를 따라가 보겠습니다. [내 드라이브] → [Colab Notebooks] 경로에 test.ipynb 파일이 저장되었습니다.

[그림 2-6] 저장된 파일

2.1.5 깃 코드 열기

깃허브에 업로드되어 있는 파일을 그대로 가져올 수도 있습니다. 코랩 파일에서 상단 [파일] → [노트 열기] 메뉴를 클릭하면 노트 열기 창이 나타납니다.

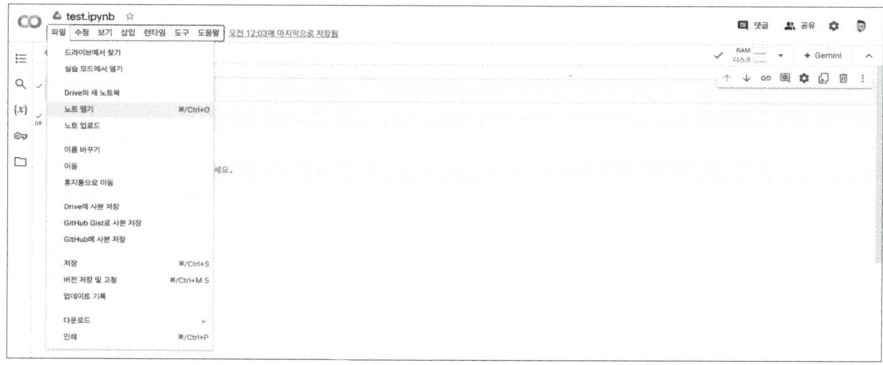

[그림 2-7] 깃허브 코드 불러오기 - 1

[파일] → [노트 열기]를 클릭하고 [GitHub] 탭에서 깃허브에 로그인합니다. 이후 자신의 리포지터리repository에서 원하는 IPYNB 파일을 가져올 수 있습니다. 다음 그림과 같이 깃허브 코드에 연결된 계정과 그 계정에 연결된 저장소를 확인할 수 있습니다. 저장소 경로에 있는 코드를 선택하면 코드를 확인할 수 있습니다.

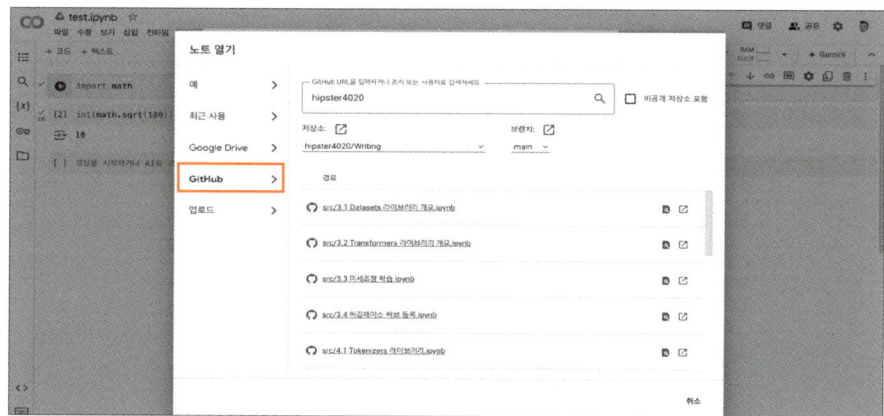

[그림 2-8] 깃허브 코드 불러오기 - 2

2.2 구글 드라이브 마운트

구글 코랩에 머신러닝 모델 파일, 로그, 체크포인트 등을 저장할 때 코랩에서 제공하는 기본 파일 보관소만 사용하기에는 휘발성이나 저장공간의 한계 같은 문제가 있습니다. 따라서 기본적으로 코랩 기본 저장소인 /content에 저장하고, 파일을 공유할 목적이 있을 때는 구글 드라이브에 저장하여 사용하겠습니다. 코랩 특성상 저장된 파일이 휘발되므로 필요에 따라 구글 드라이브를 활용하도록 합니다.

다음 코드를 실행하여 구글 드라이브를 연동합니다.

```
from google.colab import drive
drive.mount('/content/drive')
```

화면 왼쪽에 있는 드라이브 아이콘을 클릭하는 것으로 연동을 진행할 수도 있습니다.

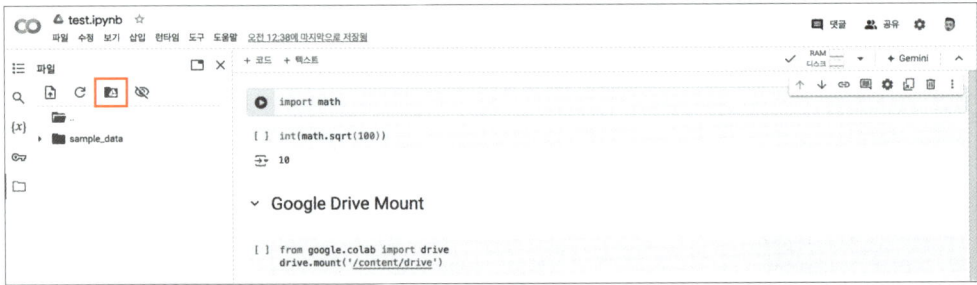

[그림 2-9] 구글 마운트 - 1

코드를 실행하면 구글 드라이브 액세스 허용을 위한 안내 팝업창이 나타납니다. [Google Drive에 연결]을 클릭하여 연결을 시작합니다.

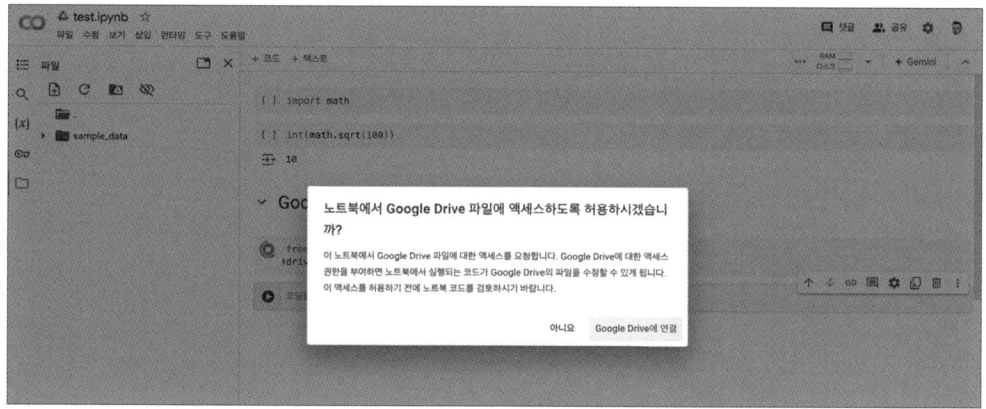

[그림 2-10] 구글 마운트 - 2

다음과 같이 구글 드라이브를 연결할 구글 계정 목록이 나타납니다. 구글 계정 목록에서 연결할 계정을 선택합니다.

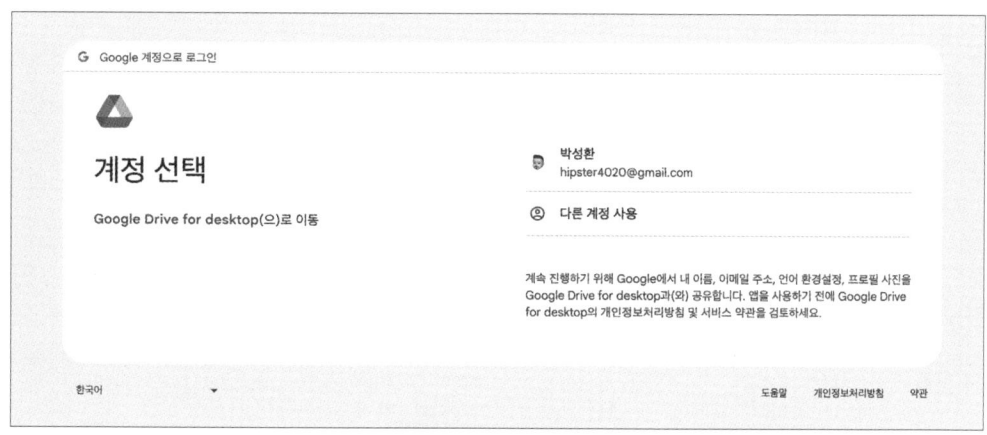

[그림 2-11] 구글 마운트 - 3

이후 'Google Drive for desktop 서비스로 로그인'을 진행합니다. 노트북에서 구글 계정으로 로그인할 때, 이름, 이메일 주소, 언어 환경설정, 프로필 사진 등을 드라이브와 공유하기 위해 [계속]을 눌러 동의를 진행합니다.

[그림 2-12] 구글 마운트 - 4

최종 연결입니다. 드라이브에서 파일, 사진, 문서 등의 액세스 권한에 대한 설정을 진행합니다. 마찬가지로 [계속]을 클릭해 동의를 진행합니다.

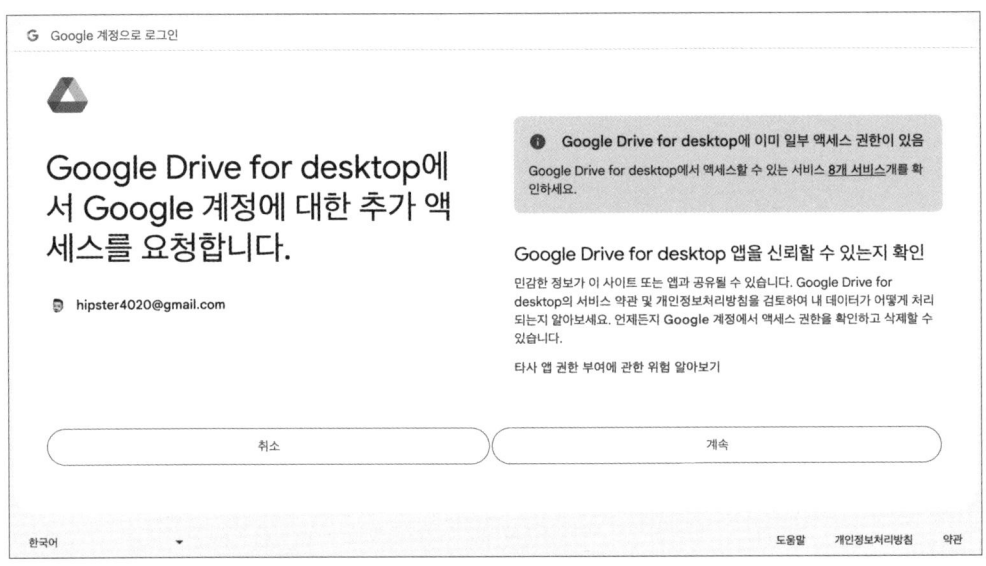

[그림 2-13] 구글 마운트 - 5

실행 결과로 'Mounted at /content/drive'라는 문구와 함께 구글 드라이브 마운트가 완료됩니다. 구글 코랩 왼쪽 파일 저장소에 자신의 구글 드라이브인 '/content/drive'라는 디렉터리가 생성되었습니다. 이제 학습 결과는 구글 드라이브인 '/content/drive/MyDrive' 하위에 저장하면 됩니다. 구글 드라이브에 있는 파이썬 파일이나 노트북 파일도 같은 방법으로 실행할 수 있습니다.

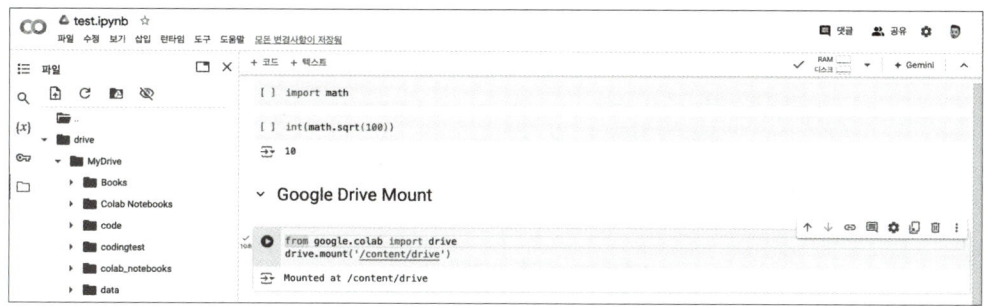

[그림 2-14] 구글 마운트 - 6

🙂 파이썬 매직 커맨드

주피터Jupyter나 코랩 등 아이파이썬 환경에서는 코드 앞에 특별한 명령어를 붙여 매직 커맨드magic commands를 실행할 수 있습니다. 매직 커맨드 명령어는 다음과 같습니다.

- ! : 리눅스 셸 명령어shell command를 실행합니다.
- % : 특별한 작업을 줄line 단위로 실행합니다.
- %% : 특별한 작업을 셀cell 단위로 실행합니다.

대표적인 매직 커맨드를 활용한 예시를 알아봅시다.

- !pwd: 현재 파일 경로를 코랩에서 볼 수 있습니다.
- %time 〈파이썬 코드 한 줄〉: 해당 코드 실행 시간을 출력합니다.
- %%time: 해당 셀 실행 시간을 출력합니다.
- %%writefile example.py: 해당 셀 내용을 example.py에 저장합니다.
- %run example.py: 외부 파이썬 파일인 example.py 코드를 실행합니다.

이외에도 그래프를 상호 작용하게 관리하거나 html을 사용하는 등 정말 많은 매직 커맨드가 존재합니다. 이에 대한 내용을 숙지하면 IPYNB 파일을 더욱 다채롭게 작성할 수 있습니다.

CHAPTER

3

허깅페이스
주요 라이브러리

3.1 Datasets 라이브러리
3.2 Transformers 라이브러리
3.3 미세조정
3.4 허깅페이스 허브 등록

3.1 Datasets 라이브러리

원하는 작업에 맞는 데이터를 수집하는 것은 꽤나 번거로운 일이고 어떤 경우에는 굉장히 어려운 일입니다. 데이터를 확보한다 할지라도 충분하지 않은 데이터로 학습을 진행하면 모델 성능이 기대에 미치지 못하기 마련입니다.

허깅페이스 허브에는 모델 외에도 다양한 언어로 구축된 수많은 데이터셋이 등록되어 있습니다. 허깅페이스 Datasets은 자연어 처리, 음성 처리, 컴퓨터 비전 작업을 위한 데이터셋을 공유하는 라이브러리입니다. 한 줄의 코드로 공개되어 있는 데이터셋을 불러오고 딥러닝 모델에 빠르게 활용할 수 있습니다. 참고로 허깅페이스는 모든 사람이 볼 수 있는 공개된 커뮤니티이기 때문에 보안 이슈에서 자유로운 뉴스나 위키피디아 등에서 쉽게 얻을 수 있는 일반적인 데이터를 공유하는 경우가 많습니다. 그래서 실제 자신만의 모델을 구축하기 위해 미세조정을 진행할 때는 원하는 다운스트림downstream 태스크에 맞는 자체적으로 구축한 데이터를 활용하여 학습을 진행합니다. 여기에서는 datasets 2.20.0 버전을 사용합니다.

3.1.1 Datasets 설치

사전학습된 모델을 미세조정하기 위해서는 학습할 데이터셋이 필요합니다. 허브에 등록된 데이터를 다루기 위해서는 Datasets 라이브러리를 설치해야 합니다. 다음 셀 커맨드셀 명령어를 사용해 라이브러리를 설치할 수 있습니다. 파이썬 코드가 아닌 셀 커맨드를 IPYNB 파일에서 실행할 때는 구문 앞에 매직 커맨드 느낌표(!)를 붙입니다.

```
!pip install datasets==2.20.0
```

Datasets 라이브러리를 설치하면 정상적으로 설치가 진행됩니다.

```
[1] !pip install datasets

Collecting datasets
  Downloading datasets-2.20.0-py3-none-any.whl (547 kB)
     ━━━━━━━━━━━━━━━━━━━━━━━━━━━━━━━━━━━━━━━━ 547.8/547.8 kB 2.6 MB/s eta 0:00:00
Requirement already satisfied: filelock in /usr/local/lib/python3.10/dist-packages (from datasets) (3.14.0)
Requirement already satisfied: numpy>=1.17 in /usr/local/lib/python3.10/dist-packages (from datasets) (1.25.2)
Collecting pyarrow>=15.0.0 (from datasets)
  Downloading pyarrow-16.1.0-cp310-cp310-manylinux_2_28_x86_64.whl (40.8 MB)
     ━━━━━━━━━━━━━━━━━━━━━━━━━━━━━━━━━━━━━━━━ 40.8/40.8 MB 18.3 MB/s eta 0:00:00
Requirement already satisfied: pyarrow-hotfix in /usr/local/lib/python3.10/dist-packages (from datasets) (0.6)
Collecting dill<0.3.9,>=0.3.0 (from datasets)
  Downloading dill-0.3.8-py3-none-any.whl (116 kB)
     ━━━━━━━━━━━━━━━━━━━━━━━━━━━━━━━━━━━━━━━━ 116.3/116.3 kB 9.8 MB/s eta 0:00:00
Requirement already satisfied: pandas in /usr/local/lib/python3.10/dist-packages (from datasets) (2.0.3)
Collecting requests>=2.32.2 (from datasets)
  Downloading requests-2.32.3-py3-none-any.whl (64 kB)
     ━━━━━━━━━━━━━━━━━━━━━━━━━━━━━━━━━━━━━━━━ 64.9/64.9 kB 4.6 MB/s eta 0:00:00
Requirement already satisfied: tqdm>=4.66.3 in /usr/local/lib/python3.10/dist-packages (from datasets) (4.66.4)
Collecting xxhash (from datasets)
  Downloading xxhash-3.4.1-cp310-cp310-manylinux_2_17_x86_64.manylinux2014_x86_64.whl (194 kB)
     ━━━━━━━━━━━━━━━━━━━━━━━━━━━━━━━━━━━━━━━━ 194.1/194.1 kB 6.1 MB/s eta 0:00:00
Collecting multiprocess (from datasets)
  Downloading multiprocess-0.70.16-py310-none-any.whl (134 kB)
     ━━━━━━━━━━━━━━━━━━━━━━━━━━━━━━━━━━━━━━━━ 134.8/134.8 kB 13.2 MB/s eta 0:00:00
Requirement already satisfied: fsspec[http]<=2024.5.0,>=2023.1.0 in /usr/local/lib/python3.10/dist-packages (from datasets) (2023.6.0)
Requirement already satisfied: aiohttp in /usr/local/lib/python3.10/dist-packages (from datasets) (3.9.5)
Requirement already satisfied: huggingface-hub>=0.21.2 in /usr/local/lib/python3.10/dist-packages (from datasets) (0.23.3)
Requirement already satisfied: packaging in /usr/local/lib/python3.10/dist-packages (from datasets) (24.1)
Requirement already satisfied: pyyaml>=5.1 in /usr/local/lib/python3.10/dist-packages (from datasets) (6.0.1)
Requirement already satisfied: aiosignal>=1.1.2 in /usr/local/lib/python3.10/dist-packages (from aiohttp->datasets) (1.3.1)
Requirement already satisfied: attrs>=17.3.0 in /usr/local/lib/python3.10/dist-packages (from aiohttp->datasets) (23.2.0)
Requirement already satisfied: frozenlist>=1.1.1 in /usr/local/lib/python3.10/dist-packages (from aiohttp->datasets) (1.4.1)
Requirement already satisfied: multidict<7.0,>=4.5 in /usr/local/lib/python3.10/dist-packages (from aiohttp->datasets) (6.0.5)
Requirement already satisfied: yarl<2.0,>=1.0 in /usr/local/lib/python3.10/dist-packages (from aiohttp->datasets) (1.9.4)
Requirement already satisfied: async-timeout<5.0,>=4.0 in /usr/local/lib/python3.10/dist-packages (from aiohttp->datasets) (4.0.3)
Requirement already satisfied: typing-extensions>=3.7.4.3 in /usr/local/lib/python3.10/dist-packages (from huggingface-hub>=0.21.2->datasets) (4.12.2)
Requirement already satisfied: charset-normalizer<4,>=2 in /usr/local/lib/python3.10/dist-packages (from requests>=2.32.2->datasets) (3.3.2)
Requirement already satisfied: idna<4,>=2.5 in /usr/local/lib/python3.10/dist-packages (from requests>=2.32.2->datasets) (3.7)
Requirement already satisfied: urllib3<3,>=1.21.1 in /usr/local/lib/python3.10/dist-packages (from requests>=2.32.2->datasets) (2.0.7)
Requirement already satisfied: certifi>=2017.4.17 in /usr/local/lib/python3.10/dist-packages (from requests>=2.32.2->datasets) (2024.6.2)
Requirement already satisfied: python-dateutil>=2.8.2 in /usr/local/lib/python3.10/dist-packages (from pandas->datasets) (2.8.2)
Requirement already satisfied: pytz>=2020.1 in /usr/local/lib/python3.10/dist-packages (from pandas->datasets) (2023.4)
Requirement already satisfied: tzdata>=2022.1 in /usr/local/lib/python3.10/dist-packages (from pandas->datasets) (2024.1)
Requirement already satisfied: six>=1.5 in /usr/local/lib/python3.10/dist-packages (from python-dateutil>=2.8.2->pandas->datasets) (1.16.0)
Installing collected packages: xxhash, requests, pyarrow, dill, multiprocess, datasets
```

[그림 3-1] Datasets 설치

3.1.2 Datasets 실습

텍스트 생성 태스크를 진행하기 위해 한국어 자연어 이해 평가Korean Language Understanding Evaluation, KLUE 데이터셋을 활용해 보겠습니다. KLUE는 언어 모델의 한국어 능력을 평가하기 위한 데이터셋으로 총 여덟 가지 다양한 태스크로 구성되며 각 태스크는 다음과 같습니다.

1. 의존 구문 분석Dependency Parsing, DP
2. 기계 독해 이해Machine Reading Comprehension, MRC
3. 개체명 인식Named Entity Recognition, NER
4. 자연어 추론Natural Language Inference, NLI
5. 관계 추출Relation Extraction, RE
6. 문장 유사도 비교Semantic Textual Similarity, STS
7. 주제 분류Topic Classification, TC a.k.a YNAT
8. 대화 상태 추적Dialogue State Tracking, DST a.k.a WoS

데이터셋 다운로드

KLUE 데이터셋 중 주제 분류 태스크인 YNAT를 불러와봅시다. YNAT는 기사 정보를 일곱 개의 분류 레이블로 구분하기 위해 구축되었으며 이후에 실습할 분류 태스크에서도 해당 데이터셋을 사용할 예정입니다. Datasets의 load_dataset 함수를 활용하여 KLUE의 YNAT 데이터를 불러와 dataset 변수로 저장합니다.

```
from datasets import load_dataset

dataset = load_dataset("klue", "ynat")
```

load_dataset 함수는 기본적으로 캐시cache를 사용하며 해당 데이터셋이 없으면 '~/.cache/huggingface/dataset'에 데이터셋 관련 파일을 저장합니다. 한 번 저장이 되면 이후에는 추가 다운로드 없이 바로 쓸 수 있습니다. 환경변수 'HF_DATASETS_CACHE'를 설정해 원하는 위치에 캐시 파일을 저장할 수 있습니다.

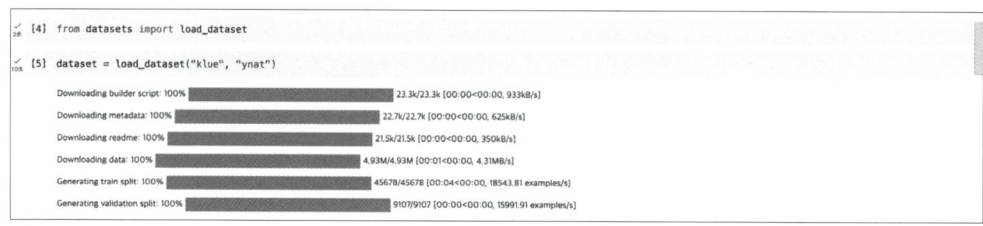

[그림 3-2] load_dataset

데이터셋을 불러온 후 Datasets 객체를 출력하면 해당 데이터의 간단한 구조를 확인할 수 있습니다.

```
from pprint import pprint

pprint(dataset)
raw_train_dataset = dataset["train"]
pprint(raw_train_dataset[0])
```

> 실행 결과
> ```
> DatasetDict({
>     train: Dataset({
>         features: ['guid', 'title', 'label', 'url', 'date'],
>         num_rows: 45678
>     })
>     validation: Dataset({
>         features: ['guid', 'title', 'label', 'url', 'date'],
>         num_rows: 9107
>     })
> })
> {'date': '2016.06.30. 오전 10:36',
>  'guid': 'ynat-v1_train_00000',
>  'label': 3,
>  'title': '유튜브 내달 2일까지 크리에이터 지원 공간 운영',
>  'url': 'https://news.naver.com/main/read.nhn?mode=LS2D&mid=shm&sid1=105&sid2=227&oid=001&aid=0008508947'}
> ```

KLUE YNAT 데이터셋은 학습 데이터^{train data} 45,678건, 검증 데이터^{validation data} 9,107건으로 구성되어 있음을 확인할 수 있습니다. train과 validation 두 종류를 가지며 두 데이터셋 칼럼은 동일하고 guid, title, label, url, date 총 다섯 개 칼럼으로 구성되어 있습니다. label은 분류를 위한 정답 값으로 IT 과학 0, 경제 1, 사회 2, 생활문화 3, 세계 4, 스포츠 5, 정치 6으로 구성되어 있습니다. 해당 데이터셋 페이지[3]에서 label 정보를 확인할 수 있습니다.

보유한 데이터 로드

load_dataset 함수는 허브에 등록된 데이터셋을 다운로드할 때뿐만 아니라, 로컬이나 서버의 특정 경로에 있는 파일을 불러올 때도 활용할 수 있습니다. 데이터셋이 아직 캐시에 있지 않은 경우 입력된 경로에서 데이터셋을 가져옵니다. 이때 JSON, CSV, TXT 형식의 로컬 파일을 데이터셋으로 불러올 수 있습니다.

---

3 허깅페이스 「Datasets: klue」 하단 Data Fields 항목, huggingface.co/datasets/klue/klue

다음 sample.csv는 코드 파일과 함께 본서의 깃허브 리포지토리에서 확인할 수 있으며, 원문(text)과 정답(label) 칼럼으로 구성되어 있습니다.

text	label
I love this product, it's amazing!	1
The service was terrible, I'm never coming back.	0
Quite satisfied with the purchase.	1
Delivery was late and the item was damaged.	0
Excellent quality and fast shipping.	1
The food was tasteless and cold.	0
Very friendly staff and clean environment.	1
The movie was boring and too long.	0
Great experience, highly recommend!	1
The battery life is really bad.	0

load_dataset 함수에 path 파라미터로 어떤 확장자 파일인지 지정하고 data_files로 로컬 파일이 저장된 경로를 입력합니다. 이때 list[str] 형태로 경로를 여러 개 입력할 수도 있습니다. split 파라미터를 통해 학습 데이터셋과 테스트 데이터셋을 지정할 수 있는데, 지금은 하나의 데이터만 사용하는 경우이므로 하나의 데이터를 일정한 비율로 나누어 사용하도록 설정합니다.

```
from datasets import load_dataset

ratio = 80
dataset = load_dataset(
    path="csv",
    data_files="/content/sample_data/sample.csv",
    split={
        "train": f"train[:{ratio}%]",
        "test": f"train[{ratio}%:]",
    },
)
dataset
```

> 실행 결과
```
DatasetDict({
    train: Dataset({
        features: ['text', 'label'],
        num_rows: 8
    })
    test: Dataset({
        features: ['text', 'label'],
        num_rows: 2
    })
})
```

로컬 샘플 데이터를 load_dataset 함수로 불러오면 정상적으로 DatasetDict 타입으로 잘 가져와지는 것을 확인할 수 있습니다. 이렇게 로컬에서 가져온 데이터셋도 허브에서 가져온 데이터셋과 동일하게 활용할 수 있습니다. JSON, TXT 형식의 파일도 같은 방식으로 가져올 수 있습니다.

데이터셋 업로드

허깅페이스 허브를 통하여 다운로드한 데이터셋 또는 본인이 보유한 임의의 데이터를 활용하여 구축한 데이터셋을 간단하게 업로드하여 확장성 있게 사용할 수 있습니다. 후술할 **3.4 허깅페이스 허브 등록**에서는 허깅페이스 허브에 모델을 업로드하는 방식을 확인합니다.

먼저 Huggingface-hub 라이브러리를 설치합니다.

```
!pip install huggingface-hub
```

huggingface-cli는 허깅페이스에서 제공하는 커맨드라인 인터페이스 Command Line Interface, CLI 로 터미널에서 허깅페이스 허브와 직접 상호 작용할 수 있도록 합니다. 이를 통해 계정에 로그인하고 저장소를 만들고 파일을 업로드하거나 다운로드할 수 있습니다. 여기에서는 셸 커맨드로 huggingface-cli 로그인을 진행합니다.

```
!huggingface-cli login
```

이후 선언한 Datasets 객체를 push_to_hub 메서드를 통해 지정할 허브 아이디로 등록할 수 있습니다. 데이터셋을 비공개로 설정하려면 private을 True로 지정합니다. 해당 파라미터의 기본값은 False이므로 명시적으로 입력하지 않을 시 공개로 등록됩니다.

```
dataset.push_to_hub("<사용자명>/klue-dp", private=True)
```

등록이 완료되었다면 다른 데이터셋처럼 load_dataset 함수로 굉장히 쉽게 다운로드할 수 있습니다. 데이터셋을 비공개로 등록하면 load_dataset 함수를 사용해 데이터를 다운로드할 때, token 파라미터에 자신의 토큰 token 값을 입력하지 않으면 데이터에 접근할 수 없다는 메시지와 함께 오류가 발생합니다. 반대로 퍼블릭 데이터는 특별한 파라미터를 입력하지 않아도 모든 사람이 제한 없이 다운로드할 수 있으니 업로드할 때 주의가 필요합니다.

```
from datasets import load_dataset

dataset = load_dataset("<사용자명>/klue-dp", token="hf_...<토큰값>")
```

해당 방법은 Datasets뿐 아니라 Tokenizers와 Transformers와 같은 다양한 라이브러리에서 공통적으로 사용할 수 있는 방법입니다. 그러니 꼭 숙지하기 바랍니다.

3.2 Transformers 라이브러리

허깅페이스 라이브러리가 꾸준히 빠른 속도로 업데이트되고 있는 만큼 허깅페이스 공식 문서를 자주 확인하기를 권장합니다. 공식 문서를 자주 찾아보는 습관이 생기면 정확한 정보와 다양한 기능을 빠르게 학습할 수 있습니다. 공식 문서 기반으로 Transformers 라이브러리에 대해 살펴보겠습니다.

2017년 셀프 어텐션 기반 트랜스포머 모델이 등장하면서 자연어 처리 분야는 황금기를 맞이했습니다. 모델 규모는 더욱 거대해지고 체계적으로 바뀌었으며 학습 초기 단계부터 자체 진행하는 것이 아닌 이미 준비되어 있는 데이터를 미세조정하여 사전학습 모델에 활용하는 것이 트렌드가 되었습니다.

Transformers 라이브러리는 사전학습된 공개 모델을 활용하여 학습 및 배포할 수 있는 API와 도구를 제공합니다. 방대한 데이터로 사전학습한 모델은 도메인 데이터만 가지고 처음부터 학습한 모델보다 뛰어난 성능을 보이며 같은 성능이라 할지라도 학습하는 데 필요한 시간과 자원이 현저히 줄어든다는 큰 강점이 있습니다.

자연어 처리 분야는 크게 자연어 이해Natural Language Understanding, NLU와 자연어 생성Natural Language Generation, NLG으로 나뉩니다. 여기서 자연어 이해는 다시 문장 분류Sequence Classification, 개체명 인식Named Entity Recognition, NER, 질의 응답Question-Answering, QA 등으로 나뉘며 자연어 생성은 자연어 이해와 비슷하지만 문서 요약Summarization, 번역Translation 등으로 분류됩니다. Transformers 라이브러리는 이러한 대부분 태스크를 지원하고 설사 지원하지 않는 태스크라 할지라도 직접 정의한 헤더를 부착하여 원하는 태스크를 수행할 수 있는 확장성을 갖추고 있습니다. 그 외에도 이미지 분류와 객체 감지 및 분할 등 컴퓨터 비전 분야, 오디오 분류 및 자동 음성 인식 등 오디오 데이터를 다루는 오디오 분야, 테이블 질의 응답, 광학 문자 인식, 스캔한 문서에서 정보 추출, 비디오 분류, 시각적 질의 응답 등 두 개 이상의 데이터를 동시에 인식하는 멀티모달 분야 등 다양하게 활용할 수 있는 구조를 제공합니다. 마지막으로 파이토치, 텐서플로, 잭스JAX 등 서로 다른 프레임워크를 자유자재로 활용할 수 있도록 프레임워크 간 상호운용성을 지원합니다. 여기에서는 Transformers 4.41.2 버전을 기준으로 하겠습니다.

런타임 유형 변경

딥러닝을 진행할 때 중앙 처리 장치Central Processing Unit, CPU를 사용하면 GPU를 사용할 때보다 작업 시간이 현저히 느려집니다. 코랩에서는 학습을 위해 GPU를 사용할 수 있도록 설정할 수 있습니다. 원활한 실습을 위해 노트북 파일을 GPU를 사용하는 환경으로 세팅해 보겠습니다. 노트북 파일에서 [런타임] → [런타임 유형 변경] 메뉴를 클릭합니다.

[그림 3-3] 런타임 유형 변경 - 1

런타임 유형 변경 창이 나타나면 하드웨어 가속기를 [T4 GPU]로 설정합니다. 이는 코랩에서 무료로 제공하고 있으며, [A100 GPU]와 [V100 GPU]는 구글 코랩 프로Colab Pro 또는 프로 플러스Colab Pro+ 결제 시 사용할 수 있습니다.

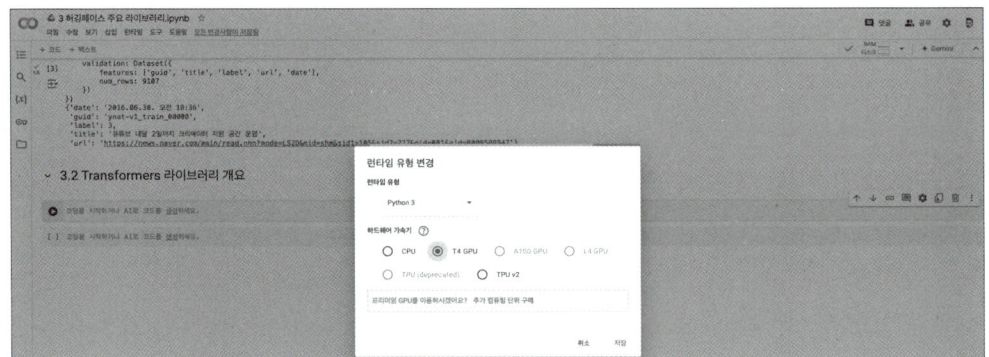

[그림 3-4] 런타임 유형 변경 - 2

> ## 🤗 코랩 프로 결제 혜택
>
> 작성일 기준으로 코랩 프로 및 코랩 프로 플러스 결제 혜택은 다음과 같습니다.
>
> 코랩 프로: 매월 9.99달러
> - 매월 컴퓨팅 단위 100개 지급
> - v100, a100 등 고성능 GPU 자원 사용 가능
> - GPU 메모리 증량
> - 연결된 버추얼 머신 Virtual Machine, VM 으로 터미널 사용 가능
> - 대규모 언어 모델 Large Language Model, LLM 기반 코드 자동완성 및 코드 생성 사용 가능
>
> 코랩 프로 플러스: 매월 49.99 달러
> - 매월 컴퓨팅 단위 400개 추가 지급, 총 500개 지급
> - 더욱 강한 GPU 자원 사용 가능
> - 코랩 창을 닫아도 최대 24시간 동안 세션이 백그라운드로 유지
>
> '컴퓨팅 단위'란 코랩의 컴퓨터 자원을 사용하기 위해 소비되는 단위입니다. 일종의 크레딧 개념으로 사용하는 시간 동안 컴퓨팅 단위가 차감되는 방식입니다. 예를 들어 v100 GPU의 경우 시간당 5.36개 컴퓨팅 자원을 소모합니다.
>
> 이외에도 사용한 만큼만 비용을 지불하는 Pay As You Go 라이선스와 빅쿼리 BigQuery 나 버텍스 AI Vertex AI 와 같은 구글 클라우드 Google Cloud 서비스도 다양하게 이용할 수 있는 코랩 엔터프라이즈 Colab Enterprise 요금제가 존재합니다. 여기에서는 추가적인 결제 없이 실행할 수 있는 예제를 사용하지만 필요하다면 적절한 요금제를 선택해 구독하는 것도 경제적인 방법이 될 수 있습니다.

3.2.1 Transformers 설치

이제 Transformers 라이브러리를 설치해 봅시다. 다음과 같이 pip를 사용하여 원하는 버전을 설치할 수 있습니다.

```
!pip install transformers==4.41.2
```

코랩에는 기본으로 Transformers 라이브러리가 설치되어 있기 때문에 Transformers를 설치

하면 요구가 이미 만족되었다는 문구가 나타납니다. Transformers가 설치되어 있지 않거나 다른 버전 라이브러리가 설치된 환경이라면 정상적으로 설치가 진행됩니다.

```
[2] 제안된 코드에 라이선스가 적용될 수 있습니다. | arcAman07/ModelsFromScratch | huggingface/notebooks
!pip install transformers==4.41.2

Requirement already satisfied: transformers==4.41.2 in /usr/local/lib/python3.10/dist-packages (4.41.2)
Requirement already satisfied: filelock in /usr/local/lib/python3.10/dist-packages (from transformers==4.41.2) (3.14.0)
Requirement already satisfied: huggingface-hub<1.0,>=0.23.0 in /usr/local/lib/python3.10/dist-packages (from transformers==4.41.2) (0.23.3)
Requirement already satisfied: numpy>=1.17 in /usr/local/lib/python3.10/dist-packages (from transformers==4.41.2) (1.25.2)
Requirement already satisfied: packaging>=20.0 in /usr/local/lib/python3.10/dist-packages (from transformers==4.41.2) (24.1)
Requirement already satisfied: pyyaml>=5.1 in /usr/local/lib/python3.10/dist-packages (from transformers==4.41.2) (6.0.1)
Requirement already satisfied: regex!=2019.12.17 in /usr/local/lib/python3.10/dist-packages (from transformers==4.41.2) (2024.5.15)
Requirement already satisfied: requests in /usr/local/lib/python3.10/dist-packages (from transformers==4.41.2) (2.31.0)
Requirement already satisfied: tokenizers<0.20,>=0.19 in /usr/local/lib/python3.10/dist-packages (from transformers==4.41.2) (0.19.1)
Requirement already satisfied: safetensors>=0.4.1 in /usr/local/lib/python3.10/dist-packages (from transformers==4.41.2) (0.4.3)
Requirement already satisfied: tqdm>=4.27 in /usr/local/lib/python3.10/dist-packages (from transformers==4.41.2) (4.66.4)
Requirement already satisfied: fsspec>=2023.5.0 in /usr/local/lib/python3.10/dist-packages (from huggingface-hub<1.0,>=0.23.0->transformers==4.41.2) (2023.6.0)
Requirement already satisfied: typing-extensions>=3.7.4.3 in /usr/local/lib/python3.10/dist-packages (from huggingface-hub<1.0,>=0.23.0->transformers==4.41.2) (4.12.2)
Requirement already satisfied: charset-normalizer<4,>=2 in /usr/local/lib/python3.10/dist-packages (from requests->transformers==4.41.2) (3.3.2)
Requirement already satisfied: idna<4,>=2.5 in /usr/local/lib/python3.10/dist-packages (from requests->transformers==4.41.2) (3.7)
Requirement already satisfied: urllib3<3,>=1.21.1 in /usr/local/lib/python3.10/dist-packages (from requests->transformers==4.41.2) (2.0.7)
Requirement already satisfied: certifi>=2017.4.17 in /usr/local/lib/python3.10/dist-packages (from requests->transformers==4.41.2) (2024.6.2)
```

[그림 3-5] Transformers 설치

설치가 잘 되었는지 다시 확인하고 싶다면 다음 구문을 사용합니다. pip list는 pip으로 설치된 목록을 보여달라는 의미이고 grep은 특정 문자열String을 검색하는 명령어이므로, pip으로 설치된 목록에 transformers가 있는지 확인할 수 있습니다.

```
!pip list | grep transformers
```

확인해 보면 다음과 같이 Transformers 4.41.2 버전이 잘 설치되어 있습니다.

```
[3] !pip list | grep transformers

transformers                    4.41.2
```

[그림 3-6] Transformers 설치 확인

3.2.2 Tokenizer

Transformers 라이브러리를 설치했으니 이제 허깅페이스에서 제공하는 사전학습 모델을 불러와 활용하는 법을 순서대로 알아보겠습니다. 우선 모델이 자연어를 이해하기 위한 첫 단계는 토큰화tokenize라고 할 수 있습니다. 자연어 처리에서 문장을 분리하는 가장 작은 단위를 토큰이라 부릅니다. 토큰화는 쉽게 말해 입력된 텍스트를 모델이 처리할 수 있는 가장 작은 단위로 변환하는 과정입니다. 이 토큰화 작업을 어떻게 진행하는지에 따라 모델 성능이 크게 달라집니다. 모델을 학습할 때 데이터를 토큰화하는 기능을 모아 놓은 객체를 토크나이저 tokenizer라고 부릅니다.

이전 머신러닝과 과거 초기 신경망 모델에서는 형태소(명사, 조사, 접사, 어미 등 뜻을 가진 가장 작은 말 단위)를 기준으로 자연어를 토큰화했으며 이를 벡터화 vectorize 또는 임베딩 embedding 하여 사용하였습니다. 그러나 형태소를 기반으로 토큰화하면 모든 형태소에 대한 단어사전 vocabulary을 구축할 수 없기 때문에 지속적으로 업데이트해야 한다는 단점이 있습니다.

이런 방식을 보완하기 위해 최근에는 서브워드 subword (단어보다 더 작은 의미 단위) 기반 토크나이저가 등장했습니다. 서브워드 토크나이저는 기존 형태소 기반 토크나이저보다 언어 간 독립성을 보장하고 사전 어휘 이외의 자연어 Out Of Vocabulary, OOV 문제를 해결할 수 있으며, 신조어 처리 등 다양한 변수에 대응하기가 용이하다는 등 여러 장점이 있기에 최근 언어 모델에 쓰이는 토크나이저 방식입니다. 토큰화 방법은 주로 파일 압축 알고리즘을 토대로 구현된 바이트 페어 인코딩 Byte Pair Encoding, BPE, 센텐스피스 SentencePiece, 워드피스 WordPiece 등 방식을 사용합니다. Transformers는 자주 사용되는 서브워드 토크나이저를 모아 구현했으며 파이썬에서 사용할 수 있는 라이브러리로 토크나이저 클래스를 지원합니다. 단, 예외로 SentencePiece는 외부 라이브러리를 따로 설치해 이용합니다. 모델과 함께 학습된 토크나이저를 손쉽게 다운로드할 수 있고 이를 활용해 자연어를 해당 모델이 인식할 수 있도록 빠르게 전처리할 수도 있습니다.

> 😀 **이전 형태소 분석 과정**
>
> 과거에 사용했던 형태소 기반 자연어 처리에서는 다음과 같은 절차를 따라 전처리를 진행합니다.
>
> 1. KoNLPy, MeCab 등 형태소 분석기를 사용해 문장 형태소를 분리합니다.
> 2. 1번 과정에서 제대로 분리되지 못한 단어를 찾아 사용자 사전을 구축합니다.
> 3. 1~2번 과정을 반복해 사용자 사전을 구축한 뒤 최종으로 형태소 분리를 진행합니다.
> 4. 3번 과정 중 접속사나 어미 같은 불용어 stopword를 제거합니다. 해당 과정에서 불용어에 대해서만 정리하는 불용어 사전을 구축하는 경우도 있습니다.
> 5. 불용어까지 제거한 문장을 정수로 인코딩하여 최종으로 모델에서 사용합니다.

Tokenizer 다운로드

사전학습한 모델은 각각 단어사전이 존재합니다. 따라서 각 모델에 맞게 학습된 토크나이저를 필요로 하기에 모든 토크나이저 역시 PretrainedTokenizer를 상속받으며 사용하려는 사전학습 모델과 동일한 repo_id로 호출해야 합니다.

허깅페이스 허브에 등록된 사전학습 모델 중 KLUE 데이터셋으로 학습한 klue/bert-base를 사용해 봅시다. 허깅페이스 사이트에서 klue/bert-base 모델을 검색하거나 다음 사이트 경로처럼 huggingface.co 주소에 등록된 repo_id를 붙여서 모델 리포지터리[4]에 접속해 보겠습니다. 모든 허깅페이스 허브에 등록된 모델은 다음과 같은 형태로 확인할 수 있습니다.

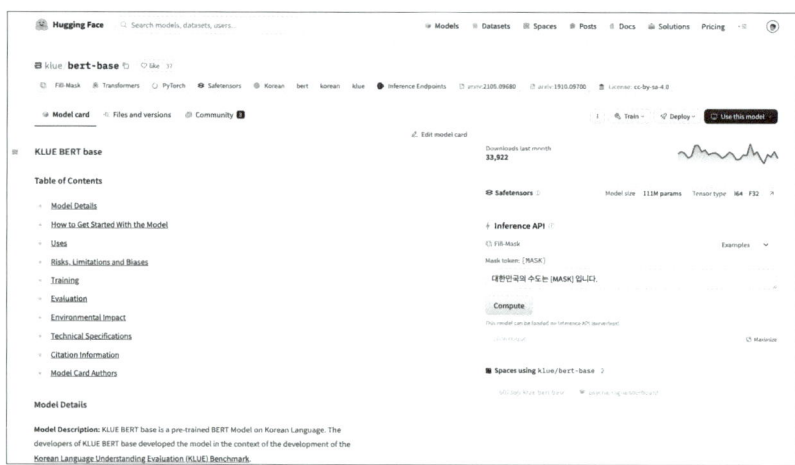

[그림 3-7] klue/bert-base 모델 허브 페이지

가져올 모델 리포지터리를 확인했다면 토크나이저를 다운로드하여 tokenizer 변수에 BertTokenizer 객체를 할당합니다.

```
from transformers import BertTokenizer

model_name = "klue/bert-base"
tokenizer = BertTokenizer.from_pretrained(model_name)
```

4 허깅페이스 「klue/bert-base」, huggingface.co/klue/bert-base

해당 모델을 최초로 다운로드했을 때는 진행 막대가 나타납니다. 다운로드한 토크나이저는 '~/.cache/huggingface/hub' 디렉터리 하위에 저장되며 캐시 파일이 사라지지 않는 이상 다시 다운로드하지 않습니다.

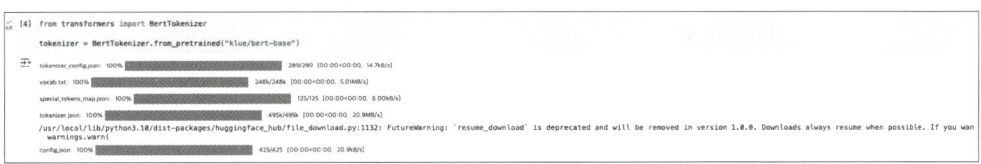

[그림 3-8] 모델 불러오기

help(tokenizer) 구문으로 tokenizer 변수에 담긴 Tokenizer 객체의 설명을 확인하면 BertTokenizer는 PreTrainedTokenizer를 상속받고 있으며 워드피스WordPiece에 기반하고 있음을 알 수 있습니다. 이때 모든 클래스는 허깅페이스 Docs에 있는 깃 사이트에서도 확인할 수 있습니다.

```
help(tokenizer)
```

Tokenizer가 가진 파라미터와 메서드를 확인해 다양한 기능을 적절히 사용할 수 있습니다.

[그림 3-9] tokenizer 도움말

Docstring 설명을 확인해 필요한 기능을 사용해 봅시다. tokenizer.vocab_size는 해당 토크나이저가 학습한 사전 크기, 즉 저장된 토큰 개수를 확인할 수 있고, tokenizer.get_vocab 메서드로 토큰 사전을 확인할 수 있습니다. tokenizer.add_special_tokens 메서드로 새로운 특수 토큰을 추가할 수 있습니다.

```
print(tokenizer.vocab_size)
print(tokenizer.get_vocab())
print(tokenizer.special_tokens_map)
```

실행 결과

```
32000
{'[PAD]': 0, '[UNK]': 1, '[CLS]': 2, '[SEP]': 3, '[MASK]': 4, '!': 5, '"': 6, '#': 7, …, '[unused496]': 31996, '[unused497]': 31997, '[unused498]': 31998, '[unused499]': 31999}
{'unk_token': '[UNK]', 'sep_token': '[SEP]', 'pad_token': '[PAD]', 'cls_token': '[CLS]', 'mask_token': '[MASK]'}
```

토크나이저는 일반적인 토큰과는 다른 특수 토큰special token을 가집니다. 이는 컴퓨터가 인식하기 위한 말 그대로 특별한 토큰이며 special_tokens_map으로 해당 토크나이저의 특수 토큰을 확인할 수 있습니다. 대표적인 특수 토큰으로 각각 begin of sentence와 end of sentence를 뜻하는 〈bos〉, 〈eos〉 토큰, 비슷한 역할인 [CLS], [SEP] 토큰 등이 있습니다. 해당 토큰 역시 모델에 따라 다르며 이는 추후 실습으로 자세하게 확인해 보겠습니다.

토큰화 작업

토큰화 프로세스는 tokenize 메서드에 의해 수행됩니다. "안녕하세요. 이건 테스트입니다."라는 문장을 tokenize 메서드로 실행하면 결과로 문자열 토큰 리스트가 반환됩니다.

```
sentence = "안녕하세요. 이건 테스트입니다."

# 토큰화 작업
tokens1 = tokenizer.tokenize(sentence)
print(tokens1)
```

```python
# 토큰을 입력 식별자로 변환
ids1 = tokenizer.convert_tokens_to_ids(tokens1)
print(ids1)

ids2 = tokenizer(sentence)
print(ids2)
```

실행 결과

```
['안녕', '##하', '##세요' , '. ', ' 이건', '테스트', '##입니다', '. ]
[5891, 2205, 5971, 18, 5370, 7453, 12190, 18]
{'input_ids': [2, 5891, 2205, 5971, 18, 5370, 7453, 12190, 18, 3], 'token_type_ids': [0, 0, 0, 0, 0, 0, 0, 0, 0, 0], 'attention_mask': [1, 1, 1, 1, 1, 1, 1, 1, 1, 1]}
```

klue/bert-base 모델의 단어사전에 존재하는 토큰이기 때문에 입력 문장을 분할합니다. 일반적으로 두 개의 번호 기호(##)는 앞 토큰과 공백 없이 이어짐을 의미합니다. SentencePiece 토크나이저는 기본으로 ## 표시를 붙여서 이어짐을 표시하고 BPE 토크나이저는 토큰 앞부분에 밑줄 문자(언더바, _)를 붙여서 사용합니다.

이후 tokenizer.convert_tokens_to_ids 메서드를 통해 앞선 결과를 정수 리스트인 토큰 아이디로 변환할 수 있습니다. 모델은 해당 식별자를 입력으로 사용합니다. tokenizer(sentence) 구문과 같이 바로 문장을 토크나이저 객체에 입력해 호출하면 input_ids, token_type_ids, attention_mask가 반환됨을 확인할 수 있습니다. 그중 input_ids가 문장 식별자를 의미합니다. 생성된 input_ids를 보면 처음과 끝에 각각 2와 3 식별자가 붙어 있음을 확인할 수 있습니다. 이는 klue/bert-base 모델에서 각각 문장 시작을 알리는 토큰인 [CLS]와 문장의 구분자로 사용하는 토큰인 [SEP]을 의미하며 자동으로 부여됩니다. 모델마다 인코딩 시에 붙는 [CLS], [SEP] 등 접두사^{prefix}가 다르고 token_type_ids가 반환되는지 여부가 다르기 때문에 모델에 맞게 이를 꼭 확인해야 합니다.

디코딩을 여러 방법으로 처리해 봅시다. 첫 번째 메서드 방식은 원문으로 디코딩하였고 두 번째 방식은 [CLS], [SEP]를 자동으로 부여해 인코딩했으므로 특수 토큰이 함께 출력됩니다.

```
# 디코딩
decoded_string1 = tokenizer.decode(ids1)
print(decoded_string1)
decoded_string2 = tokenizer.decode(ids2['input_ids'])
print(decoded_string2)

decoded_string3 = tokenizer.decode(ids2['input_ids'], skip_special_
tokens=True)
print(decoded_string3)
```

실행 결과

안녕하세요. 이건 테스트입니다.
[CLS] 안녕하세요. 이건 테스트입니다. [SEP]
안녕하세요. 이건 테스트입니다.

모델에서 기본으로 제공하는 인코딩 형태는 학습 시에 필수로 사용되는 경우가 많습니다. 따라서 문장 분류 등 [CLS] 토큰을 활용하는 태스크로 학습을 진행할 경우 특수 토큰을 부여하는 것이 바람직합니다. 또한 tokenizer.decode 메서드에 파라미터 skip_special_tokens을 True로 설정해 특수 토큰은 출력에서 제외할 수 있습니다.

> 😊 **특수 토큰 구조**
>
> 대부분 인코더 기반 모델은 [CLS], [SEP]처럼 대문자를 대괄호로 감싸고 디코더 기반 모델에서는 ⟨bos⟩, ⟨eos⟩와 같이 소문자를 홑화살괄호로 감싸 사용합니다. 인코더-디코더 기반 모델은 두 가지 방법 중 하나로 혼용되는 편입니다. 대부분 해당 형식을 따르지만 꼭 정해진 것이 아니기 때문에 모델별로 특수 토큰을 확인하는 것이 가장 확실한 방법입니다.

데이터셋 전처리

자체 보유 데이터를 데이터셋 라이브러리로 불러오거나 허브에 있는 데이터셋을 활용할 때, dataset의 map 메서드를 활용하여 간단하게 토큰화 기능을 적용할 수 있습니다.

이전 Datasets에 활용한 KLUE 데이터셋을 토크나이저로 전처리해 보겠습니다. 데이터셋 전처리를 위해 이전 **3.1.2 Datasets 실습**에서 활용한 KLUE 데이터셋 YNAT 데이터를 다시 불러옵니다.

```
from datasets import load_dataset

dataset = load_dataset("klue", "ynat")
raw_train_dataset = dataset["train"]
```

tokenizer에 데이터셋을 입력해 토큰화를 진행합니다.

```
from transformers import BertTokenizer

model_name = "klue/bert-base"
tokenizer = BertTokenizer.from_pretrained(model_name)

tokenized_examples = tokenizer(
    raw_train_dataset["title"],
    padding="max_length",
    truncation=True,
)
```

padding과 truncation 파라미터를 설정하여 길이를 맞춥니다. 두 파라미터 중 하나 이상을 입력했을 때 만약 max_length가 입력되지 않았다면 tokenizer에 기본으로 설정된 model_max_length를 기준으로 사용합니다.

전체 데이터를 한 번에 토큰화하는 방식은 잘 작동하긴 하지만 input_ids, attention_mask, token_type_ids 키로 지정된 다차원 리스트로 별도 파이썬 딕셔너리에 담겨 반환되는 점과 전체 데이터셋을 처리할 충분한 공간의 랜덤 액세스 메모리Random Access Memory, RAM이 있는 경우에만 작동한다는 단점이 있습니다. 따라서 대량 데이터셋을 처리할 때는 Datasets 객체로 유지하기 위해서 dataset의 map 메서드를 활용합니다.

```
def tokenize_function(sample):
    return tokenizer(sample["title"])

tokenized_datasets = dataset.map(
    tokenize_function,
    batched=True,
    batch_size=1000,
    remove_columns=["guid", "title", "url", "date"],
)
```

먼저 tokenize_function 함수에 개별 항목이 담긴 sample 딕셔너리를 받아 토큰화하도록 합니다. 처리 함수를 map 메서드에 콜백으로 입력하면 전처리를 진행하며 진행도를 시각화하여 출력합니다. batched를 True로 설정하면 데이터의 여러 행을 배치 단위로 동시에 처리할 수 있습니다. 이때 batch_size로 배치 크기를 설정할 수 있으며 기본값은 1,000입니다.

num_proc을 설정하여 여러 프로세스를 동시에 사용할 수 있습니다. 기본값default value은 1이고 프로세스 수를 늘릴수록 더 많은 CPU 자원을 이용해 빠른 속도로 데이터를 처리할 수 있습니다. 또한, map 메서드는 결과를 캐시에 저장합니다. 이전에 진행한 작업이라면 캐시 파일에서 그대로 가져오기에 다시 전처리할 필요 없이 바로 사용할 수 있다는 장점이 있습니다.

remove_columns 파라미터로 사용하지 않는 칼럼을 제거하여 사용할 수 있습니다. 단, 전처리 이후에 칼럼을 제거하기에 전처리한 데이터가 삭제될 수도 있습니다. 일반적으로 dataset. column_names를 사용해 전처리 이전 칼럼을 삭제합니다. load_from_cache_file 파라미터를 False로 지정하면 기존 캐시 파일이 있더라도 다시 새로 전처리할 수 있습니다.

전처리 후 반환된 tokenized_datasets 변수를 확인해 보면 input_ids, token_type_ids, attention_mask가 새로운 키로 추가되었음을 확인할 수 있습니다.

tokenized_datasets

실행 결과
```
DatasetDict({
        train: Dataset({
                features: ['label', 'input_ids', 'token_type_ids', 'attention_mask'],
                num_rows: 45678
        })
        validation: Dataset({
                features: ['label', 'input_ids', 'token_type_ids', 'attention_mask'],
                num_rows: 9107
        })
})
```

map 메서드로 업데이트된 내역은 데이터셋 하부 항목(예제에서의 train, validation)에 모두 적용됩니다. 여기서 이 데이터셋을 바로 학습에 활용할 수 있다면 좋겠지만 아쉽게도 해당 데이터셋에는 몇 가지 문제가 남아있습니다. 데이터가 torch.Tensor가 아닌 파이썬 리스트 형태로 데이터 길이가 일정하지 않고 들쭉날쭉하다는 것입니다. 허깅페이스는 이처럼 배치 단위로 처리해야 하는 문제를 효율적으로 해결할 수 있도록 DataCollator 클래스를 제공합니다.

3.2.3 DataCollator

DataCollator는 데이터셋 요소 목록을 입력으로 사용하여 배치를 형성하는 객체입니다. 학습할 때, 모델에 데이터를 입력하기 전 추가 처리를 진행하기도 합니다. 학습할 때 미니배치 단위로 데이터에 어떤 작업을 진행해야 할 때 많이 쓰이는데, 이를 처리하는 것을 콜레이터Collator라고 합니다. 이러한 요소는 train_dataset과 eval_dataset 모든 요소와 동일한 유형으로 사용합니다.

파이토치에서는 DataLoader에 Collator 파라미터로 함수를 넣어 사용할 수 있습니다. 허깅페이스 Transformers에서는 태스크에 따라 자주 사용하는 작업을 정리하여 미리 작성된 콜레이터를 지원합니다. 태스크별로 콜레이터를 지원하며 사용자는 그저 인코딩된 텍스트만 준비하면 콜레이터를 사용해 추가 코드 작성 없이 배치를 구축하여 바로 학습에 사용할 수 있습니다.

DataCollator 역시 태스크에 따라 여러 종류가 있어서 자신의 태스크에 알맞은 것을 선택할 수 있습니다. 다만, 태스크마다 지원하는 DataCollator 객체에 넣어야 하는 파라미터가 다르므로 문서에서 이를 확인하여 작성해야 합니다.

- **DefaultDataCollator:** 특별한 추가 작업이 없는 기본 콜레이터입니다. 배치당 길이를 체크하며 데이터 타입과 형태를 학습할 수 있는 상태로 바꿔줍니다.
- **DataCollatorWithPadding:** 데이터 길이에 따라 동적으로 시퀀스 길이를 동일하게 패딩 처리하는 데이터 콜레이터^{data collator}입니다. 패딩 길이 및 값 등을 사용자 정의할 수 있습니다.
- **DataCollatorForTokenClassification:** 주로 개체명 인식이나 품사 태깅과 같은 토큰 분류 작업에서 사용합니다. 받은 입력과 레이블의 시퀀스 길이를 동일하게 동적 패딩 처리하는 데이터 콜레이터입니다.
- **DataCollatorForSeq2Seq:** 시퀀스-대-시퀀스^{Seq2Seq} 모델 학습 작업에 사용합니다. 주로 기계 번역 및 요약 같은 작업에서 사용합니다. 레이블 값을 디코더에 입력할 수 있도록 변환시킵니다.
- **DataCollatorForLanguageModeling:** 언어 모델링에 사용되는 데이터 콜레이터입니다. 입력이 모두 같은 길이가 아닌 경우 배치 최대 길이에 맞춰 동적으로 패딩 처리됩니다. mlm, mlm_probability 옵션을 사용하여 마스킹된 언어 모델^{Masked Language Model, Masked LM}에서도 사용할 수 있습니다.

이제 Datacollator를 사용해 보겠습니다. dataset의 map 메서드로 토큰 처리된 배치 내 각 요소의 길이를 보면 5부터 18까지 다양하고 데이터 타입 또한 일반적인 파이썬 리스트 형태입니다. 파이토치를 기준으로 학습할 때 데이터는 반드시 torch.Tensor 형태여야 하며 torch.Tensor는 다차원 데이터의 모든 길이가 같아야 하기에 오류가 발생할 수 있습니다.

```
print(tokenized_datasets['train'][0]['input_ids'])
print(type(tokenized_datasets['train'][0]['input_ids']))
```

실행 결과

```
[2, 10637, 8474, 22, 2210, 2299, 2118, 28940, 3691, 4101, 3792, 3]
<class 'list'>
```

DataCollatorWithPadding을 활용하여 동적 패딩dynamic padding을 하면 배치 최대 길이인 18을 기준으로 잡습니다. 길이가 기준보다 모자란 만큼 패딩을 채우고 torch.Tensor 형태로 타입을 바꿔주며, data_collator로 배치 데이터를 적절하게 동적 패딩 처리합니다. torch.Tensor로 바꿔주는 건 default_data_collator를 포함해 모든 데이터 콜레이터에서 동일하게 진행합니다.

```
from pprint import pprint
from transformers import DataCollatorWithPadding

batch = [tokenized_datasets["train"][i] for i in range(8)]
print([len(sample["input_ids"]) for sample in batch])

data_collator = DataCollatorWithPadding(tokenizer=tokenizer)
batch = data_collator(batch)
pprint({k: v.size() for k, v in batch.items()})
```

실행 결과
```
[12, 12, 17, 16, 18, 13, 14, 5]
{'attention_mask': torch.Size([8, 18]),
 'input_ids': torch.Size([8, 18]),
 'labels': torch.Size([8]),
 'token_type_ids': torch.Size([8, 18])}
```

데이터 콜레이터는 보통 학습 시에 사용자가 직접 사용하진 않습니다. 다만, 사용자가 정의한 데이터 콜레이터를 trainer에 파라미터로 제공하며 trainer는 데이터의 미니배치를 가져와 이를 콜레이터를 거치게 하여 최종 학습에 사용하게 됩니다. 데이터 콜레이터까지 정의하고 나면 이제 비로소 학습에 바로 사용할 수 있는 데이터셋이 준비됩니다.

3.2.4 Model

이제 사전학습된 모델을 살펴보겠습니다. Transformers에서는 라이브러리 내에 구현된 각 모델 관련 클래스 및 함수를 사용할 수 있습니다. 허깅페이스에서 지원하는 약 700,000개에 달하는 수많은 모델을 이용할 수 있으니 파이토치, 텐서플로, 플랙스Flax 중 지원하는 모델을 확인하여 사용합니다. 참고로 파이토치는 거의 대부분 모델에서 지원하는 가장 안정적이며 많이 사용하는 백엔드 라이브러리입니다.

Transformers에서 활용할 수 있는 모델 정보는 허깅페이스 사이트 라이브러리 문서(huggingface. co/docs/transformers/index)에서 확인할 수 있습니다.

[그림 3-10] Transformers docs 페이지

해당 Docs 페이지에서는 지원하는 모델과 각 모델의 특징을 볼 수 있습니다. 각 모델을 클릭해서 볼 수 있는 상세 페이지에서는 모델에 대한 논문과 활용 가능한 태스크 종류 등을 확인할 수 있습니다. 사용자는 원하는 작업에 알맞은 태스크에 맞춰 모델을 불러옵니다.

[그림 3-11] BERT 모델 페이지

모든 모델은 기본으로 백엔드 라이브러리 모델(torch - torch.nn.Module, tensorflow - tf.keras.Model)을 상속하며 PreTrainedModel이라는 Transformers 내 자체 클래스를 상속합니다. 태스크마다 작업에 해당하는 헤드 레이어가 상단에 위치하는 형태로 이루어져 있습니다. (e.g. BERT 모델로 문장 분류 - BertForSequenceClassification, T5 모델로 문장 생성 - T5ForConditionalGeneration)

> ### 🤗 Transformers 라이브러리
>
> 파이토치 기준, Transformers 라이브러리 모델 상속 관계는 다음과 같습니다.
>
> torch.nn.Module > PreTrainedModel > '모델명'PretrainedModel > '모델명'For'태스크명'
>
> Transformers 기능을 통해 학습을 진행하기 위한 기능은 모두 PreTrainedModel에 정의되어 있습니다. 직접 작성한 모델도 PreTrainedModel 클래스를 상속받고 필요한 기능을 작성한다면 torch와 같은 저수준 프레임워크가 아닌 Transformers 라이브러리만을 이용해 간편하게 학습할 수 있습니다.

Model Outputs

자연어 처리에는 많은 태스크가 존재합니다. 허깅페이스에서는 다양한 태스크를 진행할 수 있도록 사전학습된 모델 클래스인 PretrainedModel을 각 태스크에 맞는 형태로 래핑wrapping 하여 제공합니다. 래핑된 모델은 베이스 모델에 추가 헤드 레이어가 달리고 각 태스크에 맞는 아웃풋을 반환합니다.

Model Outputs은 각 태스크에 출력 형태와 갖가지 유틸리티 기능을 제공합니다. 예를 들면 디코더 기반 모델 생성 태스크에서는 베이스 모델이 '모델명'ForCausalLM 형태로 래핑되며 CausalLMOutput 형태를 반환합니다. 또한 해당 모델은 generate라는 메서드를 제공하고 이를 활용하여 빔 서치beam search, Top-k 랜덤 샘플링Top-k random sampling 등 다양한 생성 기법을 굉장히 쉽게 사용할 수 있습니다.

챕터 5에서 모델 형태별로 다음과 같은 태스크를 실습해 볼 예정입니다.

인코더 기반 모델

- 문장 분류 Sequence Classification
- 다중 선택 Multiple Choice
- 토큰 분류 Token Classification
- 질의 응답 Question-Answering

디코더 기반 모델

- 인과적 언어 모델 Causal Language Model, Causal LM
- 질의 응답 Question-Answering
- 문장 분류 Sequence Classification

인코더-디코더 기반 모델

- 조건부 생성 Conditional Generation
- 문장 분류 Sequence Classification
- 질의 응답 Question-Answering

Model 다운로드

모델 다운로드는 모델 파일을 직접 다운로드하는 방식, PreTrainedModel.from_pretrained 메서드로 캐시에 다운로드하여 PreTrainedModel.save_pretrained 메서드로 파일로 저장하는 방식, Huggingface_hub 라이브러리를 활용하여 프로그래밍으로 다운로드하는 방식 이렇게 총 세 가지 방식이 있습니다. 이 책에서는 가장 많이 사용하고 편의성이 좋은 PreTrainedModel.from_pretrained와 PreTrainedModel.save_pretrained로 실습해 보겠습니다.

다음 코드는 BertTokenizer와 BertModel을 활용하여 bert-base-uncased 리포지터리에서 모델을 다운로드합니다.

```
from transformers import BertTokenizer, BertModel

model = "bert-base-uncased"
tokenizer = BertTokenizer.from_pretrained(model)
model = BertModel.from_pretrained(model)
```

모델은 진행 막대와 함께 캐시에 저장됩니다. PreTrainedModel.from_pretrained('허깅페이스 허브에 등록된 모델명')을 활용하여 모델을 다운로드할 수 있습니다. 모델은 허깅페이스 허브에서 캐시로 '~/.cache/huggingface/hub' 디렉터리 하위에 저장되며 토크나이저와 마찬가지로 해당 캐시 파일이 사라지지 않는 이상 다시 다운로드하지 않습니다.

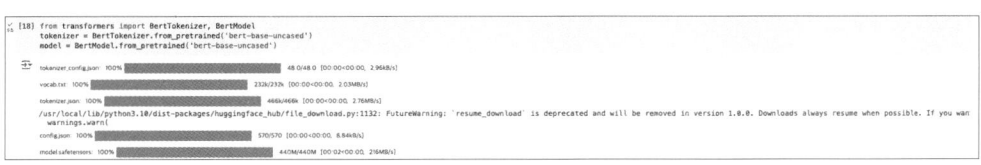

[그림 3-12] bert-base-uncased 불러오기

BertModel은 파이토치 기반으로 된 모델을 받을 때 사용하고 TFBertModel과 같이 앞에 'TF'가 붙는 경우에는 텐서플로 기반 모델을 받을 때 사용합니다. 같은 맥락으로 모델명 앞에 'Flax'가 붙는다면 플랙스 라이브러리에서 활용하고 'Jax'가 붙는다면 잭스 라이브러리에서 활용할 수 있습니다.

이제 불러온 모델을 저장해 봅시다. 로컬의 원하는 경로에 토크나이저와 모델을 파일로 저장하고 다시 불러올 수 있습니다. 보통은 미세조정이 완료된 모델을 저장할 때 활용합니다.

```
model_path = "/content/MyBertModel"
tokenizer.save_pretrained(model_path)
model.save_pretrained(model_path)

!ls -l {model_path}
```

```
실행 결과
total 427917
-rw------- 1 root root        690 Jun 23 13:08 config.json
-rw------- 1 root root  437951328 Jun 23 13:08 model.safetensors
-rw------- 1 root root        695 Jun 23 13:08 special_tokens_map.json
-rw------- 1 root root       1242 Jun 23 13:08 tokenizer_config.json
-rw------- 1 root root     231508 Jun 23 13:08 vocab.txt
```

토크나이저와 모델을 저장한 경로를 확인해 보면 토크나이저 관련 파일인 special_tokens_map.json, tokenizer_config.json, vocab.txt와 모델 관련 파일 config.json, model.safetensors가 생성되어 있습니다.

마찬가지로 정상적으로 저장이 되었다면 '모델명'Tokenizer.from_pretrained('관련 파일이 저장된 경로')와 '모델명'Model.from_pretrained('관련 파일이 저장된 경로')로 토크나이저와 모델을 각각 불러올 수 있습니다.

```
tokenizer = BertTokenizer.from_pretrained(model_path)
model = BertModel.from_pretrained(model_path)
```

Model 추론 실습

BERT는 단어가 마스킹된 문장으로 학습된 모델입니다. bert-base-uncased 모델에서 언어 모델링 헤드가 상단에 있는 BertForMaskedLM으로 마스킹된 단어를 바로 추론하는 예시를 알아봅시다.

토크나이저와 모델을 다운로드한 후 'The capital of France is [MASK]'(프랑스의 수도는 [MASK])라는 문장을 넣어 [MASK] 안에 들어갈 단어를 추론하는 작업을 합니다. 모델 출력값에서 마스크에 해당하는 인덱스를 찾고 토큰 아이디를 찾아 토크나이저로 디코딩을 하면 마스킹에 해당하는 추론 값을 얻을 수 있습니다. torch.no_grad는 추론 시에 자동으로 기울기를 트래킹하는 autograd를 끔으로써 메모리 사용량을 줄여 연산 속도를 높이기 위해 사용합니다.

```python
import torch
from transformers import BertTokenizer, BertForMaskedLM

model = "bert-base-uncased"
tokenizer = BertTokenizer.from_pretrained(model)
model = BertForMaskedLM.from_pretrained(model)

inputs = tokenizer("The capital of France is [MASK].", return_tensors="pt")

with torch.no_grad():
    logits = model(**inputs).logits

# retrieve index of [MASK]
mask_token_index = (
    inputs.input_ids == tokenizer.mask_token_id
)[0].nonzero(as_tuple=True)[0]

predicted_token_id = logits[0, mask_token_index].argmax(axis=-1)
tokenizer.decode(predicted_token_id)
```

실행 결과

'paris'

3.2.5 AutoClass

AutoClass는 Transformers 핵심 가치의 일환으로 사전학습된 지정 모델의 알맞은 아키텍처를 자동으로 불러오는 것을 목표로 세팅된 클래스입니다. from_pretrained 메서드에 모델 config 파일의 모델명이나 경로를 활용하여 사전학습된 모델을 자동으로 검색할 수 있습니다.

3.2.4 Model의 모델을 불러오는 부분을 다시 생각해 보면 학습 도중 활용할 모델이 바뀌면 곤란한 상황이 발생한다는 것을 알 수 있습니다. 어떤 문제가 주어져 이를 해결하기 위해 모델을 학습하는 과정에서 더 나은 성능 모델을 찾기 위해 매번 모델을 바꿔서 학습하는 일은 꽤 자주 발생합니다. 예를 들어 RoBERTa 모델에서 ELECTRA 모델로 바꿔 성능을 비교하는 등 여러 모델을 학습해 성능을 비교할 수 있습니다. 심지어 같은 종류의 모델이라 할지라도 모델 사이즈에 따라 다른 이름으로 저장되기에 모델을 바꾸는 일은 정말 빈번하게 일어납니다. 그

런 상황에서 모델을 바꿀 때마다 소스코드를 일일이 바꾸는 건 무척 번거로운 일이기에 허깅 페이스는 AutoClasses라는 클래스를 지원합니다.

AutoClasses는 말 그대로 태스크와 모델명을 입력하면 이를 인식하고 올바른 모델을 자동으로 반환합니다. 자연어 모델로만 한정을 지어도 굉장히 많은 태스크가 있습니다. 예를 들어, 간단한 문장 분류를 해야 한다면 AutoModelForSequenceClassification, 디코더 기반 모델로 문장을 생성할 때는 AutoModelForCausalLM, 인코더-디코더 모델로 생성할 때는 AutoModelForSeq2SeqLM을 사용합니다. 어떤 문제를 해결할 때 데이터와 태스크가 이미 정의되어 있다면 코드는 AutoClass로 작성하고 모델명만 변경하여 필요한 모델을 편하게 학습할 수 있습니다.

다음 코드와 앞서 실습한 **3.2.4 Model**의 Model 추론 실습 코드를 비교해 보겠습니다. 달라진 부분은 BertTokenizer가 AutoTokenizer로 변경되고 BertForMaskedLM이 AutoModelForMaskedLM이 된 것뿐입니다.

```python
from transformers import AutoTokenizer, AutoModelForMaskedLM

model_name = "bert-base-uncased"
tokenizer = AutoTokenizer.from_pretrained(model_name)
model = AutoModelForMaskedLM.from_pretrained(model_name)

inputs = tokenizer("The capital of France is [MASK].", return_tensors="pt")

with torch.no_grad():
    logits = model(**inputs).logits

# retrieve index of [MASK]
mask_token_index = (
    inputs.input_ids == tokenizer.mask_token_id
)[0].nonzero(as_tuple=True)[0]

predicted_token_id = logits[0, mask_token_index].argmax(axis=-1)
tokenizer.decode(predicted_token_id)
```

> **실행 결과**
>
> 'paris'

사전학습된 가중치, 구성, 어휘에 대한 이름, 경로가 지정된 관련 모델을 자동으로 검색하는 구조입니다. config.json의 name or path, architectures를 확인하여 각 모델을 찾습니다. 따라서 AutoTokenizer와 AutoModel로 모델을 불러오는 것만으로도 기존 작업이 수행됩니다.

이처럼, 허깅페이스에는 모델과 토크나이저 외에도 여러 클래스가 존재합니다. 모델 하이퍼파라미터Hyperparameter를 관리하는 Config와 데이터 특성을 추출하는 FeatureExtractor가 있고 이외에도 다양한 기능을 가진 클래스가 있으며 이들 또한 AutoClass를 지원합니다.

3.2.6 Trainer, TrainingArguments

Trainer와 TrainingArguments 클래스는 Transformers의 모델을 학습하는 데 사용됩니다. Transformers는 높은 수준의 추상화 단계를 가지고 있습니다. 간단한 코드를 사용해 복잡한 학습이 가능합니다.

Trainer는 학습을 전체 관리하는 클래스입니다. TrainingArguments는 Trainer에서 사용하는 파라미터를 관리하는 데이터 클래스입니다. 또한 파이토치의 완전한 학습을 위한 API를 제공합니다. 한 가지 유의해야 할 점이라면 Trainer는 파이토치에서만 사용할 수 있습니다. 과거에는 텐서플로에서도 사용할 수 있는 TFTrainer가 있었지만 텐서플로는 자체 추상화 수준이 매우 높기에 사용하지 않게 되었습니다.

Trainer를 인스턴스화하기 전에 TrainingArguments를 생성하여 학습하는 동안 모든 커스텀 지정에 접근할 수 있습니다. Trainer와 TrainingArguments는 앞으로 학습할 때 굉장히 많이 사용할 클래스입니다. 이후 **3.3 미세조정**에서 실습하는 방법을 알아보도록 하고, 여기에서는 TrainingArguments와 Trainer 주요 파라미터를 먼저 확인해 보겠습니다.

TrainingArguments 주요 파라미터

- **output_dir(str)**: 모델 체크포인트가 저장될 경로입니다.
- **evaluation_strategy(str, optional, defaults to "no")**: 평가를 진행하는 단위를 설정합니다. "no", "steps", "epoch" 중 하나의 값을 가집니다.
- **per_device_train_batch_size(int, optional, defaults to 8)**: 학습에 대한 배치 사이즈입니다. GPU 하나에 들어갈 배치 사이즈입니다.
- **per_device_eval_batch_size(int, optional)**: 평가에 대한 배치 사이즈입니다. GPU 하나에 들어갈 배치 사이즈입니다.
- **learning_rate(float, optional, defaults to 5e-5)**: 기본 옵티마이저 AdamW 초기 학습률입니다.
- **weight_decay(float, optional, defaults to 0)**: L2 페널티 정규화로 학습할 때 손실을 최소화합니다.
- **num_train_epochs(float, optional, defaults to 3.0)**: 학습할 에포크의 횟수입니다.
- **max_steps(int, optional, defaults to -1)**: 학습할 스텝(가중치 업데이트) 횟수입니다.
- **warmup_ratio(float, optional, defaults to 0.0)**: 학습하는 전체 스텝 중 학습률 웜업을 진행할 스텝 비율입니다.
- **logging_dir(str, optional)**: 로그 파일이 저장될 경로입니다.
- **logging_strategy(str, optional, defaults to "steps")**: 로깅의 단위를 결정합니다. ("no", "epoch", "steps") 중 하나의 값을 가집니다.
- **logging_steps(int or float, optional, defaults to 500)**: 몇 스텝마다 로깅할지 결정합니다.
- **save_strategy(str or IntervalStrategy, optional, defaults to "steps")**: 모델을 언제 저장할지 결정합니다.("no", "epoch", "steps") 중 하나의 값을 가집니다.
- **save_steps(int or float, optional, defaults to 500)**: logging_strategy가 "steps"일 때 몇 스텝마다 모델을 저장할지 결정합니다.
- **save_total_limit(int, optional)**: 체크포인트 최대 개수를 결정합니다.
- **optim(str or traing_args.OptimizerNames, optional, defaults to "adamw_torch")**: 어떤 옵티마이저를 사용할지 결정합니다. "adamw_hf", "adamw_torch", "adamw_torch_fused", "adamw_apex_fused", "adamw_anyprecision", "adafactor" 중 하나의 값을 가집니다.

Trainer 주요 파라미터

- **model(PreTrainedModel or torch.nn.Module, optional)**: 학습과 평가에 사용될 모델을 결정합니다. 제공되지 않을 경우 model_init을 전달해야 합니다.
- **args(TrainingArguments, optional)**: 학습을 위한 조정할 정보가 세팅된 TrainingArguments를 전달합니다.
- **data_collator(DataCollator, optional)**: train_dataset과 eval_dataset 요소 목록에서 배치를 구성하는 데 사용하는 함수입니다. 기본값은 default_data_collator입니다.
- **train_dataset(torch.utils.data.Dataset, torch.utils.data.IterableDataset, optional)**: 학습에 사용할 데이터셋입니다. model.forward 메서드에서 허용하지 않는 칼럼은 자동으로 제거됩니다.
- **eval_dataset(Union[torch.utils.data.Dataset, Dict[str, torch.utils.data.Dataset]], optional)**: 평가에 사용할 데이터셋입니다. model.forward 메서드에서 허용하지 않는 칼럼은 자동으로 제거됩니다.
- **tokenizer(PreTrainedTokenizerBase, optional)**: 데이터를 전처리하는 데 사용되는 토크나이저입니다.
- **compute_metrics(Callable[[EvalPrediction], Dict], optional)**: 모델 평가를 위한 계산에 사용되는 함수입니다.

😀 클래스 파라미터

TrainingArguments와 Trainer 모두 기술한 것보다 훨씬 많은 종류의 파라미터를 가지고 있습니다. 기본값으로 설정되어 특별히 정하지 않아도 되는 것이 대부분이지만, 알고 있으면 도움이 될 기능도 많습니다. 사용하지 않더라도 직접 공식 문서에 방문하여 하나씩 읽어본다면 추후 어려운 작업을 진행할 때 큰 도움이 될 것입니다.

3.2.7 Pipeline

Pipeline은 학습된 모델을 간단하고 빠르게 사용할 수 있도록 하는 클래스입니다. Pipeline은 절차, 흐름, 과정 등의 뜻으로 Transformers에서도 동일한 의미를 지닙니다.

Pipeline을 활용하면 굉장히 쉽게 추론을 사용할 수 있습니다. Pipeline은 모델과 태스크를 입력하거나, 혹은 특정 태스크로 학습된 모델을 입력하면 전처리부터 결과를 내는 모든 과정을 한 번에 처리해 주는 강력한 기능입니다. 모델을 다 학습했다 하더라도 원본 텍스트raw text 데이터를 입력하여 모델이 추론하도록 사용하기 위해서는 모델과 토크나이저를 불러와서 기울기를 제거하거나 디바이스를 설정하고 텍스트 인코딩과 모델 디바이스를 설정한 후, 결과를 추론하고 보기 쉽게 결과를 후처리해야 비로소 사람이 편하게 식별 가능한 결과를 얻을 수 있습니다. 꽤나 번거로운 작업입니다. Pipeline은 이런 문제를 간단히 해결합니다. 원본 텍스트 데이터를 그대로 입력하면 서너 줄의 코드만으로 딕셔너리에 정리된 모델 추론 결과를 얻을 수 있습니다.

사용 방법은 간단합니다. Pipeline 클래스에 문자열로 태스크를 입력해 바로 사용할 수도 있고 원하는 태스크 클래스를 직접 불러와 사용할 수도 있습니다. 앞서 알아봤던 AutoClass와 마찬가지로 Pipeline 또한 여러 태스크가 존재하며 텍스트, 이미지, 오디오 등 다양한 데이터를 다룰 수 있는 클래스를 지원합니다. 모델을 불러오는 것과 마찬가지로 허깅페이스 허브에 등록된 모델을 그대로 가져올 수도 있고 직접 미세조정하여 파일로 저장해 둔 모델을 가져올 수도 있습니다.

허깅페이스 허브 모델 가져오기

허깅페이스 허브에 등록된 모델 중 BERT 모델을 KLUE 데이터셋으로 학습한 google-bert/bert-base-uncased 모델을 Pipeline으로 활용해 보겠습니다. task와 model 파라미터에 각각 수행할 작업과 불러올 리포지터리를 명시합니다. 결과를 보면 LABEL_3에 해당하는 생활문화가 잘 추출되었습니다.

```
from transformers import pipeline

pipe = pipeline(task="text-classification", model="google-bert/bert-base-uncased")
print(pipe("유튜브 내달 2일까지 크리에이터 지원 공간 운영"))
```

실행 결과

```
[{'label': 'LABEL_1', 'score': 0.6135263442993164}]
```

미세조정 모델 경로로 가져오기

3.2.4 Model의 경로로 모델을 불러오는 방법을 알아봅시다. 학습한 모델 경로를 활용하여 저장된 모델 파일을 토대로 AutoTokenizer와 AutoModelForSequenceClassification으로 토크나이저와 모델을 불러온 후 tokenizer와 model을 지정하여 Pipeline 객체를 생성합니다. Pipeline에는 task 파라미터로 어떤 작업을 해야 하는지를 명시해야 합니다. 미세조정이 완벽하게 이루어진 상태가 아니기 때문에 결과는 부정확하지만 Pipeline을 토대로 값이 원하는 양식으로 출력됩니다.

```
from transformers import (
    AutoTokenizer,
    AutoModelForSequenceClassification,
    pipeline,
)

model_name = "/content/MyBertModel"
tokenizer = AutoTokenizer.from_pretrained(model_name)
model = AutoModelForSequenceClassification.from_pretrained(model_name)

pipe = pipeline(task="text-classification", tokenizer=tokenizer, model=model)
print(pipe("유튜브 내달 2일까지 크리에이터 지원 공간 운영"))
```

실행 결과

```
[{'label': 'LABEL_2', 'score': 0.46643710136413574}]
```

동일한 방식으로 AutoClass로 토크나이저와 모델을 불러와 허깅페이스 허브에 등록된 모델을 Pipeline 객체로 만들 수 있습니다. 드롭아웃이나 이후에 배울 개념인 양자화quantization 등 모델에 필요한 부분을 적용할 때도 AutoClass로 불러와 Pipeline을 만드는 방식을 사용할 수 있습니다.

```
model_name = "google-bert/bert-base-uncased"
model = AutoModelForSequenceClassification.from_pretrained(model_name)
tokenizer = AutoTokenizer.from_pretrained(model_name)

pipeline = pipeline(
    task="text-classification",
    model=model,
    tokenizer=tokenizer,
)
print(pipeline("유튜브 내달 2일까지 크리에이터 지원 공간 운영"))
```

실행 결과

```
[{'label': 'LABEL_1', 'score': 0.534720242023468}]
```

직접 구현

앞서 Pipeline으로 간편하게 추론했던 과정을 직접 구현해 보겠습니다. 먼저 모델과 토크나이저를 불러온 후 입력 문자열을 토크나이저로 인코딩하여 입력합니다. 모델이 추론한 결과를 확률분포로 변경한 후 그중 가장 확률이 높은 인덱스와 클래스를 출력하도록 작성합니다.

```
import torch
from transformers import AutoTokenizer, AutoModelForSequenceClassification

model_name = "google-bert/bert-base-uncased"
model = AutoModelForSequenceClassification.from_pretrained(model_name)
tokenizer = AutoTokenizer.from_pretrained(model_name)
```

```python
model.cuda().eval()

with torch.no_grad():
    output = model(
        **tokenizer(
            "유튜브 내달 2일까지 크리에이터 지원 공간 운영",
            return_tensors='pt'
        ).to(model.device),
    )
    result = torch.softmax(output.logits.cpu(), -1)

result = [
    {"label": f"LABEL_{l}", "score": result[i, l].item()}
    for i, l in enumerate(result.argmax(-1))
]
print(result)
```

실행 결과

```
[{'label': 'LABEL_0', 'score': 0.703233003616333}]
```

직접 구현하게 되면 Pipeline 추론에 비해 굉장히 복잡하고 공수가 많이 발생합니다. Pipeline은 상당히 강력한 기능을 가지고 있고 단순한 테스트에서도 서빙 단계에서도 유용하게 사용할 수 있기에 꼭 알아 두고 적용해 보도록 합시다.

3.3 미세조정

이제 지금까지 배운 내용을 활용하여 허깅페이스로 모델을 학습해 보겠습니다. 일반적인 자연어 처리 모델 학습 순서는 다음과 같습니다.

1. 토크나이저와 모델 준비
2. 데이터 준비 및 전처리
3. 학습 파라미터 선정
4. 학습 진행
5. 성능 평가
6. 모델 저장

위 순서는 자연어 처리 모델 학습의 기본 순서입니다. 간단하고 추상화 단계가 높은 Transformers 라이브러리에서 위 과정을 간단하게 학습할 수 있습니다. 예제로 레이블 분류 작업에 대해 미세조정을 진행해 봅시다. 앞서 배운 **3.1.1 Datasets 설치**에서 **3.2.6 Trainer, TrainingArguments**까지 과정을 한 번에 진행합니다.

3.3.1 토크나이저와 모델 준비

klue/bert-base 모델과 토크나이저를 사용하며, 앞서 살펴본 KLUE 데이터셋의 기사를 일곱 개 레이블로 분류한 YNAT 태스크 데이터를 학습해 보겠습니다.

```
from transformers import AutoTokenizer, AutoModelForSequenceClassification

model_name = "klue/bert-base"
tokenizer = AutoTokenizer.from_pretrained(model_name)
model = AutoModelForSequenceClassification.from_pretrained(model_name,
num_labels=7)
```

Trainer를 활용하여 학습하기 전에 먼저 토크나이저와 모델을 세팅합니다. AutoTokenizer, AutoModelForSequenceClassification을 활용하여 모델을 불러옵니다. 모델은 데이터 클래스 개수에 맞춰 num_labels=7로 설정합니다.

3.3.2 데이터 준비 및 전처리

3.1 Datasets 라이브러리에서 실습해 본 것과 마찬가지로 KLUE 데이터셋을 불러오면 학습 데이터 45,678건, 검증 데이터 9,107건을 DatasetDict 객체로 확인해 볼 수 있습니다.

```
from datasets import load_dataset

dataset = load_dataset("klue", "ynat")
print(dataset)
print(set([i for i in dataset["train"]["label"]]))
```

실행 결과
```
DatasetDict({
    train: Dataset({
        features: ['guid', 'title', 'label', 'url', 'date'],
        num_rows: 45678
    })
    validation: Dataset({
        features: ['guid', 'title', 'label', 'url', 'date'],
        num_rows: 9107
    })
})
{0, 1, 2, 3, 4, 5, 6}
```

각각 칼럼은 guid, title, label, url, date로 총 다섯 개로 구성되어 있습니다. label은 분류를 위한 것으로 IT 과학 0, 경제 1, 사회 2, 생활문화 3, 세계 4, 스포츠 5, 정치 6으로 총 일곱 개 레이블로 구성되어 있습니다. 데이터셋 레이블을 확인해 보면 0~6으로 일곱 개로 구성되어 있습니다.

이제 모델 학습에 사용할 수 있도록 데이터를 전처리해 보겠습니다. 딕셔너리 형태 입력을 받아 토큰화 및 인코딩을 진행하는 tokenize_function 함수를 정의합니다. 작성한 함수를 map 메서드에 콜백으로 입력하면 전처리를 진행하며 진행도를 시각화해 보여줍니다.

```python
def tokenize_function(sample):
    result = tokenizer(
        sample["title"],
        padding="max_length",
    )
    return result

tokenized_dataset = dataset.map(
    tokenize_function,
    batched=True,
    batch_size=1000,
    remove_columns=["guid", "title", "url", "date"],
)
tokenized_dataset
```

실행 결과

```
DatasetDict({
    train: Dataset({
        features: ['label', 'input_ids', 'token_type_ids', 'attention_mask'],
        num_rows: 45678
    })
    validation: Dataset({
        features: ['label', 'input_ids', 'token_type_ids', 'attention_mask'],
        num_rows: 9107
    })
})
```

Datasets에 전처리 후 반환된 input_ids, token_type_ids, attention_mask가 새로운 키로 추가되었습니다. 세 개의 새로운 필드는 데이터셋 모든 분할(train, validation, evaluation)에 추가됩니다. 이제 데이터셋 준비와 전처리가 완료되었습니다.

3.3.3 학습 파라미터 선정

파이토치를 기반으로 한 Trainer를 사용하려면 Accelerate 라이브러리를 설치해야 합니다. Accelerate 라이브러리는 여러 개 GPU 혹은 여러 서버를 활용해 학습을 진행할 때 사용되는 라이브러리로, 여러 기기를 동시에 사용해 분산학습을 진행하기 쉽도록 추상화 기능을 제공하며 Transformers의 Trainer 클래스 역시 이를 기반으로 학습을 진행합니다.

먼저 Accelerate를 설치해 둡니다.

```
!pip install accelerate -U
```

```
[22] !pip install accelerate -U

Collecting accelerate
  Downloading accelerate-0.31.0-py3-none-any.whl (309 kB)
     ━━━━━━━━━━━━━━━━━━━━━━━━━━━━━━━━━━━━━━━━ 309.4/309.4 kB 6.6 MB/s eta 0:00:00
Requirement already satisfied: numpy>=1.17 in /usr/local/lib/python3.10/dist-packages (from accelerate) (1.25.2)
Requirement already satisfied: packaging>=20.0 in /usr/local/lib/python3.10/dist-packages (from accelerate) (24.1)
Requirement already satisfied: psutil in /usr/local/lib/python3.10/dist-packages (from accelerate) (5.9.5)
Requirement already satisfied: pyyaml in /usr/local/lib/python3.10/dist-packages (from accelerate) (6.0.1)
Requirement already satisfied: torch>=1.10.0 in /usr/local/lib/python3.10/dist-packages (from accelerate) (2.3.0+cu121)
Requirement already satisfied: huggingface-hub in /usr/local/lib/python3.10/dist-packages (from accelerate) (0.23.4)
Requirement already satisfied: safetensors>=0.3.1 in /usr/local/lib/python3.10/dist-packages (from accelerate) (0.4.3)
Requirement already satisfied: filelock in /usr/local/lib/python3.10/dist-packages (from torch>=1.10.0->accelerate) (3.15.1)
Requirement already satisfied: typing-extensions>=4.8.0 in /usr/local/lib/python3.10/dist-packages (from torch>=1.10.0->accelerate) (4.12.2)
Requirement already satisfied: sympy in /usr/local/lib/python3.10/dist-packages (from torch>=1.10.0->accelerate) (1.12.1)
Requirement already satisfied: networkx in /usr/local/lib/python3.10/dist-packages (from torch>=1.10.0->accelerate) (3.3)
Requirement already satisfied: jinja2 in /usr/local/lib/python3.10/dist-packages (from torch>=1.10.0->accelerate) (3.1.4)
Requirement already satisfied: fsspec in /usr/local/lib/python3.10/dist-packages (from torch>=1.10.0->accelerate) (2023.6.0)
Collecting nvidia-cuda-nvrtc-cu12==12.1.105 (from torch>=1.10.0->accelerate)
  Using cached nvidia_cuda_nvrtc_cu12-12.1.105-py3-none-manylinux1_x86_64.whl (23.7 MB)
Collecting nvidia-cuda-runtime-cu12==12.1.105 (from torch>=1.10.0->accelerate)
  Using cached nvidia_cuda_runtime_cu12-12.1.105-py3-none-manylinux1_x86_64.whl (823 kB)
Collecting nvidia-cuda-cupti-cu12==12.1.105 (from torch>=1.10.0->accelerate)
  Using cached nvidia_cuda_cupti_cu12-12.1.105-py3-none-manylinux1_x86_64.whl (14.1 MB)
Collecting nvidia-cudnn-cu12==8.9.2.26 (from torch>=1.10.0->accelerate)
  Using cached nvidia_cudnn_cu12-8.9.2.26-py3-none-manylinux1_x86_64.whl (731.7 MB)
Collecting nvidia-cublas-cu12==12.1.3.1 (from torch>=1.10.0->accelerate)
  Using cached nvidia_cublas_cu12-12.1.3.1-py3-none-manylinux1_x86_64.whl (410.6 MB)
Collecting nvidia-cufft-cu12==11.0.2.54 (from torch>=1.10.0->accelerate)
  Using cached nvidia_cufft_cu12-11.0.2.54-py3-none-manylinux1_x86_64.whl (121.6 MB)
Collecting nvidia-curand-cu12==10.3.2.106 (from torch>=1.10.0->accelerate)
  Using cached nvidia_curand_cu12-10.3.2.106-py3-none-manylinux1_x86_64.whl (56.5 MB)
Collecting nvidia-cusolver-cu12==11.4.5.107 (from torch>=1.10.0->accelerate)
  Using cached nvidia_cusolver_cu12-11.4.5.107-py3-none-manylinux1_x86_64.whl (124.2 MB)
Collecting nvidia-cusparse-cu12==12.1.0.106 (from torch>=1.10.0->accelerate)
  Using cached nvidia_cusparse_cu12-12.1.0.106-py3-none-manylinux1_x86_64.whl (196.0 MB)
```

[그림 3-13] Accelerate 설치

학습 시 epoch와 steps 중 무엇을 기준으로 학습할지 설정할 수 있습니다. 예제에서는 steps 기준으로 학습하기 위해 num_train_epochs가 아닌 max_steps을 설정합니다.

```
from transformers import Trainer, TrainingArguments, default_data_collator

args = TrainingArguments(
    per_device_train_batch_size=64,
    per_device_eval_batch_size=64,
    learning_rate=5e-5,
    max_steps=500,
```

```
        evaluation_strategy="steps",
        logging_strategy="steps",
        logging_steps=50,
        logging_dir="/content/logs",
        save_strategy="steps",
        save_steps=50,
        output_dir="/content/ckpt",
        report_to="tensorboard",
)
```

log 파일을 저장할 때는 logging_strategy로 로그 저장 단위를 설정하고 logging_steps으로 몇 스텝마다 로그를 저장할지를 정할 수 있으며, 로깅 단위가 epochs인 경우 해당 변수는 무시됩니다. logging_dir로 로그 파일을 저장할 경로를 설정합니다.

코드를 실행해 보면 Accelerate를 설치했음에도 다음과 같이 오류가 발생합니다. 설치한 라이브러리가 반영되지 않았기 때문입니다. 상단 메뉴에서 [런타임] → [런타임 다시 시작]으로 런타임을 재시작하면 정상 작동합니다.

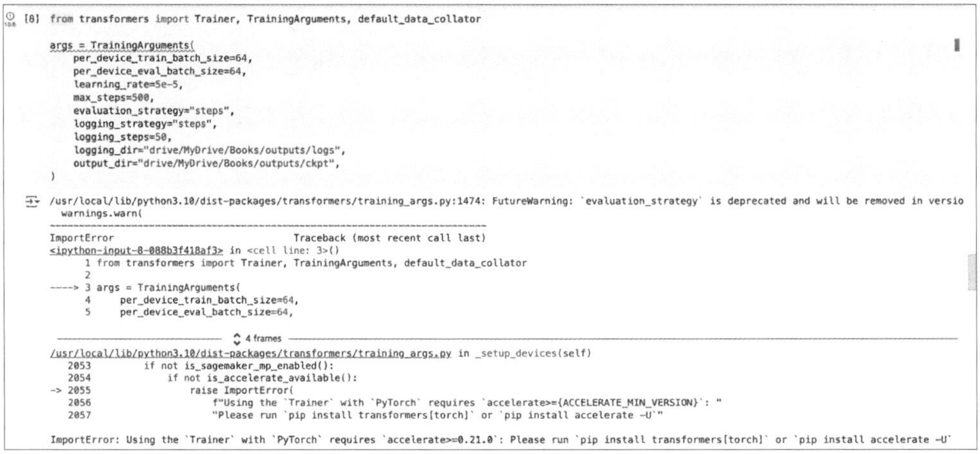

[그림 3-14] Accelerate 오류

런타임을 재시작하면 라이브러리 업데이트는 유지된 채 변수 등 정보가 삭제되므로 코드를 다시 실행해 선언해 주어야 합니다. 학습에 사용할 파라미터를 모아놓은 TrainingArguments를 다시 선언합니다.

```
trainer = Trainer(
    model=model,
    args=args,
    train_dataset=tokenized_dataset["train"],
    eval_dataset=tokenized_dataset["validation"],
    tokenizer=tokenizer,
    data_collator=default_data_collator,
)
```

TrainingArguments에 사용할 값을 전달해 선언했습니다. 이제 TrainingArguments와 더불어 앞서 선언한 모델, 토크나이저, 학습 데이터셋, 평가 데이터셋, 콜레이터를 지정하여 Trainer 객체를 생성합니다.

3.3.4 학습 진행

이제 생성한 Trainer 인스턴스로 학습을 진행해 봅시다. trainer.train 메서드를 호출하여 간단하게 학습을 시작합니다.

```
trainer.train()
```

배치 사이즈를 64로 학습을 진행했더니 에러가 발생합니다.

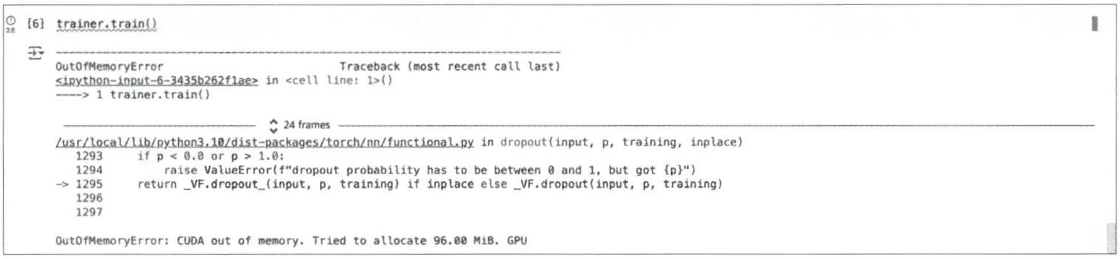

[그림 3-15] CUDA OOM 이슈

CUDA의 메모리 문제(out of memory)인데, 한 번에 학습할 배치 사이즈가 GPU 메모리 허용-

범위를 넘어서면 나타나는 오류입니다. 해당 오류가 발생했을 때는 배치 사이즈를 줄이면서 메모리 허용 범위로 적절한 배치 사이즈를 찾습니다. GPU 메모리를 최대한 많이 사용하도록 배치를 설정하여 학습하는 것이 효율적입니다.

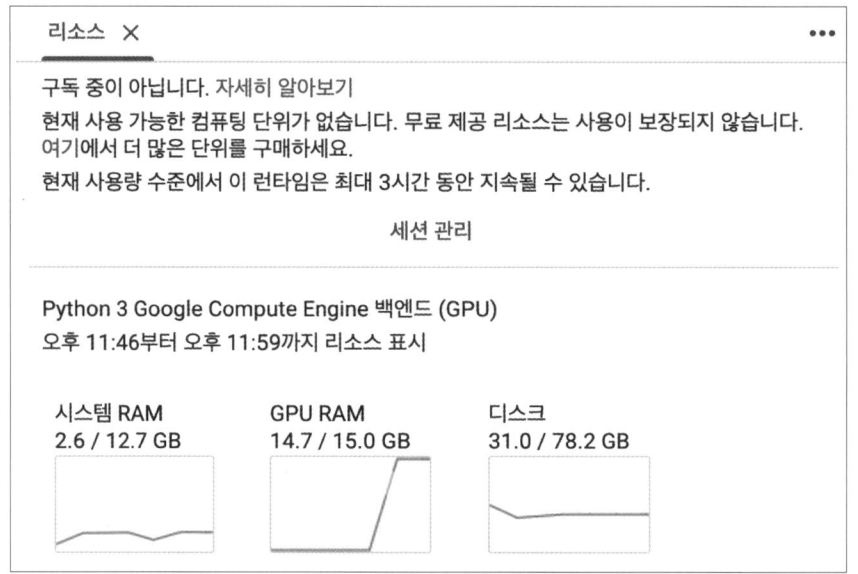

[그림 3-16] CUDA OOM 이슈 - 리소스

사용하는 메모리 공간이 GPU 메모리 크기를 넘어서지 않도록 배치 사이즈를 16으로 낮춰 진행하면 정상적으로 학습이 수행됩니다. 이런 식으로 학습할 때 자신에게 할당된 GPU 메모리에 감당이 되는 적절한 크기를 찾아가며 학습합니다.

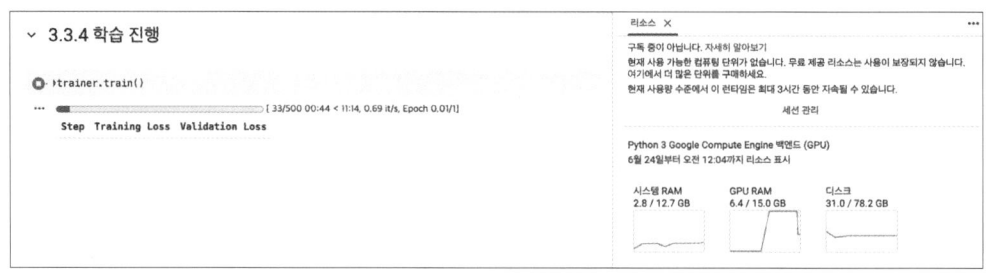

[그림 3-17] 정상 학습

> ### 😀 OOM 대처법
>
> 배치 사이즈는 늘리고 싶은데 메모리 공간이 부족한 경우 가중치 누적gradient accumulation을 활용할 수 있습니다. 배치 데이터는 batch_size개 데이터를 한 번에 입력받아 순전파forward propagation를 거치고 곧바로 역전파backward propagation도 배치 크기만큼 한 번에 진행합니다. 반면 가중치 누적을 사용하면 순전파 연산은 batch_size개만큼 한 번에 연산을 진행하지만 이를 바로 역전파해 업데이트하지 않습니다. gradient-accumulation 값만큼 순전파를 진행한 후 실행 결과를 통합해 한 번에 역전파 및 업데이트를 진행합니다. 즉 실질적인 batch_size 크기가 batch_size * gradient_accumulation이 됩니다. 이 방법은 GPU 메모리가 작을 때 유용하게 사용할 수 있으나 속도가 느릴 수 있다는 단점이 있습니다.

3.3.5 성능 평가

Training Arguments에 파라미터로 evaluation_strategy는 'steps'로 설정하고 logging_steps는 50으로 설정한 후 학습을 시작했습니다. eval_steps를 지정하진 않았으나 해당 파라미터는 입력하지 않았을 때 logging_steps와 동일하게 설정됩니다. 따라서, 50 스텝마다 학습 손실training loss과 검증 손실validation loss이 보고됩니다.

진행도를 살펴보면 500 스텝 중 154 스텝이 진행되었고 총 55분의 학습 시간 중 16분 56초가 지났으며 남은 학습시간은 약 38분 34초로 예상됩니다.

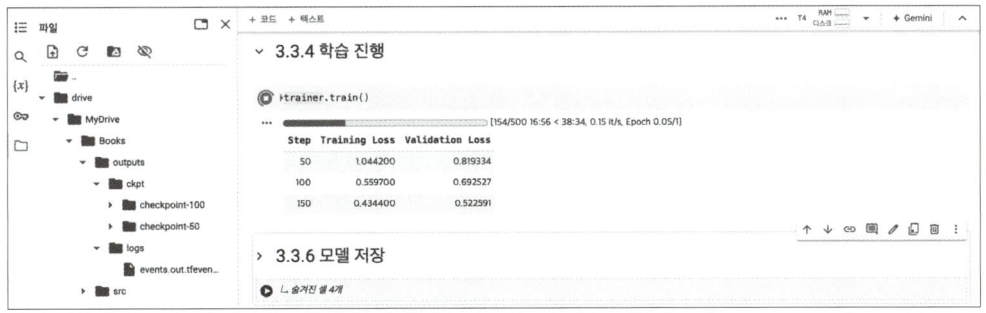

[그림 3-18] 학습 진행

trainer에서는 손실을 수치로만 보여주는데 그래프로 확인하는 것이 더 직관적이므로 시각화가 필요합니다. 학습 중 기록되는 로그를 시각화하는 방법은 여러 가지가 있습니다. MLflow, WandB^Weights&Biases 등 다양한 라이브러리를 사용해 확인할 수 있으며 원하는 라이브러리에만 따로 저장할 수도 있습니다. report_to 파라미터로 로그를 어디에 저장할지 결정할 수 있는데, 설정하지 않으면 현재 설치된 모든 라이브러리에 저장되고 코랩 환경에서는 텐서보드 TensorBoard로 바로 확인됩니다.

다음 두 구문으로 주피터 노트북이나 코랩에서 텐서보드를 확인해 봅시다.

```
%load_ext tensorboard
%tensorboard --logdir /content/logs
```

해당 셀을 실행하면 출력 부분에 텐서보드 시각화 화면이 출력됩니다.

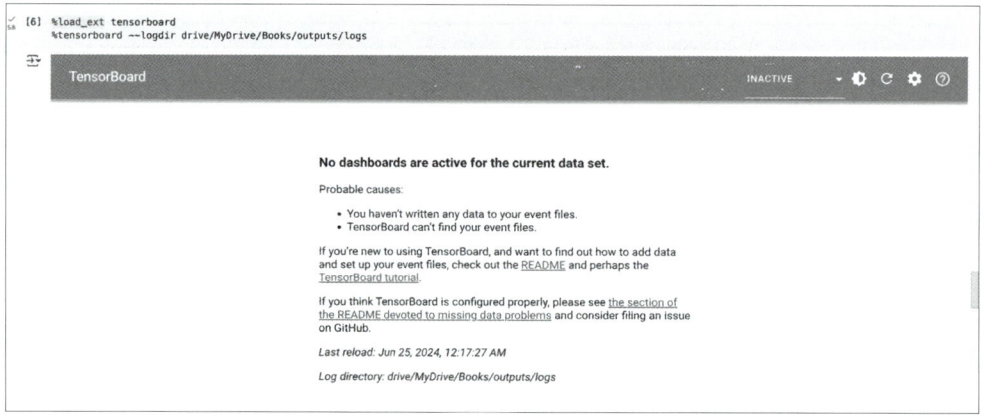

[그림 3-19] 텐서보드

텐서보드를 통해 학습 중 기록되는 로그를 그래프로 살펴보겠습니다. 텐서보드 화면을 출력한 상태에서 trainer.train 메서드로 학습을 시작하면 로그를 확인할 수 있습니다.

```
trainer.train()
```

이전과 동일하게 logging_step마다 결과를 저장하는데 텐서보드 창에서 변화를 실시간으로 확인할 수 있습니다.

[7] [500/500 56:28, Epoch 0/1]

Step	Training Loss	Validation Loss
50	1.044200	0.819334
100	0.559700	0.692527
150	0.434400	0.522591
200	0.495400	0.552918
250	0.449000	0.517988
300	0.413600	0.519461
350	0.367300	0.496153
400	0.437800	0.473390
450	0.410400	0.436231
500	0.364100	0.432051

```
TrainOutput(global_step=500, training_loss=0.4976016807556152, metrics={'train_runtime': 3390.8626, 'train_samples_per_second': 2.359,
'train_steps_per_second': 0.147, 'total_flos': 2104982937600000.0, 'train_loss': 0.4976016807556152, 'epoch': 0.17513134851138354})
```

[그림 3-20] 손실값 로그

텐서보드 실행 시 지정한 경로에 있는 로그 파일에 스텝마다 손실값을 기록하며, 텐서보드에서 이를 실시간으로 그래프로 확인할 수 있습니다. **[그림 3-21]**과 **[그림 3-22]**를 보면 학습 데이터와 평가 데이터에 대한 손실이 모두 떨어지고 있습니다. 아직 적당하게 학습되지 않은 과소적합underfitting 상태임을 알 수 있으며 max_steps를 늘려 학습을 더 진행해 손실을 낮출 수 있는 여지를 보여줍니다. 그래프를 확인하며 만약 평가 손실eval loss이 상승하는 과적합overfitting 등 문제가 나타난다면 학습률Learning Rate, LR을 완화하거나 가중치를 정규화하는 등의 방법을 활용하여 하이퍼파라미터 튜닝으로 가장 손실이 낮은 학습을 찾는 과정을 반복하여 최적의 학습을 진행합니다.

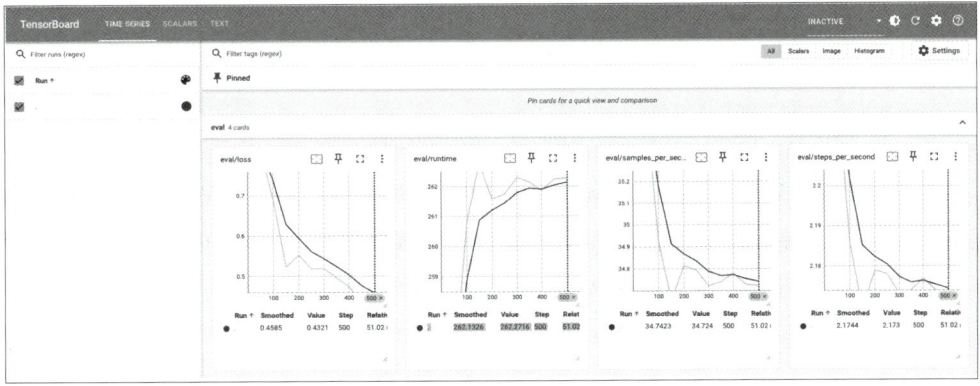

[그림 3-21] 손실값 확인 - eval

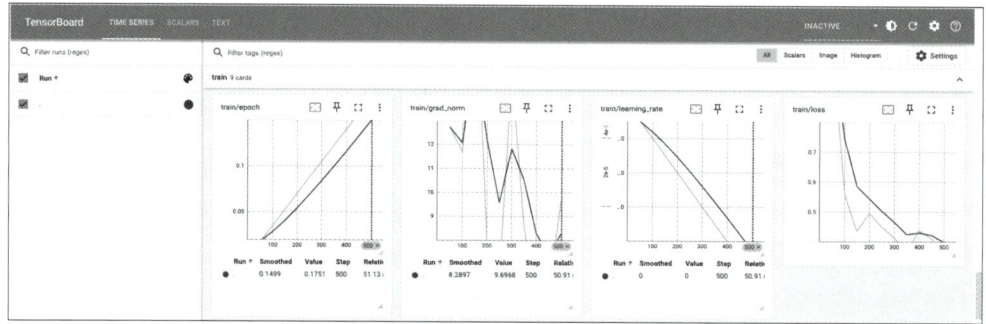

[그림 3-22] 손실값 확인 - train

> 🤗 **로그 확인 방법**
>
> MLflow나 WandB를 사용하면 더욱 편하게 로그를 확인할 수 있습니다. MLflow(mlflow.org)는 머신러닝 라이프 사이클을 관리하는 오픈소스 플랫폼이고 WandB(kr.wandb.ai)는 실험 시 효율적으로 모델을 트래킹하는 시각화 도구입니다. 로컬에서 직접 실행하고 관리하는 텐서보드와 달리 MLflow와 WandB는 각 홈페이지에 로그인해 토큰을 할당 받아 웹으로 정보를 전송합니다. 따라서 웹이나 앱 등 외부에서 각 홈페이지에 로그인하여 더욱 편하게 로그를 확인할 수 있습니다. 또한, CPU나 GPU 사용량이나 온도 등 다양한 시스템 정보까지 동시에 기록되기 때문에 더욱 자세한 정보를 얻을 수 있습니다.

3.3.6 모델 저장

이후 trainer.save_model을 사용해 학습한 모델을 저장합니다. trainer에서 저장을 하면 최종 학습된 모델과 토크나이저까지 한 번에 저장됩니다.

```
output_dir = "/content/drive/MyDrive/trained_model"
trainer.save_model(output_dir)
```

설정한 경로에 config.json, special_tokens_map.json, tokenizer.json, tokenizer_config.json, training_args.bin, vocab.txt 등 학습한 모델 관련 파일이 저장됩니다. 저장한 모델 파일은 토크나이저와 모델로 불러와 추론에 사용할 수 있습니다.

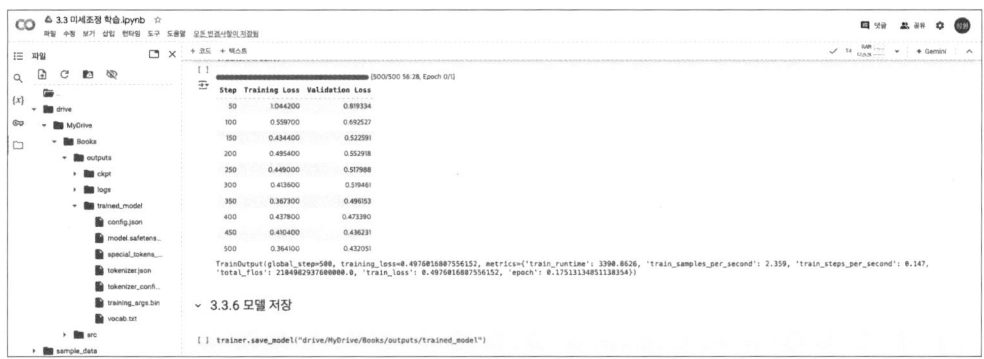

[그림 3-23] 모델 저장

"/content/drive/MyDrive/trained_model" 경로에는 JSON, BIN 형식의 파일로 모델과 토크나이저가 저장되어 있습니다. from_pretrained 메서드를 사용해 저장된 모델과 토크나이저를 각각 불러옵니다. 모델은 최종 학습된 시점 파일이 기준이고 체크포인트에 중간 저장된 모델 파일로 불러오고 trainer로 다시 학습하면 불러온 체크포인트 시점 가중치와 편향 같은 파라미터를 기준으로 학습을 진행할 수 있습니다. 학습이 의도치 않게 중단되거나 나중에 다시 학습할 일이 있는 상황에서 굉장히 유용하게 사용할 수 있습니다.

```
from transformers import AutoTokenizer, AutoModelForSequenceClassification

tokenizer = AutoTokenizer.from_pretrained(output_dir)
model = AutoModelForSequenceClassification.from_pretrained(output_dir)

print(tokenizer)
print(model)
```

> **실행 결과**

```
BertTokenizerFast(name_or_path='drive/MyDrive/trained_model', vocab_size=32000, model_max_length=512, is_fast=True, padding_side='right', truncation_side='right', special_tokens={'unk_token': '[UNK]', 'sep_token': '[SEP]', 'pad_token': '[PAD]', 'cls_token': '[CLS]', 'mask_token': '[MASK]'}, clean_up_tokenization_spaces=True), added_tokens_decoder={
        0: AddedToken("[PAD]", rstrip=False, lstrip=False, single_word=False, normalized=False, special=True),
        1: AddedToken("[UNK]", rstrip=False, lstrip=False, single_word=False, normalized=False, special=True),
        2: AddedToken("[CLS]", rstrip=False, lstrip=False, single_word=False, normalized=False, special=True),
        3: AddedToken("[SEP]", rstrip=False, lstrip=False, single_word=False, normalized=False, special=True),
        4: AddedToken("[MASK]", rstrip=False, lstrip=False, single_word=False, normalized=False, special=True),
}
BertForSequenceClassification(
  (bert): BertModel(
    (embeddings): BertEmbeddings(
      (word_embeddings): Embedding(32000, 768, padding_idx=0)
      (position_embeddings): Embedding(512, 768)
      (token_type_embeddings): Embedding(2, 768)
      (LayerNorm): LayerNorm((768,), eps=1e-12, elementwise_affine=True)
      (dropout): Dropout(p=0.1, inplace=False)
    )
    (encoder): BertEncoder(
      ...
    )
    (pooler): BertPooler(
      (dense): Linear(in_features=768, out_features=768, bias=True)
      (activation): Tanh()
    )
  )
  (dropout): Dropout(p=0.1, inplace=False)
  (classifier): Linear(in_features=768, out_features=7, bias=True)
)
```

3.4 허깅페이스 허브 등록

이제 미세조정하여 저장한 나만의 모델을 허깅페이스 허브에 등록해 봅시다. 허깅페이스 허브에 모델을 등록하면 모델을 공유하거나 재사용하기 쉽고 해당 모델을 쉽게 다운로드하여 활용할 수 있습니다. 또한, 자신이 미세조정한 모델을 직접 허브에 올린다면 모델에 대한 피드백을 제공받을 수 있고 모델 버전 관리와 업데이트가 간단해지는 장점이 있습니다.
허깅페이스 허브에 모델을 업로드하는 방법은 세 가지가 있습니다.

1. push_to_hub()
2. CLI
3. huggingface-hub

3.4.1 push_to_hub()

직접 미세조정한 모델을 push_to_hub 메서드를 이용하여 바로 업로드합니다. 먼저 허깅페이스 사이트 설정 페이지(huggingface.co/settings/tokens)에서 새로운 접근 토큰을 생성합니다.

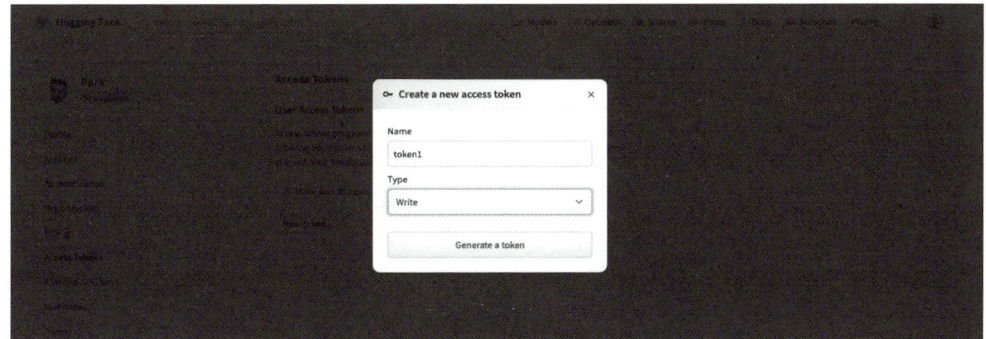

[그림 3-24] 사용자 토큰 발급

토큰 작업 역할은 반드시 write로 설정되어야 합니다. 토큰을 생성하면 사용자 토큰 목록을 볼 수 있는데 사용할 토큰을 복사하여 환경변수나 config에 프라이빗 변수로 관리하여 사용합니다.

[그림 3-25] 발급된 사용자 토큰

미세조정을 마친 후에 로컬에 저장한 나만의 모델과 토크나이저를 불러옵니다. 그리고 리포지터리 이름과 허깅페이스 토큰을 불러오기 위해 config 파일에 변수를 지정합니다.

```
from transformers import AutoTokenizer, AutoModelForSequenceClassification

model_name = "/content/drive/MyDrive/trained_model"
tokenizer = AutoTokenizer.from_pretrained(model_name)
model = AutoModelForSequenceClassification.from_pretrained(model_name)

REPO_NAME = "<사용자명>/my-bert-fine-tuned1"
AUTH_TOKEN = "hf_sN..."
```

push_to_hub 메서드로 hub에 리포지터리로 지정할 이름과 토큰을 입력하여 모델 포팅을 진행하면 진행 상태가 나타나고 정상적으로 포팅이 완료됩니다.

```
model.push_to_hub(
    REPO_NAME,
    use_temp_dir=True,
    use_auth_token=AUTH_TOKEN,
)

tokenizer.push_to_hub(
    REPO_NAME,
    use_temp_dir=True,
    use_auth_token=AUTH_TOKEN,
)
```

허깅페이스의 새로운 리포지터리에 지정한 이름으로 모델이 업로드되었습니다. 모델 관련 파일이 모두 정상 업로드되었습니다.

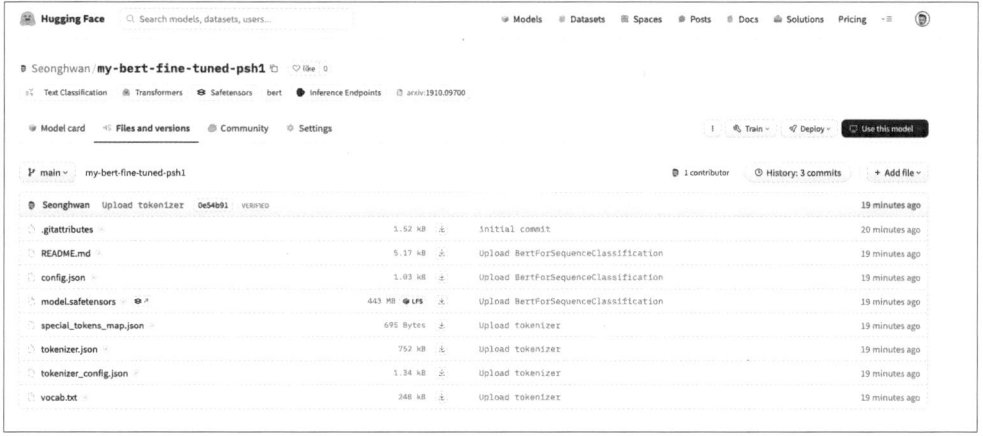

[그림 3-26] 업로드한 모델

기존 모델과 마찬가지로 허깅페이스 허브에 업로드된 나만의 모델은 AutoClass의 from_pretrained 메서드 기능을 사용하면 다운로드할 수 있습니다. 이제 훨씬 빠르고 편하게 모델을 공유하거나 재사용할 수 있고 피드백을 제공받기가 쉬워졌습니다.

```
from transformers import AutoTokenizer, AutoModelForSequenceClassification

model_name = "<사용자명>/my-bert-fine-tuned1"
tokenizer = AutoTokenizer.from_pretrained(model_name)
model = AutoModelForSequenceClassification.from_pretrained(model_name)

print(tokenizer)
print(model)
```

실행 결과

```
BertTokenizerFast(name_or_path='Seonghwan/my-bert-fine-tuned1', vocab_size=32000, model_max_length=512, is_fast=True, padding_side='right', truncation_side='right', special_tokens={'unk_token': '[UNK]', 'sep_token': '[SEP]', 'pad_token': '[PAD]', 'cls_token': '[CLS]', 'mask_token': '[MASK]'}, clean_up_tokenization_spaces=True), added_tokens_decoder={
        0: AddedToken("[PAD]", rstrip=False, lstrip=False, single_word=False, normalized=False, special=True),
        1: AddedToken("[UNK]", rstrip=False, lstrip=False, single_word=False, normalized=False, special=True),
        2: AddedToken("[CLS]", rstrip=False, lstrip=False, single_word=False, normalized=False, special=True),
        3: AddedToken("[SEP]", rstrip=False, lstrip=False, single_word=False, normalized=False, special=True),
        4: AddedToken("[MASK]", rstrip=False, lstrip=False, single_word=False, normalized=False, special=True),
}
BertForSequenceClassification(
  (bert): BertModel(
    (embeddings): BertEmbeddings(
      (word_embeddings): Embedding(32000, 768, padding_idx=0)
      (position_embeddings): Embedding(512, 768)
      (token_type_embeddings): Embedding(2, 768)
      (LayerNorm): LayerNorm((768,), eps=1e-12, elementwise_affine=True)
      (dropout): Dropout(p=0.1, inplace=False)
    )
    (encoder): BertEncoder(
      ...
```

```
  )
  (pooler): BertPooler(
    (dense): Linear(in_features=768, out_features=768, bias=True)
    (activation): Tanh()
  )
)
(dropout): Dropout(p=0.1, inplace=False)
(classifier): Linear(in_features=768, out_features=7, bias=True)
)
```

3.4.2 CLI

다음은 CLI^{Command Line Interface}를 기반으로 허깅페이스 허브에 푸시^{push}하는 방법입니다. 마찬가지로 리포지터리 이름과 허깅페이스 토큰을 불러오기 위해 config 파일을 불러와서 변수를 지정합니다. 미세조정을 마친 후 로컬에 저장한 나만의 모델과 토크나이저를 불러옵니다.

```
from transformers import AutoTokenizer, AutoModelForSequenceClassification

model_name = "/content/drive/MyDrive/trained_model"
tokenizer = AutoTokenizer.from_pretrained(model_name)
model = AutoModelForSequenceClassification.from_pretrained(model_name)
```

원래는 서버나 로컬 cmd나 터미널 환경에서 진행해야 하지만 코랩에서 진행해야 하기 때문에 셀 커맨드 앞에 느낌표를 붙인 코드로 진행하겠습니다. 먼저 깃 대규모 파일 스토리지^{Large File Storage, LFS}를 활용하여 용량이 큰 모델을 업로드합니다. 여기부터의 업로드 과정은 깃과 유사합니다. user.email과 user.name을 설정합니다. 커맨드라인을 입력할 때는 중괄호 {}를 사용하면 셀 코드 구문에서 변수를 받도록 설정할 수 있습니다.

```
!git lfs install
!git config --global user.email "<이메일>"
!git config --global user.name "<계정명>"
!git config --list
```

```
[4] !git lfs install
    !git config --global user.email {cfg.YOUR_EMAIL}
    !git config --global user.name {cfg.YOUR_NAME}
    !git config --list

    Git LFS initialized.
    filter.lfs.clean=git-lfs clean -- %f
    filter.lfs.smudge=git-lfs smudge -- %f
    filter.lfs.process=git-lfs filter-process
    filter.lfs.required=true
    filter.lfs.clean=git-lfs clean -- %f
    filter.lfs.smudge=git-lfs smudge -- %f
    filter.lfs.process=git-lfs filter-process
    filter.lfs.required=true
    user.email=hipster4020@gmail.com
    user.name=Seonghwan
```

[그림 3-27] 깃 LFS 세팅

다음과 같이 입력하여 로그인합니다. 로그인을 진행하려면 토큰이 필요한데 허깅페이스 토큰 관련 페이지에서 발급받은 토큰을 확인하고 입력해 줍니다.

```
!huggingface-cli login
```

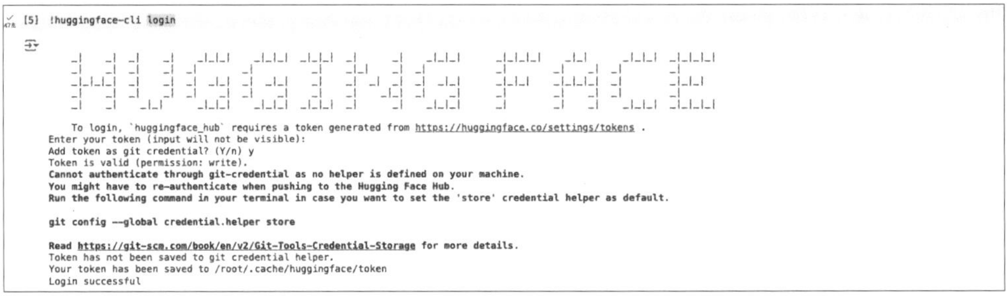

```
[5] !huggingface-cli login

    To login, `huggingface_hub` requires a token generated from https://huggingface.co/settings/tokens .
Enter your token (input will not be visible):
Add token as git credential? (Y/n) y
Token is valid (permission: write).
Cannot authenticate through git-credential as no helper is defined on your machine.
You might have to re-authenticate when pushing to the Hugging Face Hub.
Run the following command in your terminal in case you want to set the 'store' credential helper as default.

git config --global credential.helper store

Read https://git-scm.com/book/en/v2/Git-Tools-Credential-Storage for more details.
Token has not been saved to git credential helper.
Your token has been saved to /root/.cache/huggingface/token
Login successful
```

[그림 3-28] huggingface-cli 로그인

huggingface-cli에서 리포지터리 생성 시에 자동으로 사용자명이 앞에 붙기 때문에 모델명만 붙여주면 리포지터리를 생성할 수 있습니다. 리포지터리가 생성되면 허깅페이스에 모델 저장소가 생성됩니다.

```
!huggingface-cli repo create {"<사용자명>/my-bert-fine-tuned2".split('/')[1]}
```

```
[6] !huggingface-cli repo create {cfg.MY_REPO_NAME2.split('/')[1]}

    git version 2.34.1
    git-lfs/3.0.2 (GitHub; linux amd64; go 1.18.1)

    You are about to create Seonghwan/my-bert-fine-tuned-psh2
    Proceed? [Y/n] y

    Your repo now lives at:
        https://huggingface.co/Seonghwan/my-bert-fine-tuned-psh2

    You can clone it locally with the command below, and commit/push as usual.

        git clone https://huggingface.co/Seonghwan/my-bert-fine-tuned-psh2
```

[그림 3-29] huggingface-cli 리포지터리 생성

모델 저장소를 생성하면 허깅페이스 사이트에 내가 등록한 모델 리포지터리가 생성되었습니다. 빈 리포지터리이기 때문에 이제 모델 관련 파일을 따로 업로드하겠습니다.

[그림 3-30] 허브 등록 모델 리포지터리 확인

허깅페이스 모델 리포지터리 경로를 git clone으로 로컬 저장소로 복제합니다.

```
!git clone https://huggingface.co/{"<사용자명>/my-bert-fine-tuned2"}
```

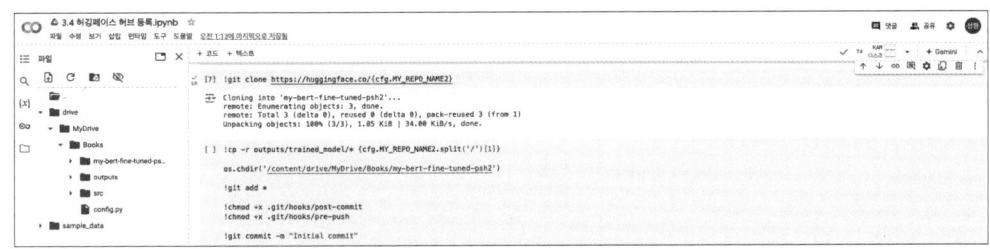

[그림 3-31] 깃 클론

먼저 빈 로컬 리포지터리 디렉터리 'my-bert-fine-tuned2'에 학습한 모델 관련 파일을 모두 복사해서 넣어줍니다. 이후 해당 디렉터리 경로로 이동하여 깃 LFS에 푸시 push 작업을 진행합니다. 먼저 git add 진행 후 권한 문제가 발생하기 때문에 '.git/hooks/post-commit'과 '.git/hooks/pre-push' 경로 권한을 변경해 줍니다. 이후 스테이징 영역 모델 관련 파일을 git commit으로 커밋을 진행하고, 최종 단계로 커밋된 모델 관련 파일을 푸시합니다.

```
import os
!cp -r /content/drive/MyDrive/trained_model/* /content/{"<사용자명>/my-bert-fine-tuned2".split('/')[1]}

os.chdir('/content/my-bert-fine-tuned2')

!git add *

!chmod +x .git/hooks/post-commit
!chmod +x .git/hooks/pre-push

!git commit -m "Initial commit"

!git push https://user:{"hf_sN...<토큰값>"}@huggingface.co/{"<사용자명>/my-bert-fine-tuned2"}
```

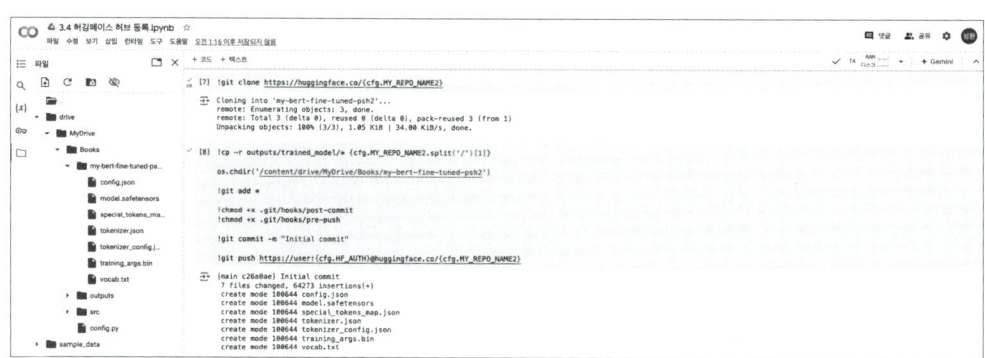

[그림 3-32] 깃 푸시

다음과 같이 모델 리포지터리에 성공적으로 업로드됩니다.

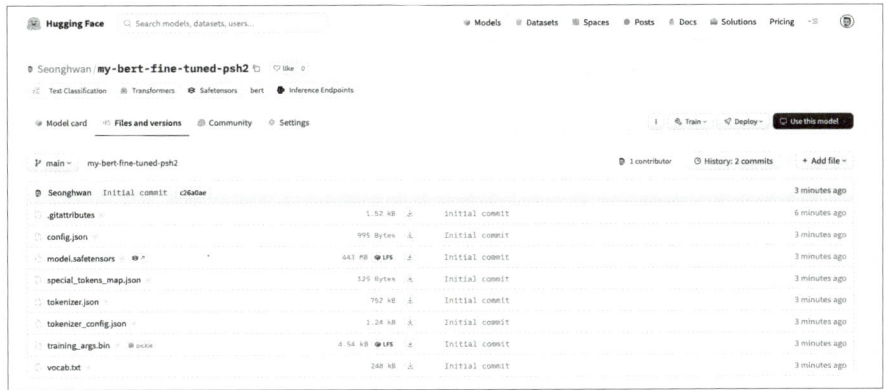

[그림 3-33] 업로드한 모델

허브에 잘 등록되었다면 다음 코드를 통해 토크나이저와 모델을 쉽게 불러올 수 있습니다.

```
model_name = "<사용자명>/my-bert-fine-tuned2"
tokenizer = AutoTokenizer.from_pretrained(model_name)
model = AutoModelForSequenceClassification.from_pretrained(model_name)
```

3.4.3 huggingface-hub

마지막은 Tranformers 라이브러리를 설치하면 함께 설치되는 huggingface-hub로 모델을 업로드하는 방법입니다. IPYNB 형식의 모델 파일만 가능하다는 특징이 있고 원격 저장소를 생성하고 삭제할 수 있습니다. Tranformers 설치 후 huggingface-hub 패키지를 확인해 보면 0.23.4 버전이 설치되어 있습니다.

이번에도 업로드에 사용할 config에 저장된 나만의 학습된 모델과 토크나이저를 불러옵니다.

```
from transformers import AutoTokenizer, AutoModelForSequenceClassification

model_name = "/content/drive/MyDrive/trained_model"
```

```
tokenizer = AutoTokenizer.from_pretrained(model_name)
model = AutoModelForSequenceClassification.from_pretrained(model_name)
```

그리고 notebook_login을 통해서 토큰을 활용하여 허깅페이스에 로그인을 진행합니다.

```
from huggingface_hub import notebook_login
notebook_login()
```

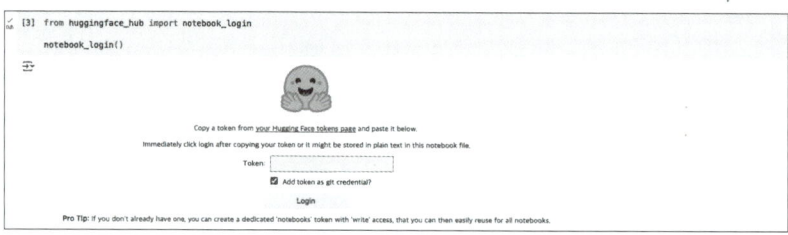

[그림 3-34] 허깅페이스 허브 로그인

huggingface_hub의 create_repo와 delete_repo 함수를 활용하면 원격 저장소를 생성하고 삭제할 수 있습니다. create_repo를 통해 먼저 원격 저장소를 만들어 줍시다.

```
from huggingface_hub import create_repo, delete_repo

create_repo("<사용자명>/my-bert-fine-tuned3")
delete_repo("<사용자명>/my-bert-fine-tuned3")
```

리포지터리 저장소를 생성했다면 Repository 객체를 생성하여 모델 관련 파일이 있는 로컬 저장소를 클론clone하여 add, commit, push를 사용한다면 모델을 원격 저장소에 업로드할 수 있습니다.

```
from huggingface_hub import Repository

repo = Repository("<사용자명>/my-bert-fine-tuned3".split('/')[1], clone_
from="<사용자명>/my-bert-fine-tuned3")
!cp -r /content/drive/MyDrive/trained_model/* /content/{"<사용자명>/my-bert-
fine-tuned3".split("/")[1]}
```

CLI 방식에서 git add, commit, push하는 것과 동일하다고 볼 수 있지만, Repository 객체 내 메서드 기능으로 작업할 수 있고 다른 방식에 비해 시간이 매우 오래 걸린다는 단점이 있습니다.

```
repo.git_add()
repo.git_commit('Initial commit')
repo.git_push()
```

repo.git_push를 사용하면 코랩으로는 진행이 되지 않는 이슈가 있어서 upload_file 방식으로 파일을 하나씩 업로드하는 것을 추천합니다. upload_file이나 delete_file 함수를 활용하면 add, commit, push 없이 바로 하나의 파일을 업로드할 수 있고, upload_folder를 활용하면 디렉터리 내 각각의 파일을 선택하여 직접 업로드 가능합니다. delete_file로 원격 저장소에 등록된 파일을 바로 삭제할 수도 있습니다.

```
from huggingface_hub import upload_file, delete_file

upload_file(
    path_or_fileobj=f"/content/{'<사용자명>/my-bert-fine-tuned3'.split('/')[1]}/config.json",
    path_in_repo="config.json",
    repo_id="<사용자명>/my-bert-fine-tuned3",
)

delete_file(
    path_in_repo="config.json",
    repo_id="<사용자명>/my-bert-fine-tuned3",
)
```

마지막으로 잘 업로드되었다면 다음 코드를 통해 정상적으로 토크나이저와 모델을 불러올 수 있습니다.

```
model_name = "<사용자명>/my-bert-fine-tuned3"
tokenizer = AutoTokenizer.from_pretrained(model_name)
model = AutoModelForSequenceClassification.from_pretrained(model_name)
```

CHAPTER 4

보조 라이브러리

4.1 Tokenizers 라이브러리
4.2 Evaluate 라이브러리

4.1 Tokenizers 라이브러리

Tokenizers 라이브러리에서는 현재 가장 많이 사용되는 서브워드 방식 토크나이저를 직접 학습해 사용할 수 있습니다. 챗GPT와 다수의 오픈소스 생성형 언어 모델이 떠오른 2023년도부터 대규모 언어 모델Large Language Model, LLM이 생성형 언어 모델의 주류가 되었습니다. 개인이 토크나이저부터 사전학습을 하는 사례는 흔히 찾기 어려우며 모델 및 토크나이저 사전학습을 위한 데이터를 구축하는 일 자체가 개인으로서는 불가능한 수준에 도달했습니다. 그럼에도 불구하고 해당 내용을 작성하는 이유는 토크나이저 또한 언어 모델의 일부로써 필수적인 요소로 기능하기 때문입니다. 소속된 직장이나 연구실 등 어떤 곳에서나 대규모 학습이 필요할 때 도움이 될 수 있길 바랍니다.

지금까지는 Transformers 라이브러리를 이용해 모델과 함께 사전학습된 토크나이저를 불러와 활용했습니다. 사전학습된 모델을 미세조정하는 과정에서는 모델과 함께 학습된 토크나이저를 그대로 사용하면 되지만, 사전학습 단계부터 직접 진행해야 하는 경우에는 토크나이저 또한 함께 학습해야 합니다. Tokenizers 라이브러리는 그러한 상황에서 간단한 코드 몇 줄로 서브워드 토크나이저를 학습할 수 있도록 하며, 이를 Transformers 라이브러리에서도 사용할 수 있도록 변환하는 등 다양한 기능을 제공합니다. Tokenizers 라이브러리의 또 다른 특징은 러스트Rust 언어로 구현되었다는 점입니다. 파이썬이란 언어는 쉬운 문법과 넓은 확장성으로 정말 많은 분야에서 사용됩니다. 굉장히 강력한 장점이지만 모두가 인정하는 한 가지 단점이 존재하는데, 바로 속도가 느리다는 점입니다. 허깅페이스에서는 이 점에 집중하여 매우 빠른 저수준 언어 러스트를 사용해 빠른 속도로 토큰화를 진행할 수 있도록 처리했습니다.

> **😀 파이썬 특징**
>
> 파이썬이 다른 언어에 비해 느리다는 것은 많이 알려져 있는 사실입니다. 자바Java 또는 C++ 등 타입을 미리 지정하여 컴파일에서 확인하는 다른 정적 타이핑 언어와는 달리 파이썬은 동적 타이핑 언어에 속합니다. 따라서 파이썬은 변수 타입을 명확히 지정하지 않고 이를 확인하기 위해 더 많은 연산을 거쳐야만 하기에 시간이 더 소모될 수밖에 없습니다. 또한, 파이썬은 컴파일 언어가 아닌 인터프리터 언어이고 정확히는 컴파일과 인터프리팅을 동시에 진행하는 언어에 해당합니다. 실행을 위해 다른 컴파일 언어에 비해 더욱 많은 과정을 거치다 보니 여기서 또 많은 시간을 소모하게 됩니다.

이전에 배운 내용을 간단히 정리해 보겠습니다. 언어 모델이 자연어를 이해하기 위한 첫 단계는 토큰화라고 할 수 있습니다. 자연어 처리에서 문장을 분리하는 가장 작은 단위를 토큰이라 부르며 이 토큰화 작업을 어떻게 진행하는지에 따라 성능에 큰 영향을 미칩니다. 이러한 토큰화를 하는 객체를 토크나이저라 부릅니다.

4.1.1 Tokenizer 학습

이제 Tokenizers 라이브러리를 사용해 새로운 BERT 토크나이저를 학습해 보겠습니다. 이전에 사용했던 KLUE YNAT 데이터를 다시 한번 사용하고 이전과 동일하게 데이터셋을 불러와 샘플을 확인해 봅시다.

```
from datasets import load_dataset
dataset = load_dataset("klue", "ynat")
dataset['train'][0]
```

실행 결과

```
{'guid': 'ynat-v1_train_00000',
 'title': '유튜브 내달 2일까지 크리에이터 지원 공간 운영',
 'label': 3,
 'url': 'https://news.naver.com/main/read.nhn?mode=LS2D&mid=shm&sid1=105&sid2=227&oid=001&aid=0008508947',
 'date': '2016.06.30. 오전 10:36}
```

데이터셋의 title 칼럼을 사용하여 토크나이저 학습을 진행해 보겠습니다. train과 validation 데이터셋 title을 줄 바꿈 단위로 txt 파일에 저장합니다. 물론 저장하지 않고도 학습할 수 있지만 굳이 사용할 필요 없는 메모리를 낭비할 필요가 없기에 파일 저장 후 불러와 사용하는 방식을 습관으로 삼는 편이 좋습니다.

```
target_key = "title"
for key in dataset.column_names.keys():
    with open(f"/content/tokenizer_data_{key}.txt", "w") as f:
        f.write("\n".join(dataset[key][target_key]))
```

다음과 같이 데이터 칼럼명에 따라 데이터가 저장되었음을 확인할 수 있습니다.

```
tokenizer_data_train.txt  ×
 1  유튜브 내달 2일까지 크리에이터 지원 공간 운영
 2  어버이날 맑다가 흐려져...남부지방 옅은 황사
 3  내년부터 국가RD 평가 때 논문건수는 반영 않는다
 4  김명자 신임 과총 회장 원로와 젊은 과학자 지혜 모을 것
 5  회색인간 작가 김동식 양심고백 등 새 소설집 2권 출간
 6  야외서 생방송 하세요...액션캠 전용 요금제 잇따라
 7  월드컵 태극전사 16강 전초기지 레오강 입성종합
 8  미세먼지 속 출근길
 9  왓츠앱稅 230원에 성난 레바논 민심...총리사퇴로 이어져종합2보
10  베트남 경제 고성장 지속...2분기 GDP 6.71% 성장
```

[그림 4-1] 저장된 데이터

이제 학습에 앞서 특수 토큰을 정의합니다. 해당 토큰은 토크나이저 학습 중에는 사용하지 않고 모델의 기술적인 부분을 위해 필요합니다. 각각 역할을 가지고 있으며 모델에 따라서 사용하지 않는 경우도 많기에 특수 토큰에 포함하지 않기도 합니다. 해당 실습에서는 BERT 모델에서 주로 사용하는 특수 토큰을 전부 포함합니다.

```
user_defined_symbols = [
    "[PAD]",   # 문장 길이를 맞추기 위해 사용되는 토큰
    "[UNK]",   # 토크나이저가 인식할 수 없는 토큰
    "[CLS]",   # BERT 계열 모델에서 문장 전체 정보를 저장하는 토큰
    "[SEP]",   # BERT 계열 모델에서 문장 구분을 위해 사용하는 토큰
    "[MASK]",  # Masked LM에서 토큰 마스킹을 위해 사용하는 토큰
]

unused_token_num = 100
unused_list = [f"[UNUSED{i}]" for i in range(100)]   # 사전학습 시, 어휘에 없는
토큰을 추가하기 위한 빈 공간
```

```
whole_user_defined_symbols = user_defined_symbols + unused_list

print(whole_user_defined_symbols[:10])
```

> 실행 결과
>
> ```
> ['[PAD]', '[UNK]', '[CLS]', '[SEP]', '[MASK]', '[UNUSED0]', '[UNUSED1]',
> '[UNUSED2]', '[UNUSED3]', '[UNUSED4]']
> ```

이제 본격적으로 BERT 토크나이저 학습을 진행해 보겠습니다.

```
from tokenizers import Tokenizer
from tokenizers.models import WordPiece

bert_tokenizer = Tokenizer(WordPiece(unk_token="[UNK]"))
```

먼저 토크나이저 기본 베이스를 불러옵니다. BERT 토크나이저는 워드피스를 기반으로 하는 모델입니다. tokenizers.models에서 WordPiece 클래스를 가져와 unknown 토큰을 지정해 선언합니다. 토크나이저는 학습한 단어사전에 존재하지 않는 토큰을 모두 unknwon 토큰으로 인식합니다. 선언된 모델은 아직 학습되지 않은 워드피스라는 규칙만 지정되고 빈 상태입니다.

토크나이저에 텍스트가 입력될 때 간단한 정규화Normalization를 진행합니다. 여러 가지 정규화 방법이 존재합니다만, Tokenizers에서는 BERT 토크나이저를 위한 BertNormalizer 클래스를 제공합니다. 해당 클래스는 다음과 같은 기능을 포함하고 있습니다.

- clean_text
- handle_chinese_chars (중국어 관련 처리)
- strip_accents (알파벳에 포함된 심볼 제거)
- lowercase (소문자로 변경)

해당 normalizer를 앞서 선언한 BERT 토크나이저에 적용시킵니다. 그런 다음 'Héllò hôw\nare ü?'라는 문장을 정규화 테스트해 보니 잘 출력되었습니다.

```
from tokenizers import normalizers
normalizer = normalizers.BertNormalizer()
bert_tokenizer.normalizer = normalizer

normalizer.normalize_str("Héllò hôw\nare ü? ")
```

실행 결과

'hello how are u? '

해당 내용이 제대로 적용되었음을 확인할 수 있습니다. 두 번째 Whitespace는 Wordpiece 이전에 먼저 적용되는 간단한 토크나이저입니다. 해당 실습에서는 줄 바꿈이나 공백 등을 단위로 구분하여 잘라내는 Whitespace 클래스를 사용합니다.

```
from tokenizers.pre_tokenizers import Whitespace
pre_tokenizer = Whitespace()
bert_tokenizer.pre_tokenizer = pre_tokenizer
pre_tokenizer.pre_tokenize_str("안녕하세요. 제대로 인코딩이 되는지 확인 중입니다.")
```

실행 결과

```
[('안녕하세요', (0, 5)),
 ('.', (5, 6)),
 ('제대로', (7, 10)),
 ('인코딩이', (11, 15)),
 ('되는지', (16, 19)),
 ('확인', (20, 22)),
 ('중입니다', (23, 27)),
 ('.', (27, 28))]
```

이번에는 문장이 인코딩되었을 때 기본적으로 어떤 형태를 취할지 양식을 작성해 줍니다.

```
from tokenizers.processors import TemplateProcessing

post_processor = TemplateProcessing(
    single="[CLS] $A [SEP]",
    pair="[CLS] $A [SEP] $B:1 [SEP]:1",
    special_tokens=[(t, i) for i, t in enumerate(user_defined_symbols)],
)

bert_tokenizer.post_processor = post_processor
```

BERT 모델은 문장 가장 앞에 [CLS] 토큰이 있어야 하고 두 문장을 입력받았을 때 문장을 구별하기 위한 [SEP] 토큰으로 감싸져 있어야 하니 해당 내용을 적용합니다. single과 pair는 문장이 한 개씩 들어오는지 혹은 두 개씩 들어오는지를 나타냅니다. 하나만 주어졌을 때는 '[CLS] 문장 [SEP]' 형태를 나타내고 두 개가 들어왔을 때는 '[CLS] 문장1 [SEP] 문장2 [SEP]' 형태로 출력되도록 선언합니다.

이제 학습을 진행해 보겠습니다. 토크나이저 단어사전 크기인 vocab_size를 지정해 주고 이를 바탕으로 토크나이저를 학습하기 위한 trainer를 생성합니다.

```
from tokenizers.trainers import WordPieceTrainer

vocab_size = 24000
trainer = WordPieceTrainer(
    vocab_size=vocab_size,
    special_tokens=whole_user_defined_symbols,
)
```

tokenizer.train 메서드를 사용해 학습을 시작합니다. 앞서 저장한 학습 데이터 경로를 그대로 가져와 사용하면 금세 학습이 완료됩니다.

```
from glob import glob

bert_tokenizer.train(glob(f"/content/*.txt"), trainer)
```

준비에 비해 코드도 굉장히 짧고 학습도 빠르게 끝났습니다. 학습 속도가 빠른 이유는 학습할 데이터가 적기 때문이기도 하겠지만, 앞서 설명한 바와 같이 백엔드가 파이썬이 아닌 러스트 언어로 구현되었고 단일 프로세스가 아닌 다중 프로세스를 사용한다는 점이 크게 작용할 것입니다. 물론 데이터와 에포크가 늘어난다면 학습 시간도 그에 비례해 늘어나게 됩니다.

학습을 마쳤다면 제대로 학습이 되었는지 확인이 필요합니다. 인코딩 후 다시 디코딩을 진행해 학습이 잘 됐는지 확인해 봅시다.

```
output = bert_tokenizer.encode("인코딩 및 디코딩이 제대로 이루어지는지 확인 중입니다.")
print(output.ids)

bert_tokenizer.decode(output.ids)
```

실행 결과

```
[2, 675, 906, 2220, 4518, 1240, 906, 2220, 569, 6727, 12916, 10780, 586,
1881, 16618, 10191, 106, 3]
'인 ##코 ##딩 및 디 ##코 ##딩 ##이 제대로 이루 ##어지는 ##지 확인 중이 ##ㅂ니다.'
```

결과를 확인해 보면 인코딩은 잘 되었지만 디코딩은 제대로 되지 않는 것으로 보입니다. 뜬금없이 ## 표시가 생기고 띄어쓰기도 복구되지 않는 상태입니다. 다행히도 이는 정상 결과입니다. 이상해 보이는 이유는 디코딩 방법이 적용되지 않았기 때문입니다. **3.2.2 Tokenizer**에서 언급했듯 ## 표시는 앞 토큰과 띄어쓰기 없이 이어 붙인다는 뜻으로 trainer에서 continuing_subword_prefix 파라미터로 사용할 수 있습니다. WordPieceTrainer에서의 기본값은 두 개의 번호 기호(##)이며 BpeTrainer에서는 밑줄 문자(언더바, _)입니다.

제대로 디코딩할 수 있도록 수정해 봅시다. 학습한 토크나이저 디코더에 Wordpiece 디코더를 할당합니다.

```
from tokenizers import decoders

bert_tokenizer.decoder = decoders.WordPiece()
bert_tokenizer.decode(output.ids)
```

> **실행 결과**
>
> '인코딩 및 디코딩이 제대로 이루어지는지 확인 중입니다.'

Wordpiece 토크나이저에 맞는 디코더를 추가하니 이번에는 제대로 디코딩이 되어 결과가 잘 출력된 것을 확인할 수 있습니다. 앞서 테스트해 본 것처럼 Tokenizers 라이브러리로도 토큰화는 가능합니다. 하지만 우리의 목적은 Transformers 라이브러리에서 사용되는 토크나이저를 만드는 것이기 때문에 학습한 토크나이저를 Transformers 토크나이저로 옮겨보겠습니다. Transformers 토크나이저를 불러올 때 from_pretrained가 아닌 초기화(__init__) 함수를 사용해 생성하며 학습한 토크나이저를 tokenizer_object 파라미터에 입력합니다. 항상 Tokenizers 라이브러리의 토크나이저 객체를 가져와서 사용하지 않도록 Transformers 토크나이저로 저장하겠습니다.

```
from transformers import BertTokenizerFast

fast_tokenizer = BertTokenizerFast(tokenizer_object=bert_tokenizer)
encoded = fast_tokenizer.encode("인코딩 및 디코딩이 제대로 이루어지는지 확인 중입니다.")
decoded = fast_tokenizer.decode(encoded)
print(encoded)
print(decoded)
```

> **실행 결과**
>
> [2, 675, 906, 2220, 4518, 1240, 906, 2220, 569, 6727, 12916, 10780, 618, 1, 3]
> [CLS] 인코딩 및 디코딩이 제대로 이루어지는지 확인 중입니다. [SEP]

정상적으로 인코딩 및 디코딩이 이뤄지고 [CLS], [SEP] 토큰도 잘 붙어서 출력되었습니다. 이제 Transformers 라이브러리에서 사용하는 형식대로 모델을 저장합니다.

```
output_dir = "/content/MyTokenizer"
fast_tokenizer.save_pretrained(output_dir)
```

토크나이저가 어떻게 저장되는지 파일 목록을 확인할 수 있고 지정한 경로에 special_token. map.json, tokenizer.json, tokenizer_config.json, vocab.txt 등 학습한 토크나이저 관련 파일을 저장합니다. 참고로 vocab.txt의 경우 BPE 토크나이저를 저장할 때는 생성되지 않습니다.

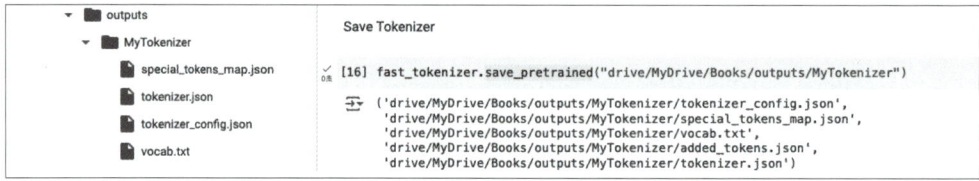

[그림 4-2] 저장 시 관련 파일

저장한 토크나이저를 가져와서 다시 테스트하면 프로세싱이 진행됨을 확인할 수 있습니다. 이처럼 새로운 모델에 대해서도 데이터셋에 맞게 토크나이저를 학습할 수 있습니다.

```
new_tokenizer = BertTokenizerFast.from_pretrained(output_dir)

encoded = new_tokenizer(["인코딩 잘 되는지 확인", "안되면 다시 학습하자"])

for k, v in encoded.items():
    print(k, v)

print(new_tokenizer.decode(encoded["input_ids"][0]))
print(new_tokenizer.decode(encoded["input_ids"][1]))
```

실행 결과

```
input_ids [[2, 675, 906, 2220, 1675, 6464, 586, 1881, 3], [2, 18633, 1594, 6985, 3782, 3]]
token_type_ids [[0, 0, 0, 0, 0, 0, 0, 0, 0], [0, 0, 0, 0, 0, 0]]
attention_mask [[1, 1, 1, 1, 1, 1, 1, 1, 1], [1, 1, 1, 1, 1, 1]]
[CLS] 인코딩 잘 되는지 확인 [SEP]
[CLS] 안되면 다시 학습하자 [SEP]
```

4.1.2 모델 초기화 후 학습

앞서 사전학습 모델은 그에 대응하는 토크나이저가 있다고 설명했습니다. 이를 반대로 말하면 토크나이저를 학습한다 해도 학습한 토크나이저를 사용하는 모델이 없다면 아무 의미가 없다는 뜻입니다.

이번에는 토크나이저에 이어 BERT 모델을 초기화하여 처음부터 학습시켜 보겠습니다. 데이터셋은 이전에 사용했던 KLUE YNAT 데이터셋을, 토크나이저는 **4.1.1 Tokenizer 학습**에서 학습하여 저장한 MyTokenizer를 사용하겠습니다. 이전과 동일하게 데이터와 토크나이저를 불러오도록 하겠습니다.

```
from datasets import load_dataset
from transformers import BertTokenizerFast

dataset = load_dataset("klue", "ynat")
model_name = "/content/MyTokenizer"
tokenizer = BertTokenizerFast.from_pretrained(model_name)
```

모델의 최초 선언을 위해서는 해당 모델 config가 필요합니다. 허깅페이스는 각 모델에 대응하는 Config 클래스를 제공하고 있으며 이번에는 BERT 모델을 학습시킬 예정이므로 BertConfig를 선언해 보겠습니다.

```
from transformers import BertConfig

cfg = BertConfig
print(cfg)
```

실행 결과

```
<class 'transformers.models.bert.configuration_bert.BertConfig'>
```

config에는 embedding size, hidden size, num layers 등 모델의 전반적인 구조 정보를 저장합니다. 기본 값은 해당 모델 기본 크기인 base 모델로 설정되며 원하는 대로 config를 변경해서 사용할 수도 있습니다. 모델 vocab size는 tokenizer의 vocab size를 따라가야 하기에 해당 내용을 변경하여 다시 선언해 보겠습니다.

```
mycfg = BertConfig(vocab_size=tokenizer.vocab_size)
```

config가 준비되었으니 해당 config를 따라 모델을 선언해 보겠습니다. 모델 선언도 간단하게 생성자 인자로 config를 넣으면서 선언할 수 있습니다. 모델 태스크로 BERT 모델을 사전학습할 때 사용되는 기법 중 하나인 마스킹된 언어 모델 Masked Language Model, Masked LM을 사용합니다. 마스킹된 언어 모델은 문장 토큰 일부(약 15%)를 [MASK] 토큰으로 바꾸고 바뀐 원래 토큰을 추론하는 태스크입니다. 각 모델 정보는 model.config로 접근할 수 있습니다. 처음 불러와 파악되지 않은 모델도 해당 명령어를 통해 구조를 확인할 수 있기에 유용하게 사용할 수 있습니다. config를 사용해 새로 선언한 모델 파라미터는 학습된 상태가 아닌 랜덤 값으로 초기화된 상태입니다.

```
from transformers import BertForMaskedLM
model = BertForMaskedLM(mycfg)
print(model.config)
```

실행 결과

```
BertConfig {
  "attention_probs_dropout_prob": 0.1,
  "classifier_dropout": null,
  "hidden_act": "gelu",
  "hidden_dropout_prob": 0.1,
  "hidden_size": 768,
  "initializer_range": 0.02,
  "intermediate_size": 3072,
  "layer_norm_eps": 1e-12,
  "max_position_embeddings": 512,
  "model_type": "bert",
  "num_attention_heads": 12,
  "num_hidden_layers": 12,
  "pad_token_id": 0,
  "position_embedding_type": "absolute",
```

```
    "transformers_version": "4.41.2",
    "type_vocab_size": 2,
    "use_cache": true,
    "vocab_size": 24000
}
```

이후로는 학습에 사용하는 하이퍼파라미터를 제외하고 **3.3 미세조정** 실습과 동일한 과정으로 진행됩니다. 따라서 이후 코드는 지면상 생략하며, 해당 학습 코드는 깃허브에 4.1.2 모델 초기화 후 학습.ipynb으로 구현하였습니다. BERT 모델 학습 방식은 사전학습에 해당합니다. 사전학습은 말 그대로 원하는 특정 도메인 데이터를 학습하기 전 여러 도메인/태스크에 유연하게 대응할 수 있도록 미리 학습을 시켜 두는 것을 의미합니다.

초중고 과정에서 여러 과목을 선행 학습으로 모두 배운 후, 대학 과정부터 특정 학과를 정해 관련된 과목만 공부하는 것과 비슷합니다. 고등 과정까지 다양한 분야의 기초를 모두 학습하였다는 가정하에 대학 과정에서는 선택한 특정 전공의 내용만 깊게 가르칩니다. 따라서 대학 과정에서 좋은 성적을 얻기 위해서는 고등 과정까지의 선행 학습이 잘 되어 있어야 합니다. 이와 비슷하게, 모델을 학습할 때에도 사전학습에 사용된 데이터 질과 양이 모델의 성능에 큰 영향을 끼칩니다. 더 좋은 모델 성능을 위해 사전학습에는 엄청나게 많은 데이터가 사용됩니다. BERT 모델은 사전학습을 위해 약 16GB의 텍스트를 사용했고 이를 개선한 RoBERTa 모델은 160GB에 달하는 데이터셋을 사용했습니다. 오늘날 주류가 되는 LLM 모델은 그보다 훨씬 더 많은 데이터셋을 사용하는 것이 일반적입니다.

해당 섹션에서 실습한 내용은 데이터 양에서만 큰 차이가 있을 뿐 전체적으로 사전학습과 동일한 과정으로 진행됩니다. 모델을 사전학습해야 할 일이 생긴다면 해당 내용을 중점으로 공부한다면 큰 도움이 될 것입니다.

4.2 Evaluate 라이브러리

모델을 학습한 이후에는 해당 모델이 제대로 학습되었는지를 확인하는 평가 과정을 진행합니다. 이때, 학습 단위마다 현재 상태의 모델 손실이 출력됩니다. 그러나 손실은 모델의 예측 값prediction과 정답인 실제 값label의 차이를 계산한 것일 뿐, 정해진 범위로 범주화scaling되지 않았기에 사람이 이를 보고 객관화된 성능을 평가하기는 어렵습니다. 따라서 모델 성능을 객관적으로 평가하기 위해 평가 지표를 사용합니다. 사용하는 손실 함수와 마찬가지로 태스크별로 다른 평가 지표를 사용하며 평가 지표는 각각 범위가 정해져 있기에 객관화 점수를 평가하기 용이합니다.

4.2.1 Evaluate 평가

허깅페이스에서는 평가 지표를 사용하기 위해 Evaluate라는 라이브러리를 지원합니다. Evaluate 클래스를 통해 사전에 정의된 여러 평가 지표를 사용할 수 있습니다. 일반적으로 분류 태스크에서는 정확도accuracy, f1 스코어f1 score, 정밀도precision, 재현율recall을 사용할 수 있습니다. 생성 태스크에서는 이중 언어 평가 언더스터디BiLingual Evaluation Understudy, BLEU, 요점 파악 평가를 위한 재현율 기반 언더스터디Recall-Oriented Understudy for Gisting Evaluation, ROUGE까지 다양한 평가 지표를 바르게 사용할 수 있습니다.

Evaluate 클래스는 이러한 평가 지표를 바로 불러와 활용할 수 있도록 합니다. 함수를 직접 정의할 필요 없이 간단하게 load 함수로 불러올 수 있습니다. 또한 평가 지표를 여러 개 사용하는 경우도 많은데 이때 combine 함수로 여러 지표를 동시에 불러올 수 있습니다.

```
import evaluate
acc = evaluate.load("accuracy")
```

combine 함수를 통해 정확도, f1 스코어, 정밀도, 재현율을 동시에 가져오면 딕셔너리 형태로 반환됩니다. compute 메서드를 사용하여 불러온 여러 평가 지표 값을 동시에 계산할 수 있습니다. 파라미터인 predictions는 모델 추론 결과를 입력하고 references는 실제 결괏값을 입력합니다. 앞선 방법처럼 한 번에 값을 모두 입력해서 처리할 수 있으면 좋겠지만 평가 데이터는 많을수록 좋고 그만큼 한 번에 추론하기 힘든 경우가 많습니다. 이를 위해 계산해야 하는 값을 나눠서 올리는 방법이 있습니다.

```
metrics = evaluate.combine(["accuracy", "f1", "precision", "recall"])
metrics.compute(predictions=[1,0,0,1], references=[0,1,0,1])
```

실행 결과

```
{'accuracy': 0.5, 'f1': 0.5, 'precision': 0.5, 'recall': 0.5}
```

add 메서드를 사용하여 계산해야 하는 값을 저장한 후에 compute 메서드로 한 번에 계산할 수 있습니다. 데이터를 하나씩 샘플 단위로 저장할 수도 있고 배치 단위로 여러 개씩 저장할 수도 있습니다.

```
for y, pred in zip([0,1,0,1], [1,0,0,1]):
    metrics.add(predictions=pred, references=y)
metrics.compute()
```

실행 결과

```
{'accuracy': 0.5, 'f1': 0.5, 'precision': 0.5, 'recall': 0.5}
```

add_batch 메서드를 사용하여 배치 단위로 데이터를 올립니다. 여기까지 설명한 지표를 출력하는 세 가지 방법은 모두 계산 과정만 다를 뿐, 추론하는 값은 동일합니다.

```
for y, preds in zip([[0,1],[0,1]], [[1,0],[0,1]]):
    metrics.add_batch(predictions=preds, references=y)

metrics.compute()
```

실행 결과

```
{'accuracy': 0.5, 'f1': 0.5, 'precision': 0.5, 'recall': 0.5}
```

4.2.2 커스텀 메트릭 만들기

허깅페이스 학습에서 활용하는 Trainer 클래스의 파라미터 중 하나인 compute_metrics는 학습 시 스텝마다 평가 지표를 출력합니다. 이때, compute_metrics에 입력하는 객체는 꼭 Evaluate 객체가 아니어도 무방합니다. 정해진 양식을 입력받아 해당 값으로 평가 결과를 출력하는 호출 가능한^{callable} 객체라면 무엇이든 사용할 수 있습니다. 여기에는 일반적으로 함수가 포함됩니다. 직접 평가 지표를 사용할 때 해당 객체는 모델 추론 결과와 실제 정답을 입력받을 수 있어야 하며 {'문자열': 스칼라} 형태의 딕셔너리를 출력해야 합니다.

다음은 정확도를 계산하는 간단한 함수입니다. 이처럼 딕셔너리 형태로 반환되는 구조의 함수라면 Trainer 클래스의 매개변수인 compute_metrics에 입력하여 사용할 수 있습니다.

```
def simple_accuracy(preds, labels):
    return {"accuracy": (preds == labels).to(float).mean().item()}
```

4.2.3 Trainer 적용

이전에 **3.3 미세조정**에서 진행했던 trainer를 활용한 미세조정을 예시로 trainer에 평가 지표를 적용하는 방법을 알아보겠습니다.

```
import evaluate

def custom_metrics(pred):
    f1 = evaluate.load("f1")
    labels = pred.label_ids
    preds = pred.predictions.argmax(-1)

    return f1.compute(predictions=preds, references=labels, average='micro')
```

필요한 평가 지표인 마이크로 f1 스코어^{micro f1 score}를 사용합니다. 마이크로 f1 스코어는 각 클래스의 f1 스코어를 개별적으로 계산한 후 평균값을 최종 f1 스코어로 활용합니다. 호출 가능한 타입으로 계산할 수 있도록 함수를 custom_metrics라는 이름으로 정의합니다.

Trainer를 생성할 때 compute_metrics 파라미터에 원하는 평가 지표를 넘겨 사용할 수 있고 학습 중 evaluation을 진행할 때에도 해당 평가 결과가 함께 출력됩니다.

```python
from datasets import load_dataset
from transformers import (
    AutoTokenizer,
    AutoModelForSequenceClassification,
    Trainer,
    TrainingArguments,
    default_data_collator
)

model_name = "klue/bert-base"
tokenizer = AutoTokenizer.from_pretrained(model_name)
model = AutoModelForSequenceClassification.from_pretrained(model_name, num_labels=7)

dataset = load_dataset("klue", "ynat")

def tokenize_function(sample):
    result = tokenizer(
        sample["title"],
        padding="max_length",
    )
    return result

datasets = dataset.map(
    tokenize_function,
    batched=True,
    batch_size=1000,
    remove_columns=["guid", "title", "url", "date"]
)
print(datasets)

args = TrainingArguments(
    per_device_train_batch_size=16,
    per_device_eval_batch_size=16,
    learning_rate=5e-5,
```

```python
    max_steps=500,
    evaluation_strategy="steps",
    logging_strategy="steps",
    logging_steps=50,
    logging_dir="/content/logs",
    save_strategy="steps",
    save_steps=50,
    output_dir="/content/ckpt",
    report_to="tensorboard",
)

trainer = Trainer(
    model=model,
    args=args,
    train_dataset=datasets["train"],
    eval_dataset=datasets["validation"],
    tokenizer=tokenizer,
    data_collator=default_data_collator,
    compute_metrics=custom_metrics,
)
```

학습 결과로 trainer 출력을 확인해 보면 학습 중 학습 손실, 평가 손실, f1 스코어가 함께 나타납니다. 손실인 loss 값과 별개로 분류 모델을 평가하기 위한 f1 스코어를 통해 모델 분류 정확도가 스텝마다 증가하는 것을 파악할 수 있습니다.

```
                                    [500/500 1:02:58, Epoch 0/1]
Step   Training Loss   Validation Loss   F1
50     1.101100        0.665125          0.789722
100    0.542400        0.630721          0.802020
150    0.482400        0.499554          0.840233
200    0.469100        0.512885          0.837597
250    0.428000        0.484930          0.844954
300    0.428800        0.465987          0.849237
350    0.380300        0.505537          0.830899
400    0.452200        0.454690          0.848249
450    0.424600        0.439224          0.851653
500    0.349400        0.427605          0.854288
TrainOutput(global_step=500, training_loss=0.5058339385986328, metrics={'train_runtime': 3780.0181,
'train_samples_per_second': 2.116, 'train_steps_per_second': 0.132, 'total_flos': 2104982937600000.0, 'train_loss':
0.5058339385986328, 'epoch': 0.18})
```

[그림 4-3] 모델 학습 결과

텐서보드로 확인해 보면 기존에 학습 시에는 손실값만 있었던 것에 비해 현재는 f1에 대한 그래프가 추가로 생겼습니다. 이와 같은 방법으로 자신의 모델 학습에 있어 태스크에 맞는 평가 지표를 구현하여 적용할 수 있습니다.

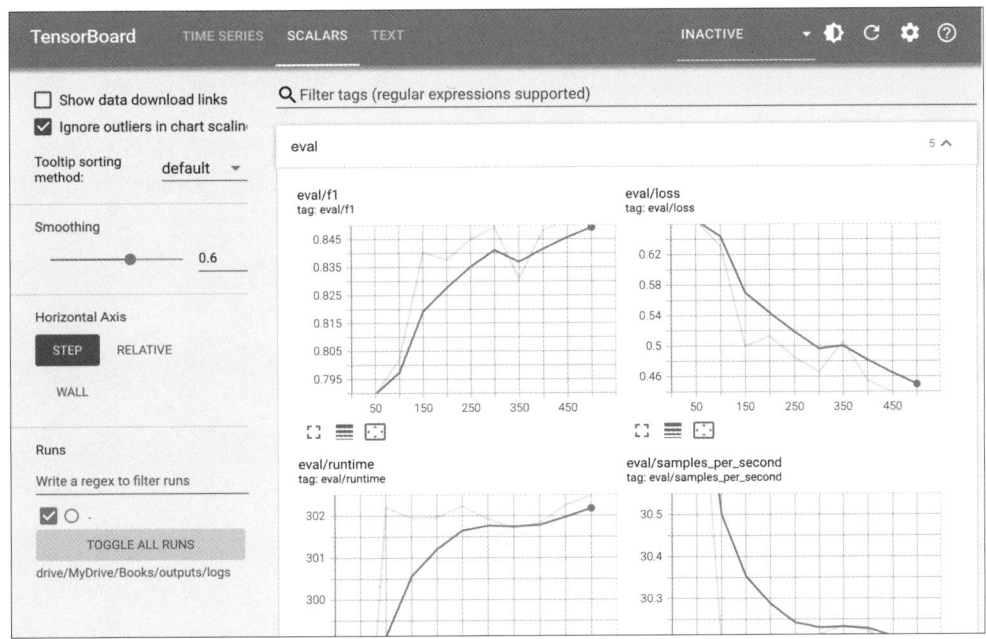

[그림 4-4] 모델 학습 지표 - 텐서보드

CHAPTER 5

언어 모델 구조 및 학습

5.1 트랜스포머 모델
5.2 인코더 기반 모델
5.3 디코더 기반 모델
5.4 인코더-디코더 기반 모델

5.1 트랜스포머 모델

2017년 구글 브레인에서 발표한 논문 「Attention Is All You Need」[5]를 통해 셀프 어텐션 기법을 사용하는 모델인 트랜스포머가 제안되었습니다. 트랜스포머 모델은 등장한 지 얼마 지나지 않아 자연어 처리 분야에 큰 파문을 일으켰습니다. 기존 모델을 상회하는 성능과 효율로 대다수의 자연어 처리 모델이 트랜스포머 모델을 기반으로 개발되기 시작했습니다.

> 🤗 **선형 레이어**
>
> 가장 일반적인 레이어입니다. 선형 레이어linear layer, 밀집 레이어dense layer, 완전 연결 레이어fully-connected layer 등 다양한 이름으로 불립니다. 모두 같은 의미이니 혼동하지 않도록 합니다.

[그림 5-1]은 트랜스포머 신경망 구조를 나타냅니다. 이를 대략 살펴보면 모델은 크게 인코더와 디코더로 구성되며, 인코더와 디코더는 각각 N개의 인코더-디코더 레이어로 구성됩니다.

인코더는 여러 개의 인코더 레이어로 구성되며 각 인코더 레이어는 셀프 어텐션 레이어와 피드 포워드 레이어로 구성되고 잔차 연결residual connection 형태로 이뤄집니다. 디코더 역시 인코더와 비슷하나 중간에 인코더 정보를 입력받아 어텐션 연산을 진행하는 레이어가 별도로 추가되며, 디코더가 출력한 데이터에 최종 추론을 위한 선형 레이어와 소프트맥스softmax 활성화 함수가 적용됩니다. 또한 인코더나 디코더에 입력되는 데이터는 각각 임베딩 레이어를 거쳐 벡터화vectorize되며 위치 정보를 부여하는 위치 인코딩position encoding을 추가해 입력됩니다.

---

[5] 「Attention Is All You Need」, (Ashish Vaswani, 2017), 15., arxiv.org/abs/1706.03762

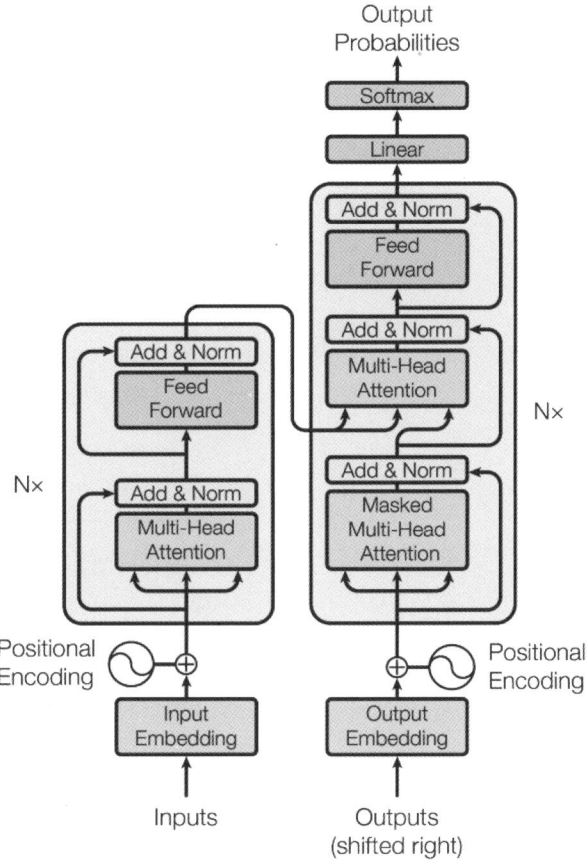

[그림 5-1] 트랜스포머 신경망 구조

트랜스포머 모델이 등장한 이후 대부분의 모델이 트랜스포머 모델 인코더나 디코더 중 하나만 사용하거나 둘 다 사용하는 형태로 구성되기 시작합니다. 2018년 6월, 트랜스포머 디코더 구조를 사용한 최초의 사전학습 모델인 GPT[6]가 제안되었습니다. GPT 모델은 대규모 데이터로 미리 학습된 최초의 트랜스포머 기반 모델입니다. 이후 GPT 모델의 뒤를 이어 GPT-2와 GPT-3 등 여러 후속 모델이 발표되었습니다.

---

6 「Improving Language Understanding by Generative Pre-Training」, (Alec Radford, 2018), 12., cs.ubc.ca/~amuham01/LING530/papers/radford2018improving.pdf

트랜스포머를 기반으로 개발된 모델을 시간 순서대로 나열해 보면 다음과 같습니다.

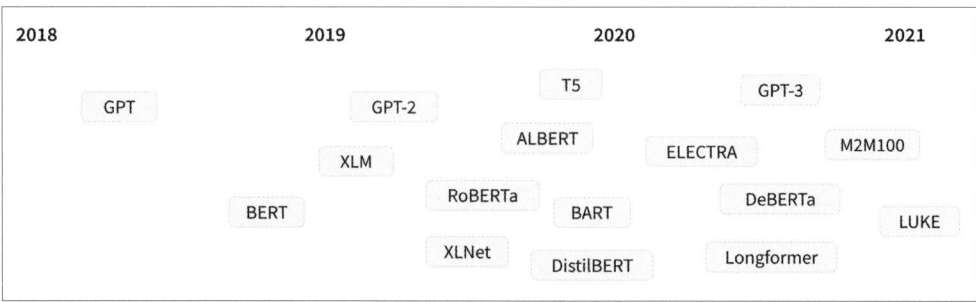

[그림 5-2] 트랜스포머 계열 모델의 역사

GPT 모델 발표 후 얼마 지나지 않아 2018년 10월, 트랜스포머 인코더 구조를 사용한 최초의 사전학습 모델인 BERT[7]가 발표됩니다. BERT 모델을 시작으로 뒤를 이어 RoBERTa와 ELECTRA 등 모델이 발표되었습니다.

인코더나 디코더 중 하나의 구조를 사용한 앞선 모델과는 달리 트랜스포머 인코더-디코더 구조를 그대로 채택하는 모델도 제안되었습니다. BART[8] 모델에서는 트랜스포머 모델 구조를 그대로 사용하는 대신 입력되는 데이터를 조정했고 트랜스포머 모델을 어떻게 사용할지 그 방법에 대해 고안했습니다. 비슷한 시기에 제안된 T5 모델에서는 모든 태스크를 생성 태스크로 해결할 수 있다고 주장하는 등 다양한 가능성이 발견되었습니다. 이번 챕터에서는 인코더, 디코더, 인코더-디코더 구조를 가진 대표적인 모델의 기본 구조를 살펴보고 각 구조가 지닌 태스크를 어떻게 적용하는지 확인해 봅시다.

---

7 「BERT: Pre-training of Deep Bidirectional Transformers for Language Understanding」, (Jacob Devlin, 2018), 16., arxiv.org/abs/1810.04805

8 「BART: Denoising Sequence-to-Sequence Pre-training for Natural Language Generation, Translation, and Comprehension」, (Mike Lewis, 2019), 10., arxiv.org/abs/1910.13461

5.2 인코더 기반 모델

인코더 기반 모델은 트랜스포머 모델의 인코더 부분만 사용하는 모델입니다. 인코더 기반 모델은 대부분 문장 분류나 토큰 분류와 같은 비교적 연산이 단순한 태스크에 사용됩니다. 사전 학습을 진행한 후 임베딩 레이어와 트랜스포머 인코더 부분만을 저장하며 태스크에 따라 모양에 맞는 헤더를 부착해 미세조정합니다. 예를 들어, 문장 분류에서는 한 토큰의 벡터 정보만 가져다 선형 레이어를 부착해 사용하고 토큰 분류에서는 토큰마다 완전 연결층을 연결해 토큰별로 어떤 품사인지 분석하는 방식 등이 존재합니다.

인코더 기반 모델은 완성된 문장을 입력받아 이를 이해하는 것을 목적으로 하기에 이를 자연어 이해라고도 부릅니다. 주로 문장 분류 등 비교적 간단한 작업에서 사용합니다. 인코더 모델에는 BERT, RoBERTa, XLM, ELECTRA 등이 있습니다. BERT 이후 제안된 RoBERTa는 BERT 사전학습 전략을 보완하여 전처리 중 최초 한 번이 아닌 에포크마다 토큰을 무작위로 마스킹하는 동적 마스킹 dynamic masking을 제안해 기존 방법론을 개선하였습니다. 이후에는 대규모 모델을 학습하는 대신 다른 전략으로 압축 기술인 지식 증류를 사용하여 성능을 거의 유지하면서 크기는 줄인 DistilBERT가 출시되었고, 큰 어휘 임베딩을 두 개의 작은 행렬로 분리하고 레이어가 파라미터를 공유하도록 학습 효율성에 초점을 맞춘 ALBERT, 단어와 위치가 두 개 벡터로 인코딩되어 분리되는 어텐션 메커니즘이 추가된 DeBERTa 등이 제안되었습니다. 이외에도 많은 종류의 모델이 제안되었으며 상황에 맞게 학습된 모델을 찾아 사용할 수 있게 되었습니다.

5.2.1 기본 구조

인코더 기반 모델의 시초 격인 동시에 대표라 할 수 있는 BERT 모델 구조를 확인해 보겠습니다. 기본적으로 임베딩 레이어와 트랜스포머 인코더로 구성됩니다. BERT를 포함한 트랜스포머 모델에는 여러 가지 임베딩이 사용됩니다.

- **토큰 임베딩**token embeddings: 우리가 알고 있는 기본 임베딩 층입니다. 각 토큰은 정해진 크기의 실수 벡터로 변환됩니다. 기본 크기 BERT-Base 모델은 768의 길이를 가집니다.
- **세그먼트 임베딩**segment embeddings: BERT 모델은 사전학습을 진행할 때 두 문장을 입력받아 예측하는 방법이 포함됩니다. 세그먼트 임베딩은 입력된 두 문장을 구분하기 위해 사용하는 임베딩으로, 각 문장에 각기 다른 벡터값을 적용합니다. Transformers 라이브러리에서는 token_type_ids라는 이름으로 사용됩니다. 단, 모델에 따라 사용하지 않는 경우도 있습니다.
- **포지션 임베딩**position embeddings: 문장 순서정보를 인식시키기 위해 사용됩니다. 순서대로 모델에 입력되는 순환 신경망Recurrent Neural Network, RNN과 달리 셀프 어텐션 방법은 여러 토큰을 동시에 연산하기에 모델이 토큰 순서 정보를 이해할 수가 없습니다. 이를 위해 사용되는 방법으로, 토큰 위치에 따라 다른 벡터값을 추가해 순서정보를 인식시킵니다.

한 가지 유의할 점은 기본 트랜스포머 모델은 위치 인코딩을 사용한다는 것입니다. 위치 임베딩이 위치에 따른 임베딩 값을 학습 가능한 파라미터trainable parameters로 처리하는 반면 위치 인코딩의 임베딩 값은 변화하지 않는 상수 값입니다. BERT 이후의 모델들은 위치 임베딩을 기반으로 위치 정보를 전달하지만 위치 정보를 입력하는 부분은 모델마다 상이합니다. 각 모델의 차이를 자세하게 알고 싶다면 위치 정보를 입력하는 부분을 유심히 살펴보기 바랍니다.

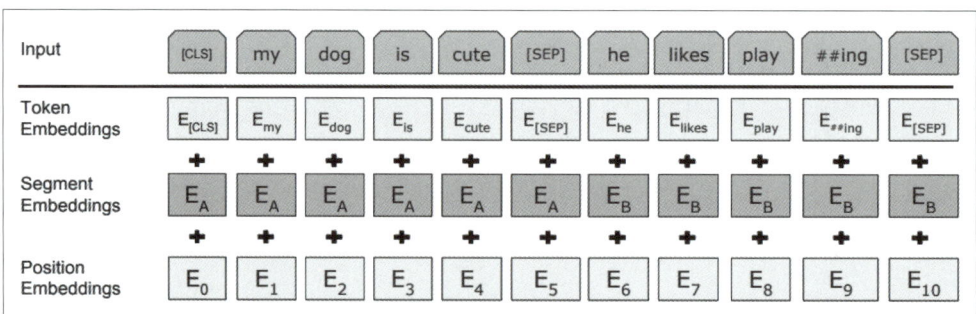

[그림 5-3] BERT 임베딩

BERT 모델은 사전학습을 위해 다음 문장 예측Next Sentence Prediction, NSP과 마스킹된 언어 모델Masked Language Model, Masked LM이라는 두 가지 방법을 제안합니다. 그중 NSP는 모델에 두 문장 A와 B가 주어졌을 때 어떤 문장이 앞선 문장인지를 예측하는 이진 분류^{Binary Classification} 태스크입니다. 두 문장의 구분을 위해 앞서 언급한 세그먼트 임베딩을 사용합니다. Masked LM은 앞서 간략히 설명했듯 입력 토큰 일부를 [MASK] 토큰으로 치환하여 입력한 후, 바뀐 토큰이 원래 무엇인지를 추론하는 태스크입니다. 해당 치환 과정을 마스킹^{masking} 혹은 오염^{corruption}이라 표현하며, BERT 논문에서는 마스킹이란 표현을 사용합니다. 잘 쓰이지 않는 NSP와 달리 꽤 오랜 기간 사용되었던 학습 방법입니다.

5.2.2 Sequence Classification

이제, 인코더 기반 모델을 주로 활용하는 몇 가지 다운스트림 태스크를 직접 실습해 보겠습니다. 문장 분류^{Sequence Classification} 태스크는 이름 그대로 입력된 문장을 두 개 이상 클래스로 분류하는 비교적 단순한 태스크입니다. 클래스가 몇 개이든 간에 기본 개념은 변하지 않지만 두 개 클래스로 분류하는 모델은 예외로 이진 분류라는 명칭을 사용하기도 하며 이때 세 개 이상의 클래스로 구분하는 것은 다중 분류^{Multiclass Classification}라는 명칭을 사용합니다.

문장 분류 태스크는 2차원 문장 임베딩에서 여러 클래스 중 하나만을 고르는 1차원 확률분포를 반환합니다. 이를 위해 모델은 고차원 데이터를 저차원 데이터로 압축하는 풀링^{pooling} 작업을 진행합니다. 풀링에는 여러 가지 방법이 있는데 단순히 특정 차원축의 모든 벡터값을 합하거나(reduce-sum) 혹은 평균(reduce-mean)내어 사용하는 등의 방법이 있습니다.

트랜스포머 인코더 모델은 문장의 모든 정보를 하나의 토큰 벡터에 저장하도록 학습하며 해당 토큰이 바로 문장 가장 앞에 자리한 [CLS] 토큰입니다. [CLS] 토큰은 Classification을 뜻하며 문장의 맨 앞에 삽입되어 분류 태스크에 사용되거나 문장 시작^{Begin Of Sentence, BOS}을 알리는 토큰으로 사용되고, 나머지 태스크에서는 대부분 무시됩니다. 전술한 바와 같이 분류 태스크에 한하여 문장 전체 정보를 [CLS] 토큰에 담도록 학습하며, [CLS] 토큰 벡터를 입력으로 받는 순방향 신경망^{FeedForward Neural Network, FFNN}을 추가로 부착해 미세조정을 진행합니다.

모델

분류 태스크는 기본적인 모델인 '모델명'PreTrainedModel을 상속하며 '모델명'ForSequence Classifiaction 클래스를 사용합니다. BERT 모델로 실습할 때는 BertPreTrainedModel을 상속하는 BertForSequenceClassification 클래스를 사용합니다.

> ### 😀 모델 클래스 상속관계
>
> 허깅페이스의 모델은 전체적으로 같은 구조를 지닙니다. 허깅페이스 모델의 최상위 클래스인 PretrainedModel이 있고 각 모델은 이를 상속받는 최상위 모델로 '모델명'PretrainedModel을 가집니다. 여기서 어텐션 등 단일 기능을 수행하는 레이어 단위가 아닌, 인코더나 디코더 등 모델로 분류될 만한 크기의 모델이 이를 다시 상속받아 구성되며 태스크별로 사용하는 모델 역시 마찬가지입니다. 예를 들어 BERT 모델의 클래스 상속 관계를 트리로 표현하면 다음과 같습니다.
>
> 구조 트리 예시
>
> ```
> PretrainedModel
>   └ BertPreTrainedModel
>     ├ BertModel
>     ├ BertForPreTraining
>     ├ BertLMHeadModel
>     ├ BertForMaskedLM
>     ├ BertForNextSentencePrediction
>     ├ BertForSequenceClassification
>     ├ BertForMultipleChoice
>     ├ BertForTokenClassification
>     └ BertForQuestionAnswering
> ```

이제 AutoTokenizer와 BertForSequenceClassification을 활용하여 SequenceClassification을 실습해 봅시다. 이전 실습과 동일하게 KLUE 데이터셋으로 학습한 klue/bert-base 모델을 활용하겠습니다.

일반적인 경우 모델 가중치를 불러올 때 미세조정이 진행되지 않은 사전학습 모델 가중치를 불러옵니다. 이런 경우 미세조정에 사용되는 설정 값이 모델에 포함되어 있지 않기 때문에 추가 설정 값이 필요할 때가 있습니다. 대표 분류 태스크는 분류할 클래스 개수를 뜻하는 num_labels 값을 입력해야 합니다. 입력하지 않을 시 기본값인 2가 들어갑니다.

```
import torch
from transformers import AutoTokenizer, AutoModelForSequenceClassification

model_name = "klue/bert-base"
tokenizer = AutoTokenizer.from_pretrained(model_name)
model = AutoModelForSequenceClassification.from_pretrained(model_name,
num_labels=2)
model
```

실행 결과

```
BertForSequenceClassification(
  (bert): BertModel(
    (embeddings): BertEmbeddings(
      (word_embeddings): Embedding(32000, 768, padding_idx=0)
      (position_embeddings): Embedding(512, 768)
      (token_type_embeddings): Embedding(2, 768)
      (LayerNorm): LayerNorm((768,), eps=1e-12, elementwise_affine=True)
      (dropout): Dropout(p=0.1, inplace=False)
    )
    (encoder): BertEncoder(
      …
    (pooler): BertPooler(
      (dense): Linear(in_features=768, out_features=768, bias=True)
      (activation): Tanh()
    )
  )
  (dropout): Dropout(p=0.1, inplace=False)
  (classifier): Linear(in_features=768, out_features=2, bias=True)
)
```

모델을 불러온 후 구조를 확인해 보면 임베딩 레이어, 인코더 레이어, 마지막 풀링 레이어로 구성되어 있습니다. 그리고 SequenceClassification 태스크에서는 모델 마지막 부분에 classifier라는 이름의 Linear가 하나 추가되어 있습니다. classifier 레이어 출력 차원 수는 num_lables에서 설정된 수와 동일하며, 설정하지 않으면 기본값인 2가 적용됩니다.

model.config.id2label에서는 해당 모델이 지닌 클래스를 볼 수 있습니다. 확인해 보면 LABEL_0과 LABEL_1이라는 두 개의 클래스가 있습니다.

```
model.config.id2label
```

실행 결과

```
{0: 'LABEL_0', 1: 'LABEL_1'}
```

오류 없이 작동되는지 확인하기 위해 '안녕? 내 강아지는 귀여워.'라는 문장을 토큰화해 모델에 입력합니다. 모델은 해당 문장을 LABEL_0으로 분류하였습니다.

```
inputs = tokenizer("안녕? 내 강아지는 귀여워.", return_tensors="pt")

with torch.no_grad():
    logits = model(**inputs).logits

predicted_class_id = logits.argmax().item()
model.config.id2label[predicted_class_id]
```

실행 결과

```
'LABEL_0'
```

데이터셋

각 태스크를 학습하기 위해서 해당 태스크에 맞는 데이터셋이 필요합니다. 대부분 자연어 처리 태스크에서는 모델이 입력하는 input_ids, attention_mask 등 입력 문장에 대한 정보와 더불어 레이블, 즉 정답 데이터를 필요로 합니다. 분류 태스크 역시 마찬가지로 입력 문장에 대한 정보와 스칼라 값으로 구성된 정답 데이터를 필요로 합니다.

먼저 KLUE의 문장 유사도 비교 STS 데이터셋을 불러오겠습니다. train 데이터를 확인해 보면 11,668건에 guid, source, sentence1, sentence2, labels 칼럼이 있습니다.

```
from datasets import load_dataset

dataset = load_dataset("klue", "sts")
dataset["train"]
```

실행 결과
```
Dataset({
    features: ['guid', 'source', 'sentence1', 'sentence2', 'labels'],
    num_rows: 11668
})
```

데이터를 모델이 활용할 수 있도록 process_data라는 이름으로 전처리 함수를 정의하고 dataset.map 메서드를 활용하여 배치 단위로 처리합니다.

```
def process_data(batch):
    result = tokenizer(batch["sentence1"], text_pair=batch["sentence2"])
    result["labels"] = [x["binary-label"] for x in batch["labels"]]
    return result

dataset = dataset.map(
    process_data,
    batched=True,
    remove_columns=dataset["train"].column_names,
)
```

배치 단위 데이터 중 sentence1과 함께 sentence2를 한 쌍으로 입력하며 토큰화한 labels 데이터를 추가해 데이터셋 준비를 마무리합니다. 그 외에 파라미터로 batched를 True로 설정해 배치 단위로 처리하고 remove_columns로 전처리 전 칼럼명을 입력해 불필요한 칼럼을 삭제합니다.

배치 단위 학습을 위해서는 입력 길이가 모두 다른 문장 길이를 통일해야 합니다. 이를 위해 학습 도중 모델에 입력되기 직전에 적용되는 콜레이터에서는 데이터셋에 패딩을 진행하는 DataCollatorWithPadding을 사용합니다. 테스트를 위해 데이터셋 10개를 입력하겠습니다.

```
from transformers import DataCollatorWithPadding

collator = DataCollatorWithPadding(tokenizer)
batch = collator([dataset["train"][i] for i in range(10)])
```

샘플링한 배치 데이터를 모델에 입력하여 추론한 값을 로짓logit 형태로 출력합니다. 해당 로짓값에 소프트맥스 함수를 적용하면 클래스별 확률을 알 수 있습니다.

```
with torch.no_grad():
    logits = model(**batch).logits

logits
```

실행 결과

```
tensor([[ 0.3225, -0.0453],
        [-0.5674, -0.5386],
        [ 0.2090,  0.0658],
        [-0.3145, -0.3632],
        [ 0.3199, -0.1408],
        [-0.0759, -0.4412],
        [ 0.3692,  0.1123],
        [-0.4885, -0.3426],
        [-0.0782, -0.1283],
        [ 0.1059,  0.1190]])
```

평가 지표

모델 학습 결과를 사람이 객관적으로 확인할 수 있도록 하는 평가 지표 역시 태스크마다 다릅니다. 분류 태스크에서는 주로 정확도, 재현율, 정밀도, f1 스코어 등을 사용하며 다른 평가 지표 값을 아울러 설명할 수 있는 f1 스코어를 가장 많이 사용합니다.

먼저, 추론한 10개 레이블과 실제 레이블을 정의합니다.

```
pred_labels = logits.argmax(dim=1).cpu().numpy()
true_labels = batch["labels"].numpy()
print(pred_labels)
print(true_labels)
```

실행 결과

```
[0 1 0 0 0 0 0 1 0 1]
[1 0 0 0 1 0 1 0 0 1]
```

예측 레이블과 실제 레이블을 정밀도와 재현율의 조화평균인 f1 스코어로 계산하면 f1 계산 결과를 얻을 수 있습니다. 0.5로 굉장히 낮은 결과이지만 학습을 통해 f1 스코어를 증가하는 것이 분류 태스크 학습의 목표입니다.

```
import evaluate

f1 = evaluate.load("f1")
f1.compute(predictions=pred_labels, references=true_labels, average='micro')
```

실행 결과

```
{'f1': 0.5}
```

회귀

분류 모델 헤더는 소프트맥스 함수가 적용된 확률분포가 아닌 스케일링이 적용되지 않은 로짓 값을 반환합니다. [−∞, ∞] 범위를 갖는 로짓 함수 특성을 이용하여 SequenceClassification 모델은 labels 값을 1로 설정하면 이를 회귀 모델로 사용할 수 있습니다.

num_labels를 1로 설정하면 모델은 이를 회귀 태스크로 인식하여 자동으로 해당 모델 손실 함수를 분류에 사용하는 크로스엔트로피Cross-Entropy, CE가 아닌 회귀에 사용하는 평균 제곱 오차Mean Squred Error, MSE를 사용합니다. 모델을 불러올 때 파라미터인 num_labels이 1이면 출력 차원은 1로 설정됩니다.

```
import torch
from transformers import AutoTokenizer, BertForSequenceClassification, BertModel

tokenizer = AutoTokenizer.from_pretrained("klue/bert-base")
model = BertForSequenceClassification.from_pretrained("klue/bert-base", num_labels=1)
print(model)
```

실행 결과

```
...
  (dropout): Dropout(p=0.1, inplace=False)
  (classifier): Linear(in_features=768, out_features=1, bias=True)
)
```

이전에 사용한 토큰화와 콜레이터가 적용된 배치를 레이블 개수가 1인 모델에 입력하여 추론 결과를 확인해 보면 로짓값 차원이 1입니다. 앞서 말했듯 레이블이 1이면 회귀 태스크의 로짓값이라고 볼 수 있습니다.

```
with torch.no_grad():
    logits = model(**batch).logits

logits
```

실행 결과

```
tensor([[-0.1357],
        [ 0.5545],
        [ 0.1505],
        [ 0.1485],
        [-0.1636],
        [ 0.2137],
        [ 0.1214],
        [ 0.2069],
        [ 0.2759],
        [-0.2146]])
```

소프트맥스 함수로 출력값 범위를 정할 수 있는 분류 태스크와 달리 회귀 문제는 범위가 정해져 있지 않습니다. 따라서 범위가 정해진 객관적인 평가 지표가 존재하지 않습니다. 손실로 사용하는 평균 제곱 오차Mean Squred Error, MSE와 평균 절대 오차Mean Absolute Error, MAE를 주로 사용하며 이러한 점수는 값이 작을수록 더 좋은 성능을 가집니다.

앞서 말했듯 자동으로 해당 모델의 손실 함수를 분류 태스크에 사용하는 크로스엔트로피가 아닌 회귀 태스크에 사용하는 MSE를 활용합니다. 다음은 BERT 모델 내부 코드 중 loss를 적용하는 부분[9]을 발췌한 코드입니다.

```
loss = None
if labels is not None:
    if self.config.problem_type is None:
        if self.num_labels == 1:
            self.config.problem_type = "regression"
        elif self.num_labels > 1 and (labels.dtype == torch.long or labels.dtype == torch.int):
            self.config.problem_type = "single_label_classification"
        else:
            self.config.problem_type = "multi_label_classification"

if self.config.problem_type == "regression":
    loss_fct = MSELoss()
    if self.num_labels == 1:
        loss = loss_fct(logits.squeeze(), labels.squeeze())
    else:
        loss = loss_fct(logits, labels)
elif self.config.problem_type == "single_label_classification":
    loss_fct = CrossEntropyLoss()
    loss = loss_fct(logits.view(-1, self.num_labels), labels.view(-1))
elif self.config.problem_type == "multi_label_classification":
    loss_fct = BCEWithLogitsLoss()
    loss = loss_fct(logits, labels)
```

---

9 허깅페이스 깃허브 「huggingface/transformers」 1708번 라인, github.com/huggingface/transformers/blob/v4.41.2/src/transformers/models/bert/modeling_bert.py#L1708

5.2.3 Multiple Choice

다중 선택Multiple Choice 태스크는 이름 그대로 여러 개 입력이 주어졌을 때 주어진 문장 중 옳은 문장을 고르는 객관식 문제입니다. 입력 프롬프트 한 개와 그에 대응하는 n개 후보로 구성되며 모델은 '프롬프트 + 답변 1', '프롬프트 + 답변 2', …, '프롬프트 + 답변 n' 목록을 모두 입력받아 후보 중 무엇이 정답인지를 출력합니다. 샘플의 각 문장만 본다면 BERT 모델을 설명할 때 사전학습 태스크인 NSP와 유사하다는 것을 알 수 있고 모델 출력 부분만 보면 문장 분류 태스크와 유사함을 확인할 수 있습니다.

앞서 살펴본 문장 분류 태스크가 주어진 문장이 어떤 클래스인지를 예측한다면, 다중 선택 태스크는 주어진 여러 문장 중 무엇이 정답인지를 예측합니다. 문장 분류 태스크는 문장 길이가 길어질수록 연산량은 제곱으로 증가하는 트랜스포머 모델 특성상 사용할 수 있는 방법입니다. 만약 입력되는 각 문장의 길이가 짧으면 마치 객관식 문제처럼 모든 선택지를 한 문장에 입력해 문장 분류를 진행하는 것이 더욱 효율적일 수 있습니다. 즉, Longformer 모델[10]처럼 긴 문장을 처리할 수 있는 모델에서는 그리 큰 이점이 없을 수도 있기에 학습하는 데이터 길이 분포에 따라 전략을 가지고 선택하는 것이 필요합니다.

모델

기본 모델인 '모델명'PreTrainedModel을 상속한 '모델명'ForMultipleChoice 클래스를 사용합니다. 예를 들어 BERT 모델로 실습할 때는 BertForMultipleChoice 클래스를 사용합니다.

AutoTokenizer와 BertForMultipleChoice를 활용하여 실습해 봅시다. 모델은 동일하게 KLUE 데이터셋으로 학습한 klue/bert-base 모델을 활용하겠습니다.

```
import torch
from transformers import AutoTokenizer, AutoModelForMultipleChoice
```

---

[10] 「Longformer: The Long-Document Transformer」, (Iz Beltagy, 2020), 17., arxiv.org/abs/2004.05150

```
model_name = "klue/bert-base"
tokenizer = AutoTokenizer.from_pretrained(model_name)
model = AutoModelForMultipleChoice.from_pretrained(model_name)
model
```

> 실행 결과
>
> ...
> (classifier): Linear(in_features=768, out_features=1, bias=True)

코드에서 뭔가 이상한 점을 눈치채지 않았나요? 여러 개 중 하나를 고르는 분류임에도 num_labels을 설정하지 않았습니다. 이를 이해하기 위해서는 모델 구조를 알아야 합니다. BertForMultipleChoice 모델 역시 문장 분류와 동일하게 기본 베이스 모델로 BertModel을 포함합니다.

다른 태스크와 동일하게 모델 마지막 부분에 classifier 레이어가 하나 추가되었는데, 다중 선택 태스크에서는 샘플당 여러 개의 후보를 각각 문장으로 입력받기에 임베딩 과정을 거치면 후보 개수, 문장 길이, 임베딩 사이즈로 총 3차원으로 이루어지게 됩니다. 여러 샘플을 동시에 처리하도록 배치 처리하면 총 4차원 데이터를 갖게 되므로 그대로는 사용이 어렵습니다. 이를 위해 배치 개수와 후보 개수를 통합하는 평활화flatten 과정을 사용하여 문장을 3차원으로 바꾼 후 추론하고 다시 원상태로 복구시킵니다. 평활화된 데이터는 문장당 0~1 사이 확률 값을 하나만 가지면 되므로 자동으로 num_labels 수는 1로 고정됩니다.

정리해 보자면 문장 분류는 문장 하나에서 여러 클래스의 각 확률을 구합니다. 즉 **문장 한 개당 N개 확률**을 추출합니다. 반면 다중 분류는 입력 자체가 여러 문장이고 여러 클래스를 동시에 입력받습니다. 따라서 문장당 하나의 확률만 구하는 것이 곧 각 클래스의 확률을 얻는 방법입니다. 다시 말해 **N개 문장을 입력받아 문장당 한 개씩, 총 N개 확률**을 추출합니다.

데이터셋

다중 선택은 앞서 모델 구조를 살펴봤을 때 설명한 것처럼 여러 입력 중 옳은 하나를 선택한다는 태스크 특성상, 문장 하나를 입력으로 가지는 다른 태스크와 약간 다른 구조를 지닙니다. 다중 선택이라는 태스크와 해당 태스크 데이터 구조를 이해하며 전처리를 진행하는 것이 중요합니다. 이에 유의하며 전처리 과정을 진행합니다.

해당 데이터는 수능 국어 문제 데이터셋으로, 다섯 개 정답 중 하나를 고르는 오지선다五枝選多 형 문제입니다. 모든 문제가 공유하는 보기 항목인 context 칼럼을 first_sentences로 선언합니다. 질문인 question 칼럼을 question_header 변수에 옮긴 후 질문 다섯 개와 답변 다섯 개를 각각 결합하여 세팅합니다. 이후 토큰화를 위해 1차원으로 평활화를 진행하고 None 데이터 처리를 진행합니다. 토큰화 후에는 다시 2차원으로 재배열하여 원활한 콜레이터 사용을 위해 변수명을 이동하고 레이블 데이터 0부터 시작하게 맞춰주는 것으로 데이터셋 구조화를 마무리합니다.

```python
from datasets import load_dataset

dataset = load_dataset("HAERAE-HUB/csatqa", "full")
print(dataset["test"][0])

ending_names = ["option#1", "option#2", "option#3", "option#4", "option#5"]

def preprocess_function(examples):
    first_sentences = [
        [context] * 5 for context in examples["context"]
    ]
    question_headers = examples["question"]
    second_sentences = [
        [f"{header} {examples[end][i]}" for end in ending_names] for i, header in enumerate(question_headers)
    ]

    # 토큰화을 위해 1차원으로 평활화
    first_sentences = sum(first_sentences, [])
    second_sentences = sum(second_sentences, [])

    # None 데이터 처리
    first_sentences = [i if i else '' for i in first_sentences]
    second_sentences = [i if i else '' for i in second_sentences]

    tokenized_examples = tokenizer(first_sentences, second_sentences, truncation=True)

    # 토큰화 후 다시 2차원으로 재배열
    result = {
        k: [v[i:i+5] for i in range(0, len(v), 5)] for k, v in tokenized_examples.items()
    }
```

```
# 원활한 collator 사용을 위한 변수명 이동, 레이블 0번부터 시작하게 변경
result['labels'] = [i-1 for i in examples['gold']]
return result

tokenized_dataset = dataset.map(preprocess_function, batched=True, remove_columns=dataset['test'].column_names)
```

> **실행 결과**
>
> {'question': ' 이 이야기에서 얻을 수 있는 교훈으로 가장 적절한 것은?', 'context': '이제 한 편의 이야기를 들려 드립니다. 잘 듣고 물음에 답하십시오.\n자, 여러분! 안녕하십니까? 오늘은 제가 어제 꾼 꿈 이야기 하날 들려 드리겠습니다. 전 꿈속에서 낯선 거리를 걷고 있었습니다. 그러다가 흥미로운 간판을 발견했답니다. 행 복을 파는 가게. 그렇게 쓰여 있었습니다. 전 호기심으로 문을 열고 들어갔답니다. 그곳 에서는 한 노인이 물건을 팔고 있었습니다. 전 잠시 머뭇거리다가 노인에게 다가가서 물 었습니다. 여기서는 무슨 물건을 파느냐고요. 노인은 미소를 지으며, 원하는 것은 뭐든 다 살 수 있다고 말했습니다. 저는 제 귀를 의심했습니다. \'무엇이든 다?\' 전 무엇을 사야 할까 생각하다가 말했답니다. "사랑, 부귀 그리고 지혜하고 건강도 사고 싶습니다. 저 자신뿐 아니라 우리 가족 모두 를 위해서요. 지금 바로 살 수 있나요?" 그러자 노인은 빙긋이 웃으며 대답했습니다. "젊은이, 한번 잘 보게나. 여기에서 팔고 있는 것은 무르익은 과일이 아니라 씨앗이라 네. 앞으로 좋은 열매를 맺으려면 이 씨앗들을 잘 가꾸어야 할 걸세."', 'option#1': '새로운 세계에 대한 열망을 가져야 한다.', 'option#2': '주어진 기회를 능동적으로 활용해야 한다.', 'option#3': '큰 것을 얻으려면 작은 것은 버려야 한다.', 'option#4': '물질적 가치보다 정신적 가치를 중시해야 한다.', 'option#5': '소망하는 바를 성취하기 위해서는 노력을 해야 한다.', 'gold': 5, 'category': 'N/A', 'human_performance': 0.0}

다중 분류 태스크에서는 전술한 특성으로 인해 일반적으로 사용하는 DataCollatorWithPadding을 사용하기가 어렵습니다. 이를 위해 패딩 등 필요한 작업을 진행하는 콜레이터를 직접 작성합니다. 앞서 모델 출력이나 전처리를 진행했을 때와 동일하게 차원을 합친 후 한 번에 처리하고 다시 차원을 분리하는 방식으로 패딩 등 작업도 원활하게 수행할 수 있도록 콜레이터를 작성합니다.

```
from dataclasses import dataclass
from transformers.tokenization_utils_base import PreTrainedTokenizerBase, PaddingStrategy
from typing import Optional, Union
import torch

@dataclass
class DataCollatorForMultipleChoice:
```

```python
    tokenizer: PreTrainedTokenizerBase
    padding: Union[bool, str, PaddingStrategy] = True
    max_length: Optional[int] = None
    pad_to_multiple_of: Optional[int] = None

    def __call__(self, features):
        label_name = "label" if "label" in features[0].keys() else "labels"
        labels = [feature.pop(label_name) for feature in features]

        batch_size = len(features)
        num_choices = len(features[0]["input_ids"])

        flattened_features = [
            [
                {k: v[i] for k, v in feature.items()}
                for i in range(num_choices)
            ]
            for feature in features
        ]
        flattened_features = sum(flattened_features, [])

        batch = self.tokenizer.pad(
            flattened_features,
            padding=self.padding,
            max_length=self.max_length,
            pad_to_multiple_of=self.pad_to_multiple_of,
            return_tensors="pt",
        )

        batch = {k: v.view(batch_size, num_choices, -1) for k, v in batch.items()}
        batch["labels"] = torch.tensor(labels, dtype=torch.int64)
        return batch

collator = DataCollatorForMultipleChoice(tokenizer=tokenizer)
batch = collator([tokenized_dataset['test'][i] for i in range(5)])
```

배치 데이터를 모델에 입력하여 추론한 값을 로짓 형태로 출력합니다. 여기에 소프트맥스 함수를 적용하면 모델이 추론한 각 후보의 확률을 알 수 있습니다.

```
with torch.no_grad():
    logits = model(**batch).logits

logits
```

> **실행 결과**
> ```
> tensor([[-0.3011, -0.3397,  0.0093, -0.0716, -0.1746],
>         [ 0.2793,  0.2575,  0.2844,  0.2784,  0.2295],
>         [ 0.3327,  0.2637,  0.2748,  0.3026,  0.2483],
>         [ 0.2505,  0.2685,  0.3494,  0.2928, -0.4757],
>         [-0.5187, -0.4546, -0.5513, -0.6376, -0.7192]])
> ```

평가 지표

입력 형태만 다를 뿐 다중 선택 역시 여러 후보군 중 하나를 선택하는 분류 문제에 속합니다. 따라서 앞서 살펴본 문장 분류와 동일하게 정확도, 정밀도, 재현율, f1 등 평가 지표를 그대로 사용할 수 있습니다.

```
import evaluate

pred_labels = logits.argmax(dim=1).cpu().numpy()
true_labels = batch["labels"].numpy()
print(pred_labels)
print(true_labels)

f1 = evaluate.load("f1")
f1.compute(predictions=pred_labels, references=true_labels,
average='micro')
```

> **실행 결과**
> ```
> [2 2 0 2 1]
> [4 4 0 3 1]
> {'f1': 0.4000000000000001}
> ```

5.2.4 Token Classification

토큰 분류Token Classification 태스크는 문장 단위로 분류를 진행했던 이전 태스크와 달리 이름 그대로 토큰 단위로 분류를 진행하는 태스크입니다. 일반 문장 분류와 마찬가지로 하나의 문장을 입력으로 받으며 문장을 구성하는 토큰을 각각 분류합니다. 토큰 단위라 하더라도 결국에는 분류에 속하기에 데이터 차원만 이해한다면 어렵지 않게 사용할 수 있습니다. 주로 문장 내에서 유효한 개체를 추출해 내는 개체명 인식 태스크에서 가장 많이 사용합니다.

모델

베이스 모델은 기본 모델인 '모델명'Pre TrainedModel을 상속하며 '모델명'ForTokenClassification을 사용합니다. 모델 기본 구조는 앞서 알아본 문장 분류 모델과 비슷합니다. 다만 문장 벡터 차원을 축소하는 풀링 작업을 진행하지 않고 입력된 각 토큰에 모두 출력 헤더를 달아 독립적으로 분류를 진행합니다.

앞선 문장 분류 태스크처럼 num_labels 변수를 통해 분류할 클래스 개수를 지정할 수 있습니다. 구조를 확인해 보면 TokenClassification 태스크에도 모델의 마지막 부분에 classifier가 하나 추가되었습니다.

```
import torch
from transformers import AutoTokenizer, AutoModelForTokenClassification

model_name = "klue/bert-base"
tokenizer = AutoTokenizer.from_pretrained(model_name)
model = AutoModelForTokenClassification.from_pretrained(model_name)
model
```

실행 결과
```
...
  (dropout): Dropout(p=0.1, inplace=False)
  (classifier): Linear(in_features=768, out_features=2, bias=True)
)
```

데이터셋

데이터셋은 KLUE 데이터셋에서 개체명 인식 태스크 데이터셋을 사용합니다. 해당 데이터셋 태그는 총 13개로 다음과 같이 구성됩니다.

- **개체명 인식 레이블**
    B-DT(0), I-DT(1), B-LC(2), I-LC(3), B-OG(4), I-OG(5), B-PS(6), I-PS(7), B-QT(8), I-QT(9), B-TI(10), I-TI(11), O(12)
- **토큰 위치 정보**
    B - Begin : 해당 개체명 시작 토큰
    I - Inside : 해당 개체명 내부 토큰
    O - Outside : 개체명이 아닌 토큰
- **토큰 구성 정보**
    DT - Date : 날짜
    LC - Location : 위치
    OG - Organization : 단체
    PS - Person : 사람
    QT - Quantity : 수량
    TI - Time : 시간

개체명 인식은 하나의 문장에 등장하는 여러 개의 개체 토큰을 인식하는 구조로 이루어집니다. 데이터셋에 하나의 단어로 작성되었더라도 토큰화가 진행되며 두 개 이상의 토큰으로 분리될 수 있기 때문에 토큰화 이후 분할된 토큰과 레이블 값을 재정렬하는 과정을 진행합니다. 데이터셋 샘플을 하나 출력하여 tokens과 ner_tags 칼럼에 주목해 봅시다. tokens 칼럼은 문장을 문자 단위로 구분하여 list[str] 형태로 구성되어 있고 ner_tags 칼럼은 클래스 인덱스 번호가 저장된 list[int] 형태임을 알 수 있습니다.

```
from datasets import load_dataset

dataset = load_dataset("klue", "ner")

sample = dataset['train'][0]
print('tokens : ', sample['tokens'][: 20])
print('ner tags : ', sample['ner_tags'][: 20])
print((len(sample['tokens']), len(sample['tokens'])))
```

> **실행 결과**
>
> tokens : ['특', '히', ' ', '영', '동', '고', '속', '도', '로', ' ', '강', '릉', ' ', '방', '향', ' ', '문', '막', '휴', '게']
> ner tags : [12, 12, 12, 2, 3, 3, 3, 3, 3, 12, 2, 3, 12, 12, 12, 12, 2, 3, 3, 3]
> (66, 66)

tokens 칼럼은 문장을 문자로 분리한 항목이고 ner_tags 칼럼은 분리된 각 문자 태그를 나타냅니다. 따라서 두 칼럼의 같은 위치에 놓인 원소는 1 대 1 관계로 서로 쌍을 이룹니다.

```
for i in range(len(sample['ner_tags'])):
    print(sample['tokens'][i], '\t', sample['ner_tags'][i])
```

> **실행 결과**
>
> 특　　12
> 히　　12
> 　　　12
> 영　　2
> 동　　3
> 고　　3
> 속　　3
> 도　　3
> 로　　3
> 　　　12
> 강　　2
> 릉　　3
> 　　　12
> 방　　12
> 향　　12
> 　　　12
> 문　　2

막	3
휴	3
게	3
소	3
에	12
서	12
	12
...	
임	12
시	12
	12
갓	12
길	12
차	12
로	12
제	12
를	12
	12
운	12
영	12
하	12
기	12
로	12
	12
했	12
다	12
.	12

문자 단위로 분할된 tokens 칼럼은 이미 '토큰화되었다'고 할 수 있습니다. 따라서 문장 인코딩을 진행할 때 평소처럼 토큰화 - 정수 인코딩 과정을 거치지 않고 정수 인코딩 과정만 거치도록 코드를 작성해야 합니다.

```
def tokenize_and_align_labels(examples):
    tokenized_inputs = tokenizer(examples["tokens"], truncation=True, is_split_into_words=True)

    labels = []
    for i, label in enumerate(examples[f"ner_tags"]):
```

```
        # 토큰을 해당 단어에 매핑
        word_ids = tokenized_inputs.word_ids(batch_index=i)
        previous_word_idx = None
        label_ids = []

        # 특수 토큰을 -100으로 세팅
        for word_idx in word_ids:
            if word_idx is None:
                label_ids.append(12)
            # 주어진 단어의 첫 번째 토큰에만 레이블을 지정
            elif word_idx != previous_word_idx:
                label_ids.append(label[word_idx])
            else:
                label_ids.append(-100)
            previous_word_idx = word_idx
        labels.append(label_ids)

    tokenized_inputs["labels"] = labels
    return tokenized_inputs

tokenized_dataset = dataset.map(
    tokenize_and_align_labels,
    batched=True,
    remove_columns=dataset['train'].column_names,
)
```

토큰화 과정에서 is_split_into_words를 True로 설정하면 토크나이저는 입력된 문장이 이미 토큰화가 진행되었다고 인식합니다. 따라서 공백은 사라지고 앞뒤에 특수 토큰이 붙는 등 몇 가지 과정이 추가됩니다.

인코딩된 토큰 id와 레이블의 토큰 클래스 id를 매칭할 때는 인코딩된 문장이 몇 번째 토큰인지를 확인하는 word_ids 메서드를 사용합니다. 이 과정에서 [CLS], [SEP] 등 추가로 붙는 토큰은 None을 반환하기에 앞서 언급한 특수 토큰 등에 유연하게 대응할 수 있습니다. [CLS], [SEP] 토큰에는 레이블 값으로 -100을 할당하여 허깅페이스에서 제공하는 손실 연산 과정에서 무시하도록 설정합니다. 단, 손실 계산에서 값을 무시하는 프로세스는 파이토치나 텐서플로가 아닌 허깅페이스에서 제공하는 기능이라는 점에 유의해야 합니다.

이전 태스크와 동일하게 길이가 다른 여러 샘플을 배치로 한 번에 처리하기 위해서 길이를 통일하는 패딩 작업이 필요합니다. 패딩 과정에서 추가로 붙은 토큰이 손실 계산에서 제외되도록 -100을 붙여주는 DataCollatorForTokenClassification을 사용합니다. 해당 콜레이터 기능 자체는 앞서 사용한 태스크와 동일하게 보이지만 Masked LM에서 추가 마스킹하는 기능이 없는 등 훨씬 간결한 형태입니다.

```
from transformers import DataCollatorForTokenClassification

data_collator = DataCollatorForTokenClassification(tokenizer=tokenizer)
batch = data_collator([tokenized_dataset["train"][i] for i in range(10)])
```

> 😀 **datacollator 팁**
>
> Transformers에 내장된 datacollator를 사용하면 일부 콜레이터에서 -100이 할당됩니다. 보통 길이를 맞추는 데 사용하며 손실 계산에는 적용되지 않는 〈pad〉 토큰이나 Masked LM 태스크에서 〈mask〉 토큰을 제외한 다른 토큰에 -100을 부여해 손실 계산에서 제외합니다.

이제 세팅한 배치 데이터셋을 모델에 입력하여 추론해 봅시다. klue/bert 모델은 id2label이 세팅되어 있지 않기 때문에 KLUE 데이터셋 ner_tags를 모델에 인덱스로 지정해 주고 label2id로 반대도 지정합니다.

```
id2label = {
    0: "B-DT",
    1: "I-DT",
    2: "B-LC",
    3: "I-LC",
    4: "B-OG",
    5: "I-OG",
    6: "B-PS",
    7: "I-PS",
    8: "B-QT",
    9: "I-QT",
    10: "B-TI",
    11: "I-TI",
    12: "O",
}
```

```
label2id = {
    "B-DT": 0,
    "I-DT": 1,
    "B-LC": 2,
    "I-LC": 3,
    "B-OG": 4,
    "I-OG": 5,
    "B-PS": 6,
    "I-PS": 7,
    "B-QT": 8,
    "I-QT": 9,
    "B-TI": 10,
    "I-TI": 11,
    "O": 12,
}
```

모델은 klue/bert-base로 세팅된 총 13개 ner_tags에 맞춰 레이블을 13개로 지정하고 id2label 과 label2id를 지정하여 불러옵니다.

```
from transformers import AutoModelForTokenClassification

model = AutoModelForTokenClassification.from_pretrained(
    "klue/bert-base",
    num_labels=13,
    id2label=id2label,
    label2id=label2id,
)
```

샘플링한 배치 데이터를 모델에 입력하여 추론한 값을 로짓 형태로 출력합니다. 추론 결과는 굉장히 부정확하지만 손실을 낮춰 개체명 인식 작업 정확도를 올리는 방향으로 학습해야 합니다.

```
with torch.no_grad():
    logits = model(**batch).logits

predictions = torch.argmax(logits, dim=2)
```

```
predicted_token_class = [model.config.id2label[t.item()] for t in
predictions[0]]
predicted_token_class
```

실행 결과

```
['B-OG',
 'B-LC',
 'B-TI',
 'B-DT',
 'B-PS',
 ...
 'I-LC',
 'I-LC',
 'B-LC',
 'I-LC',
 'I-LC']
```

평가 지표

토큰 분류 태스크 역시 엄연한 분류 태스크에 속합니다. 문장 단위가 아닌 토큰 단위이기 때문에 이를 주의하여 차원을 맞춰주고 이전과 동일하게 정확도와 f1 같은 평가 지표를 사용할 수 있습니다. 다중 선택에서 평가 지표도 다음 코드와 같이 진행할 수 있습니다.

```
import evaluate

pred_labels = logits.argmax(dim=-1).view(-1).cpu().numpy()
true_labels = batch["labels"].view(-1).numpy()
pred_labels.shape, true_labels.shape

f1 = evaluate.load("f1")
f1.compute(predictions=pred_labels, references=true_labels, average='micro')
```

실행 결과

```
{'f1': 0.013675213675213677}
```

5.2.5 Question Answering

질의 응답Question-Answering, QA 태스크는 모델이 질문에 대해 답변을 하게 만드는 태스크로 주어진 문장 텍스트와 질문을 모델에 입력해 그에 대한 답변을 하도록 합니다. 또한, 컴퓨터가 질문에 대한 답변을 하도록 하는 기계 독해 이해Machine Reading Comprehension, MRC 작업 하위 카테고리로 분류할 수 있으며 주어진 정보를 기반으로 답변을 하는 특성으로 인해 정보 검색, 대화형 시스템, 지식 기반 시스템 등 다양한 응용 분야에 유용하게 활용될 수 있습니다.

질문에 대한 답변을 만드는 과정은 추출extractive과 생성generate 두 가지로 나뉩니다. 추출 질의 응답은 질문에 대한 답변을 입력된 콘텍스트에서 말 그대로 추출해내는 방식이고 생성 질의 응답은 문제에 대한 답을 입력 콘텍스트를 참고하여 새로 작성하는 방법입니다.

- **추출:** 주어진 콘텍스트에서 답변을 추출합니다.
- **생성:** 질문에 정확하게 답하는 맥락에서 답을 생성합니다.

일반적으로 BERT와 같은 인코더 기반 모델은 추출 방법처럼 사실을 기반으로 답변하는 데에는 강한 모습을 보이지만 개방형 질문에 대해 왜 그런지 답하는 문장 생성 기반 작업에서는 비교적 취약한 모습을 보입니다. T5와 같은 인코더-디코더 모델, 혹은 GPT 같은 디코더 기반 모델은 인코더 모델에 비해 해당 작업에 보다 더 좋은 결과를 추출합니다. 이번에는 인코더 기반 모델을 활용해 추출 방법으로 질문에 대한 답변을 생성하는 방법을 알아봅니다.

모델

질의 응답을 수행하는 모델은 기본 모델인 '모델명'PreTrainedModel을 상속하며 '모델명' ForQuestionAnswering을 사용합니다. 사용하는 모델은 앞선 응답의 시작과 종료를 구분하기 위한 스팬span 로짓을 계산하기 위한 스팬 분류 헤드가 맨 위에 있는 BERT 모델입니다.

질의 응답 태스크를 수행하는 모델은 이전에 살펴본 다중 선택 모델과 마찬가지로 레이블 개수를 지정하지 않습니다. 해당 구조는 기본적으로 추출 방식으로 답변을 작성하는데 입력 문장 내에서 답변에 해당하는 부분의 시작 인덱스와 끝 인덱스를 출력하는 방식이기 때문입니다. 따라서 출력 형태는 최종 두 개 스칼라 값을 추출하는 것을 목표로 하지만 데이터 흐름 및 관리에 용이하도록 길이가 2에 해당하는 벡터를 출력하도록 합니다.

```
import torch
from transformers import AutoTokenizer, AutoModelForQuestionAnswering

model_name = "klue/bert-base"
tokenizer = AutoTokenizer.from_pretrained(model_name)
model = AutoModelForQuestionAnswering.from_pretrained(model_name)
model
```

실행 결과

```
...
  (qa_outputs): Linear(in_features=768, out_features=2, bias=True)
)
```

데이터셋

데이터셋은 KLUE 데이터셋에서 기계 독해 이해 태스크를 사용합니다. 기계 독해 이해는 말 그대로 기계가 주어진 텍스트 구절을 읽고 이해한 후 이를 기반으로 질문에 답하도록 하는 것을 말합니다. 해당 태스크에서 다음과 같은 칼럼을 활용할 수 있습니다.

- **context** : 모델이 답변을 추출할 때, 필요한 배경 정보
- **question** : 모델이 대답해야 하는 질문
- **answers** : 답변 토큰과 답변 텍스트 시작 위치

context, question, answers 칼럼을 활용하여 데이터셋을 구축해 보겠습니다.

```
from datasets import load_dataset

dataset = load_dataset("klue", "mrc")
sample = dataset["train"][0]

print(f"내용 : {sample['context'][:50]}")
print(f"질문 : {sample['question']}")
print(f"답변 : {sample['answers']}")
```

> **실행 결과**
>
> 내용 : 올여름 장마가 17일 제주도에서 시작됐다. 서울 등 중부지방은 예년보다 사나흘 정도 늦은
> 질문 : 북태평양 기단과 오호츠크해 기단이 만나 국내에 머무르는 기간은?
> 답변 : {'answer_start': [478, 478], 'text': ['한 달가량', '한 달']}

모델 학습을 위해 데이터셋에 몇 가지 전처리 작업을 진행합니다.

```
def preprocess_function(examples):
    questions = [q.strip() for q in examples["question"]]
    inputs = tokenizer(
        questions,
        examples["context"],
        max_length=384,
        truncation="only_second",
        return_offsets_mapping=True,
        padding="max_length",
    )

    offset_mapping = inputs.pop("offset_mapping")
    answers = examples["answers"]
    start_positions = []
    end_positions = []

    for i, offset in enumerate(offset_mapping):
        answer = answers[i]
        start_char = answer["answer_start"][0]
        end_char = answer["answer_start"][0] + len(answer["text"][0])
```

```python
        sequence_ids = inputs.sequence_ids(i)

        # 컨텍스트 시작, 끝 찾기
        idx = 0
        while sequence_ids[idx] != 1:
            idx += 1
        context_start = idx
        while sequence_ids[idx] == 1:
            idx += 1
        context_end = idx - 1

        # 답변이 컨텍스트 내에 포함되지 않으면 레이블 (0, 0)으로 지정
        if offset[context_start][0] > end_char or offset[context_end][1] < start_char:
            start_positions.append(0)
            end_positions.append(0)
        else:
            # if 부가 아니면 시작, 끝 토큰 위치
            idx = context_start
            while idx <= context_end and offset[idx][0] <= start_char:
                idx += 1
            start_positions.append(idx - 1)

            idx = context_end
            while idx >= context_start and offset[idx][1] >= end_char:
                idx -= 1
            end_positions.append(idx + 1)

    inputs["start_positions"] = start_positions
    inputs["end_positions"] = end_positions
    return inputs

tokenized_dataset = dataset.map(preprocess_function, batched=True, remove_columns=dataset['train'].column_names)
```

일부 데이터는 최대 입력 길이를 초과할 수 있습니다. 따라서 truncation을 "only_second"로 설정하여 두 번째 문장에 대해서만 max_length의 값보다 긴 부분을 잘라내도록 처리합니다. 또한 return_offset_mapping을 True로 설정하여 인코딩된 토큰이 원본 문장에서 몇 번째 글자(char)인지를 알 수 있도록 인덱스를 반환하게 하고 답변 시작 및 끝 위치를 원래 컨텍스트에 매핑합니다. 그리고 sequence_ids 메서드를 사용해 문장 내에서 콘텍스트에 해당하는 인덱스 범위를 확인하고 데이터셋에 작성된 정답 값 인덱스가 콘텍스트 범위 내에 있는지 확인하여 유효성을 검증한 후 이를 저장합니다.

이전 태스크와 동일하게 길이가 다른 여러 샘플을 배치로 한 번에 처리하기 위해서 길이를 통일하는 패딩 작업이 필요합니다. 그러나 이번 실습에서는 데이터셋이 이미 패딩 처리가 되어 있기 때문에 추가 전처리를 하지 않고 데이터 타입이나 차원에 대해서만 맞춰주는 DefaultDataCollator를 사용합니다. 토큰화 및 데이터셋 구조화와 콜레이터 작업을 마친 배치 데이터는 최종으로 input_ids, token_type_ids, attention_mask 칼럼을 입력 문장으로 만들고 각각 답변 시작과 끝 인덱스를 가리키는 start_positions과 end_positions이 출력(정답)값이 됩니다.

```
from transformers import DefaultDataCollator

data_collator = DefaultDataCollator()
batch = data_collator([tokenized_dataset["train"][i] for i in range(10)])
batch
```

실행 결과

```
{'input_ids': tensor([[    2,  1174, 18956,  ...,     0,     0,     0],
        [    2,  3920, 31221,  ...,  1564,    13,     3],
        [    2,  8813,  2444,  ...,  4371,  6233,     3],
        ...,
        [    2,  6860, 19364,  ...,     0,     0,     0],
        [    2, 27463, 23413,  ...,     0,     0,     0],
        [    2,  3659,  2170,  ...,     0,     0,     0]]),
 'token_type_ids': tensor([[0, 0, 0,  ..., 0, 0, 0],
        [0, 0, 0,  ..., 1, 1, 1],
        [0, 0, 0,  ..., 1, 1, 1],
        ...,
        [0, 0, 0,  ..., 0, 0, 0],
        [0, 0, 0,  ..., 0, 0, 0],
        [0, 0, 0,  ..., 0, 0, 0]]),
 'attention_mask': tensor([[1, 1, 1,  ..., 0, 0, 0],
        [1, 1, 1,  ..., 1, 1, 1],
        [1, 1, 1,  ..., 1, 1, 1],
        ...,
        [1, 1, 1,  ..., 0, 0, 0],
```

```
        [1, 1, 1,  ..., 0, 0, 0],
        [1, 1, 1,  ..., 0, 0, 0]]),
 'start_positions': tensor([260,  31,   0,  80,  72,  81, 216, 348, 323, 348]),
 'end_positions': tensor([263,  33,   0,  81,  78,  87, 221, 352, 328, 353])}
```

모델은 이전에 AutoModelForQuestionAnswering 클래스로 불러온 klue/bert-base 모델을 활용합니다. 샘플링한 배치 데이터를 모델에 입력하여 추론한 값을 로짓 형태로 출력합니다. 시작 위치와 끝 위치에 대해 모델 출력에서 가장 높은 확률의 인덱스로 예측된 토큰을 디코딩합니다. 추론 결과는 굉장히 부정확하지만 손실을 낮춰 정확도를 올리는 방향으로 학습해야 합니다.

```
with torch.no_grad():
    outputs = model(**batch)

answer_start_index = outputs.start_logits.argmax()
answer_end_index = outputs.end_logits.argmax()

predict_answer_tokens = batch["input_ids"][0, answer_start_index : answer_end_index + 1]
tokenizer.decode(predict_answer_tokens)
```

실행 결과

' '

평가 지표

질의 응답 평가는 Evaluate 라이브러리에서 evaluate.load("squad")로 진행할 수 있지만 상당한 양의 후처리가 필요하고 시간을 너무 많이 차지하는 작업이므로 학습 시 손실에 대한 평가로 대체하겠습니다. 질의 응답 작업에 대해 모델을 평가하는 코드가 필요하다면 다음 페이지에서 Evaluate를 살펴보십시오. 허깅페이스 코스 사이트[11]에서 질의 응답 작업에 대해 모델을 평가하는 코드를 확인할 수 있습니다.

---

11 허깅페이스 「NLP Course」, huggingface.co/learn/nlp-course/chapter7/7?fw=pt#postprocessing

5.3 디코더 기반 모델

트랜스포머 아키텍처에는 인코더만으로 구성된 모델뿐만 아니라 디코더만으로 구성된 모델도 존재하며, 오히려 인코더 기반 모델보다 디코더 기반 모델에 훨씬 더 다양한 종류의 모델이 속해 있습니다. 특히 GPT 모델은 디코더 모델의 대표 예시로, 현시점에 가장 영향력 있는 인공지능 기업이라 할 수 있는 오픈AI에서 고안되었습니다. GPT 모델은 BERT 모델과는 다르게 디코더 구조로 이루어져 있으며 이후에 대규모 언어 모델Large Language Model, LLM 시대를 이끈 챗GPT 모델의 기반이 되었습니다. 또한, 인코더 기반 BERT와 디코더 기반 GPT는 트랜스포머 각각의 구조를 활용하여 수많은 거대 데이터를 학습하여 사용하는 사전학습 모델 개념이 시작된 모델이기도 합니다.

이번 섹션에서는 디코더 기반 모델에 대해서 알아보려고 합니다. 디코더 기반 모델은 문장 앞부분 일부만을 입력받아 이를 이어서 작성하는 형태이며 이를 자연어 생성이라고도 말합니다. 주로 문장 자동완성 등 복잡한 작업에서 사용하고 GPT-1~4, PaLM, BLOOM, MT-NLG, LaMDA, LLaMA 등이 있습니다.

디코더 기반 모델의 대표인 GPT 모델은 디코더로 구성되어 입력 시퀀스에서 이전 단어를 기반으로 다음 단어를 예측하는 방식으로 학습합니다. 이런 방식으로 GPT 모델은 문맥을 이해하고 문장을 생성하며 이를 통해 대화 응답, 텍스트 생성, 내용 요약 등 다양한 자연어 처리 작업을 수행합니다. GPT-1은 2018년에 처음 발표되었고 영어 위키피디아와 뉴스 기사로 학습하여 파라미터 수 약 1.17억 개(117M)로 시작하였습니다. 이후 학습하는 데이터 크기와 모델 파라미터 개수, 즉 모델의 크기가 커질수록 성능이 대폭 향상된다는 것이 정설로 자리잡으며 인터넷에 있는 대용량 웹페이지 텍스트를 학습시키게 되었고 GPT-2는 파라미터 수 약 15억 개(1.5B), GPT-3는 파라미터 수 약 1750억 개(1.75T)로 발전해왔습니다. GPT도 구체적으로 보면 내부 언어 이해가 어떤 방식으로 진행되는지에 대해 설명이 모호한 점이 있습니다. 하지만 데이터와 모델의 크기가 커짐에 따라 추가 미세조정을 하지 않아도 명령문(prompt)과 샘플 데이터 몇 개(few-shot) 혹은 샘플 데이터 없이(zero-shot) 추론할 수 있는 방향으로 발전을 거듭하고 있습니다.

5.3.1 기본 구조

디코더 기반 모델은 이름 그대로 트랜스포머 모델 디코더 부분만을 분리해 사용하는 구조입니다. 셀프 어텐션, 인코더 참조 어텐션, FFNN으로 이루어진 기존의 트랜스포머 디코더에서 인코더 참조 부분을 제거하여 두 단계로 구성됩니다. 자신을 참조하는 셀프 어텐션을 거치고 인코더와 동일하게 FFNN 층을 거칩니다. 이를 여러 개 레이어로 층층이 쌓은 형태의 모델이 바로 디코더 기반 모델입니다. 인코더 기반 모델의 주요 태스크는 완성된 문장을 분석하는 것이기에 이미 완성된 문장이 입력된다는 전제하에 문장의 시작부터 끝까지 한 번에 분석을 진행합니다. 이에 반해 디코더 기반 모델의 주요 태스크는 미완성의 문장을 이어서 작성하는 생성 태스크입니다. 미완성 상태로 작성 중인 문장을 실시간으로 확인하며 직접 이어 나가야 하기에 문장 일부만으로 자연스럽게 다음 단어를 예측하는 단방향 형태로 분석을 진행합니다.

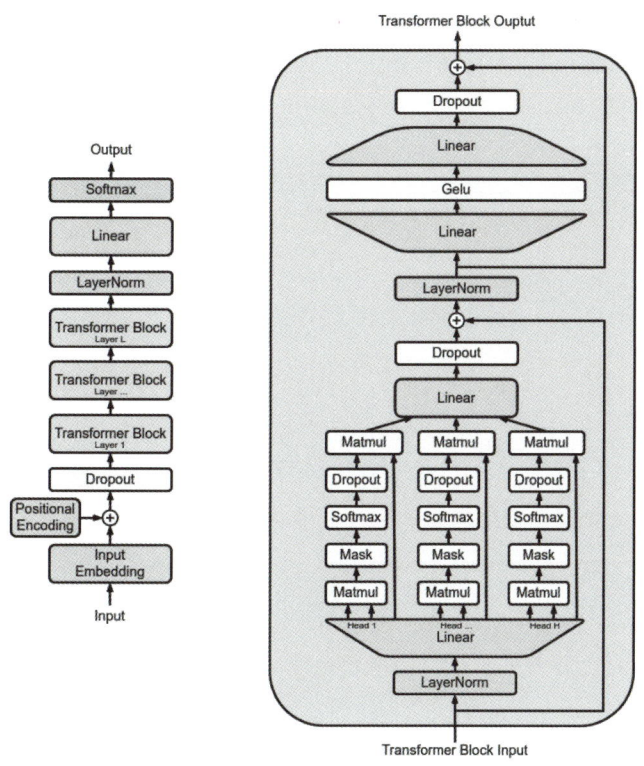

[그림 5-4] 디코더 모델 구조

BERT 모델은 첫 번째 단어 벡터가 화살표로 이어져 마지막 순서의 단어 벡터에까지 영향을 미치고 있는데 반해, GPT 모델은 입력된 각 단어가 이전에 입력된 첫 번째 단어 벡터에 영향을 끼치지 않습니다. 이처럼 두 모델은 각기 다른 특징을 지니고 있고 이를 정확히 이해한다면 큰 어려움 없이 모델을 자유롭게 다룰 수 있을 것입니다.

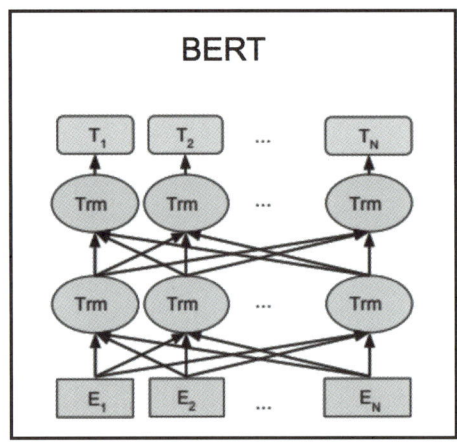 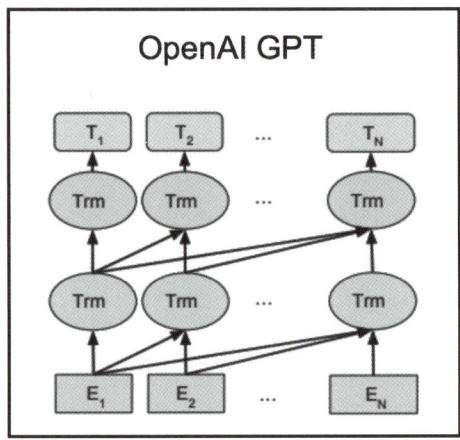

[그림 5-5] 인코더 모델과 디코더 모델 구조 비교

5.3.2 Causal LM

인과적 언어 모델Causal LM은 디코더 기반 언어 모델의 시작과 끝이라고 할 수 있는 생성 태스크입니다. 생성 태스크는 앞서 디코더 기반 모델을 설명했던 바와 같이 주어진 문장을 토대로 다음에 쓰일 토큰을 예측하는 모델입니다. 완성되지 않은 문장을 이어 나갈 수도 있고 완전한 문장을 입력받더라도 같은 주제로 계속해서 유연하게 답을 작성할 수도 있습니다. 심지어 정해진 양식에 따라 대규모 데이터셋을 활용하여 학습한다면 모델과 자유롭게 대화할 수 있는 챗봇이 될 수도 있습니다. 그야말로 무궁무진한 가능성을 지닌 태스크라고 할 수 있습니다. 허깅페이스에서는 이전 토큰에 따라서 다음 토큰이 결정되기에 이를 인과적 생성causal generation이라 부릅니다. 국내에서는 대다수 개발자가 생성 모델generative model이라 부르며 본서에서도 생성 모델로 지칭합니다.

모델

SKT에서 학습한 kogpt2 모델을 활용하여 인과적 생성을 실습해 보겠습니다. 앞서 인코더 기반 모델을 설명할 때 토큰 분류 태스크에 대해 언급하였습니다. 토큰 분류 모델에서는 입력되는 토큰 벡터 하나 하나가 각각 출력 헤더를 거쳐 최종으로 출력되었습니다. 디코더 생성 모델 역시 마찬가지로 토큰 벡터가 각각 헤더를 지나쳐 출력값을 나타내고 각 출력은 i-1번째 토큰을 입력받아 예측한 i번째 토큰 확률값이었습니다. 모델이 인식할 수 있는 모든 토큰 중 하나를 예측하기 때문에 각 모델의 출력 크기는 해당 모델의 단어사전 크기와 동일합니다.

Transformers 라이브러리에서는 '모델명'ForCausalLM 클래스를 사용합니다. 토크나이저와 모델을 불러온 후 구조를 확인해 보면 kogpt2 모델은 특이하게 특수 토큰이 지정되지 않은 상태입니다. 물론 객체에서 정해지지만 않았을 뿐 학습할 때 사용한 특수 토큰은 그대로 있기 때문에 이를 명시하며 토크나이저를 불러옵니다. 이는 토크나이저의 단어사전을 직접 출력하거나 tokenizer.json 파일을 열어보는 것으로 확인할 수 있습니다. 모델 구조를 확인해 보면 입출력에서 동일한 단어사전을 공유해야 하므로 모델 끝자락에 달린 lm head의 out_features 값이 모델 임베딩 레이어 크기와 같습니다.

```
import torch
from transformers import AutoTokenizer, AutoModelForCausalLM

model_name = "skt/kogpt2-base-v2"
tokenizer = AutoTokenizer.from_pretrained(
    model_name,
    bos_token='</s>',
    eos_token='</s>',
    unk_token='<unk>',
    pad_token='<pad>',
    mask_token='<mask>',
)
model = AutoModelForCausalLM.from_pretrained(model_name)
model
```

실행 결과

GPT2LMHeadModel(

```
    (transformer): GPT2Model(
      (wte): Embedding(51200, 768)
      (wpe): Embedding(1024, 768)
      ...
      (ln_f): LayerNorm((768,), eps=1e-05, elementwise_affine=True)
    )
    (lm_head): Linear(in_features=768, out_features=51200, bias=False)
  )
```

데이터셋

이번 태스크에서는 한국어 위키 데이터셋을 사용합니다. 다양한 문서에 대해 자세히 기술하고 있기 때문에 모델이 범용적인 지식을 학습할 때, 사전학습에 가장 많이 이용되는 데이터셋입니다.

위키 데이터인 만큼 양도 꽤나 많습니다. 실습에 데이터 전체를 사용하는 것은 적절치 않으므로 데이터셋 일부만 사용하도록 하겠습니다. 데이터셋의 학습셋은 8,000개, 검증셋은 2,000개로 사용하고 나머진 삭제합니다. 모든 데이터를 다운로드한 후에 unused 데이터를 지워내는 과정이며 위키 문서에는 정보가 매우 많고 텍스트도 굉장히 길어서 처리하는 데 오랜 시간이 필요합니다. 어디까지나 빠른 실습을 위해 제거하는 것이기에 실제 학습을 진행할 때는 삭제하지 않고 그대로 사용해도 무방합니다.

```
from datasets import load_dataset

split_dict = {
    "train": "train[:8000]",
    "test": "train[8000:10000]",
    "unused": "train[10000:]",
}
dataset = load_dataset("heegyu/kowikitext", split=split_dict)
del dataset["unused"]
dataset
```

> **실행 결과**
>
> ```
> DatasetDict({
>     train: Dataset({
>         features: ['id', 'revid', 'url', 'title', 'text'],
>         num_rows: 8000
>     })
>     test: Dataset({
>     features: ['id', 'revid', 'url', 'title', 'text'],
>     num_rows: 2000
>     })
> })
> ```

모델이 이해할 수 있도록 자연어 데이터를 인코딩합니다. 타이틀과 내용을 개행 문자로 구분하여 합친 후 토큰화합니다.

```
tokenized_dataset = dataset.map(
    lambda batch: tokenizer([f"{ti}\n{te}" for ti, te in zip(batch["title"], batch["text"])]),
    batched=True,
    num_proc=2,
    remove_columns=dataset['train'].column_names,
)
tokenized_dataset
```

> **실행 결과**
>
> ```
> DatasetDict({
>     train: Dataset({
>         features: ['input_ids', 'attention_mask'],
>         num_rows: 8000
>     })
>     test: Dataset({
>     features: ['input_ids', 'attention_mask'],
>     num_rows: 2000
>     })
> })
> ```

컴퓨팅 자원의 한계로 인해 모델이 한 번에 받아들일 수 있는 문장 길이는 정해져 있습니다. 원활한 학습을 위해 적절한 전처리 과정을 수행합니다. 원본 문서 끝에는 문서 마지막을 의미하는 <eos> 토큰을 붙여준 후 최대 길이 512를 기준으로 길이에 맞게 그룹화합니다. 이때 batched를 True로 설정하고 batch_size를 1로 설정합니다. 이는 하나의 샘플을 받아 여러 샘플을 출력하도록 하기 위함입니다.

```
max_length = 512
def group_texts(batched_sample):
    sample = {k: v[0] for k, v in batched_sample.items()}

    if sample['input_ids'][-1] != tokenizer.eos_token_id:
        for k in sample.keys():
            sample[k].append(
                tokenizer.eos_token_id if k == "input_ids" else sample[k][-1]
            )

    result = {k: [v[i: i + max_length] for i in range(0, len(v), max_length)]
for k, v in sample.items()}
    return result

grouped_dataset = tokenized_dataset.map(
    group_texts,
    batched=True,
    batch_size=1,
    num_proc=2,
)
print(len(grouped_dataset['train'][0]['input_ids']))
print(grouped_dataset)
```

실행 결과

```
512
DatasetDict({
    train: Dataset({
        features: ['input_ids', 'attention_mask'],
        num_rows: 18365
    })
    test: Dataset({
        features: ['input_ids', 'attention_mask'],
        num_rows: 2400
    })
})
```

너무 긴 데이터를 분할해서 저장했기에 데이터셋이 이전 단계에 비해 확연하게 늘어나 있습니다. 데이터셋에서 이상한 점을 발견할 수 있는데 정답 데이터인 labels 칼럼이 존재하지 않는다는 것입니다.

생성 모델의 목적은 주어진 문장의 완성입니다. RNN이 샘플당 하나의 토큰만 학습하는 반면 트랜스포머 기반 모델은 샘플 내 모든 토큰을 학습합니다. 이러한 특성들로 인해, 입력된 문장을 한 칸 이동시킨 값을 정답 값으로 사용합니다. 따라서 디코더 기반 모델 생성 태스크에서는 labels 데이터를 따로 작성하지 않고 input_ids에 모두 포함시킵니다.

기술적 이유로 labels 칼럼은 추가해야 하기에 이를 콜레이터를 사용해 해결하겠습니다. 디코더 기반 생성 모델에서는 DataCollatorForLanguageModeling을 사용합니다.

```
from transformers import DataCollatorForLanguageModeling

collator = DataCollatorForLanguageModeling(tokenizer=tokenizer, mlm=False)
sample = collator([grouped_dataset['train'][i] for i in range(1)])
```

평가 지표

문장 생성 태스크는 일반적인 트레이너에서 학습 도중 평가를 진행하기가 어렵습니다. 이는 해당 태스크 특성으로 인한 문제입니다. 모델에 데이터가 입력되었을 때, 컴퓨팅 자원이 감당할 수 있어 배치 처리하지 않는다는 가정하에 모델은 해당 모델의 모든 연산 과정에 대해 추론을 한 번만 진행합니다. 데이터가 몇 개이든지 배치 단위로 나누고 해당 배치를 하나씩 추론하기만 하는 간단한 프로세스를 가집니다. 이에 비해 생성 태스크는 추론 방법이 조금 다른데, 입력 문장이 주어졌을 때 데이터 샘플마다 여러 번 추론을 거쳐야 합니다. 다시 강조하면 데이터 배치가 아닌 샘플마다 여러 번의 추론을 필요로 하고 심지어 몇 번이나 진행할지도 결정되지 않은 불확실한 상태입니다. '이전 토큰을 기반으로 다음 토큰을 생성한다'는 특성으로 인해 모델은 문장을 완성할 때까지 계속해서 추론을 이어 나가게 됩니다. 이렇게 여러 번 추론하여 만들어진 문장을 정답 문장과 비교해야 하는데, 여기서 또 문제가 발생합니다. 다른 태스크 추론 결과는 실수float 형태를 띄기에 산술 연산만 진행하면 됩니다. 길이도 정해져 있기에 행렬 연산 등 간단하게 결과 값을 산출할 수 있지만 생성 모델 결과와 정답 데이터는 정수 리스트^{int list}에 해당합니다. 따라서 논리 연산을 필요로 하고 여기에 더해 샘플마다 길이가 들쭉날쭉해 한 번에 처리가 어려운 것이지요. 이는 일반적인 트레이너에서는 지원하지 않는 기능입니다. 이러한 이유로 인해 문장 생성에 사용하는 BLEU, ROUGE 등 메트릭은 학습 도중 사용하기 어렵습니다.

문장 생성

전술한 바와 같이 문장 생성 태스크는 문장을 작성하기 위해 여러 번 추론을 진행합니다. 따라서 모델에서 사용하는 model(**inputs)과 같은 방식의 출력으로는 원하는 결과를 얻을 수 없기 때문에 Transformers 라이브러리에서는 문장 생성 모델에 generate 메서드를 사용할 수 있도록 합니다. 복잡한 문장 생성 과정을 간단한 코드로 빠르게 실행할 수 있습니다.

```
inputs = tokenizer("지난해 7월, ", return_tensors='pt').to(model.device)

outputs = model.generate(inputs.input_ids, max_new_tokens=100)
result = tokenizer.batch_decode(outputs, skip_special_tokens=True)
print(result[0])
```

실행 결과

지난해 7월, 롯데백화점 본점 지하 1층 식품매장에서 판매된 '롯데 햄버거' 제품에서 대장균이 검출돼 판매 중단된 바 있다.
롯데백화점 측은 "햄버거 판매 중단은 롯데백화점 본점 식품매장의 위생과 안전관리에 대한 고객들의 신뢰가 크게 훼손된 데 따른 것"이라며 "롯데백화점 본점 식품매장은 햄버거 판매 중단을 즉각 중단하고, 롯데백화점 본점 식품

'지난해 7월'이라는 입력을 계속해서 이어 나가고 있음을 볼 수 있습니다. 문장 생성에 사용하는 model.generate 메서드는 굉장히 강력하고 편리한 기능입니다. 가장 기본적인 형태이지만, 이를 하나씩 구현하면 다음과 같습니다.

```python
import torch

input_ids = tokenizer("지난해 7월, ", return_tensors='pt').to(model.device).input_ids

with torch.no_grad():
    for _ in range(100):
        next_token = model(input_ids).logits[0, -1:].argmax(-1)
        input_ids = torch.cat((input_ids[0], next_token), -1).unsqueeze(0)

print(tokenizer.decode(input_ids[0].tolist()))
```

> **실행 결과**
>
> 지난해 7월, 롯데백화점 본점 지하 1층 식품매장에서 판매된 '롯데 햄버거' 제품에서 대장균이 검출돼 판매 중단된 바 있다.
> 롯데백화점 측은 "햄버거 판매 중단은 롯데백화점 본점 식품매장의 위생과 안전관리에 대한 고객들의 신뢰가 크게 훼손된 데 따른 것"이라며 "롯데백화점 본점 식품매장은 햄버거 판매 중단을 즉각 중단하고, 롯데백화점 본점 식품

코드 길이가 확 늘어났고 심지어 속도도 느린 편입니다. 이는 model.generate 메서드 내부에서 캐시를 사용하는 등 효율적인 기능을 자동으로 적용하기 때문입니다. 더욱 강력한 기능이 많은 만큼 해당 기능에 대해서는 꼭 기억해 두고, 이후 **6.1.4 언어 모델 문장 생성**에서 자세히 다뤄보겠습니다.

5.3.3 Question Answering

인코더 기반 모델처럼 디코더 기반 모델로도 질의 응답 태스크를 수행할 수 있습니다. 디코더 기반 모델은 문장 생성을 위해 고안되었으나 완성된 문장을 입력받는다면 인코더 기반 모델과 마찬가지로 다른 태스크도 수행할 수 있습니다. 최근에는 자주 사용되지 않지만 추출 기반 질의 응답 태스크도 수행 가능한 영역에 포함됩니다.

모델

인코더 기반 모델과 동일하게 출력 차원 out_features를 따로 지정하지 않고 자체적으로 2로 고정시키며 정답 시작과 끝 인덱스를 각각 출력합니다. 다만, 사전학습이 완료된 모델이 인코더 기반 모델이 아닌 디코더 기반 모델로 변경되었다는 차이가 있습니다. Transformers 라이브러리에서도 동일하게 '모델명'For QuestionAnswering 클래스를 사용합니다. 이전과 동일하게 특수 토큰을 설정하며 모델을 불러옵니다.

```
import torch
from transformers import AutoTokenizer, AutoModelForQuestionAnswering

model_name = "skt/kogpt2-base-v2"
tokenizer = AutoTokenizer.from_pretrained(
    model_name,
    bos_token='</s>',
    eos_token='</s>',
    unk_token='<unk>',
    pad_token='<pad>',
    mask_token='<mask>',
)
model = AutoModelForQuestionAnswering.from_pretrained(model_name)
model
```

> **실행 결과**
>
> ```
> GPT2ForQuestionAnswering(
>   (transformer): GPT2Model(
>     (wte): Embedding(51200, 768)
>     (wpe): Embedding(1024, 768)
>     ...
>   )
>   (qa_outputs): Linear(in_features=768, out_features=2, bias=True)
> )
> ```

데이터셋

태스크가 동일한 만큼 인코더 기반 모델과 같은 데이터셋 전처리 과정을 사용합니다. 이전 인코더 모델에서 사용했던 코드를 다시 활용해 보겠습니다.

```python
from datasets import load_dataset

dataset = load_dataset("klue", "mrc")

def preprocess_function(examples):
    questions = [q.strip() for q in examples["question"]]
    inputs = tokenizer(
        questions,
        examples["context"],
        max_length=512,
        truncation="only_second",
        return_offsets_mapping=True,
        padding="max_length",
    )

    offset_mapping = inputs.pop("offset_mapping")
    answers = examples["answers"]
    start_positions = []
    end_positions = []

    for i, offset in enumerate(offset_mapping):
        answer = answers[i]
```

```
        start_char = answer["answer_start"][0]
        end_char = answer["answer_start"][0] + len(answer["text"][0])
        sequence_ids = inputs.sequence_ids(i)

        # Find the start and end of the context
        idx = 0
        try:
            while idx < len(sequence_ids) and sequence_ids[idx] != 1:
                idx += 1
            context_start = idx
            while idx < len(sequence_ids) and sequence_ids[idx] == 1:
                idx += 1
            context_end = idx - 1
        except Exception as e:
            print(sequence_ids, idx)
            raise e

        # If the answer is not fully inside the context, label it (0, 0)
        if offset[context_start][0] > end_char or offset[context_end][1] < start_char:
            start_positions.append(0)
            end_positions.append(0)
        else:
            # Otherwise it's the start and end token positions
            idx = context_start
            while idx <= context_end and offset[idx][0] <= start_char:
                idx += 1
            start_positions.append(idx - 1)

            idx = context_end
            while idx >= context_start and offset[idx][1] >= end_char:
                idx -= 1
            end_positions.append(idx + 1)

    inputs["start_positions"] = start_positions
    inputs["end_positions"] = end_positions
    return inputs

tokenized_dataset = dataset.map(
    preprocess_function,
    batched=True,
    remove_columns=dataset['train'].column_names
)
```

앞선 실습과 마찬가지로 데이터는 이미 패딩 등의 전처리가 완료된 상태입니다. 따라서 데이터 타입이나 차원에 대해서만 맞춰주는 DefaultDataCollator를 활용합니다. 입력으로 활용할 input_ids, token_type_ids, attention_mask와 출력으로 활용할 start_positions과 end_positions을 확인합니다.

```
from transformers import DefaultDataCollator

data_collator = DefaultDataCollator()
batch = data_collator([tokenized_dataset["train"][i] for i in range(10)])
batch
```

> 실행 결과

```
{'input_ids': tensor([[ 9233, 20493,  9032,  ...,     3,     3,     3],
         [28567, 15263, 15755,  ..., 40714,  9045, 12446],
         [21066,  8745,  9462,  ..., 12446, 42608,  8563],
         ...,
         [10528,   425, 10355,  ...,     3,     3,     3],
         [ 9150,  8160,  7109,  ...,     3,     3,     3],
         [ 9751,  9134, 35894,  ...,     3,     3,     3]]),
'attention_mask': tensor([[1, 1, 1,  ..., 0, 0, 0],
        [1, 1, 1,  ..., 1, 1, 1],
        [1, 1, 1,  ..., 1, 1, 1],
        ...,
        [1, 1, 1,  ..., 0, 0, 0],
        [1, 1, 1,  ..., 0, 0, 0],
        [1, 1, 1,  ..., 0, 0, 0]]),
'start_positions': tensor([215,  24,   0,  52,  58,  66, 200, 311, 297, 279]),
'end_positions': tensor([217,  26,   0,  53,  63,  71, 208, 317, 302, 283])}
```

학습 전의 추론 결과는 인코더 모델 질의 응답을 수행했을 때와 마찬가지로 굉장히 부정확하지만 학습을 진행하며 오차를 점점 줄일 수 있습니다.

```
with torch.no_grad():
    outputs = model(**batch)

answer_start_index = outputs.start_logits.argmax()
answer_end_index = outputs.end_logits.argmax()

predict_answer_tokens = batch["input_ids"][0, answer_start_index : answer_end_index + 1]
tokenizer.decode(predict_answer_tokens)
```

실행 결과

''

평가 지표

인코더 모델 실습 중 설명했던 바와 같이 질의 응답 평가는 상당한 후처리가 필요하고 시간도 많이 차지하는 작업입니다. 따라서 지면상 해당 부분은 생략하고 넘어가기로 하고, 학습 과정 중 평가 데이터셋 손실을 확인하여 대략적인 성능을 확인하도록 하겠습니다.

5.3.4 Sequence Classification

앞서 인코더 기반 모델에서도 진행했던 가장 보편적인 태스크인 문장 분류 태스크입니다. 문장 생성, 질의 응답 태스크는 샘플당 여러 개의 데이터 특성을 추출하지만 문장 분류 태스크는 문장당 한 개의 특성을 추출합니다. 디코더 모델은 이를 어떻게 처리하는지 확인이 필요합니다.

모델

인코더 기반 모델과 디코더 기반 모델의 가장 큰 차이는 입력 방식입니다. 이는 모델 구조에도 영향을 끼치는 문제인데, 인코더 기반 모델은 이미 완성된 문장을 입력받는 구조이므로 어텐션 과정에서 모든 토큰이 다른 모든 토큰에 영향을 끼칠 수 있습니다. 그에 반해 디코더 기반 모델은 완성되지 않은 문장을 입력받는 것을 전제로 하며 이로 인해 다음에 출력된 토큰은 이전 순서 토큰에 영향을 줄 수 없습니다. 인코더 기반 모델은 문장을 양방향으로 분석하며 디코더 기반 모델은 단방향으로 분석합니다.

분석 방법의 차이로 인해 디코더 기반 모델로 문장 분류와 같은 태스크를 수행할 때 인코더 모델과 동일하게 처리하면 애로사항이 발생합니다. 디코더 모델은 이전 토큰의 영향을 받는 가장 마지막으로 입력된 토큰 벡터만을 가지고 추론을 진행해야 하는데, 문제는 모델에 입력되는 문장 길이가 모두 달라 여러 개를 동시에 처리하기가 어렵다는 것입니다. 이를 해결하기 위해 패딩 토큰을 사용해 배치로 입력되는 데이터는 길이를 맞추어야 합니다. 문장마다 길이를 확인하고 그중 마지막 토큰을 걸러내는 작업을 진행해야 하는데, Transformers 라이브러리에서는 이미 이를 지원하고 있습니다. 패딩 토큰을 제외하고 배치로 입력된 각 문장의 마지막 토큰을 구한 후 문장마다 이를 개별적으로 가져와 추론하는 데에 사용합니다.

이전 인코더 기반 모델과 동일하게 num_labels 파라미터를 모델에 같이 넣어주며 클래스 개수를 설정할 수 있습니다. 추가로 Tranformers 라이브러리 깃허브에서 코드를 분석해 본다면 앞서 설명한 구조를 이해하는 게 한결 쉬울 것입니다.

```
import torch
from transformers import AutoTokenizer, AutoModelForSequenceClassification

model_name = "skt/kogpt2-base-v2"
tokenizer = AutoTokenizer.from_pretrained(
    model_name,
    bos_token='</s>',
    eos_token='</s>',
    unk_token='<unk>',
    pad_token='<pad>',
    mask_token='<mask>',
```

```
)
model = AutoModelForSequenceClassification.from_pretrained(model_name,
num_labels=2)
model
```

> 실행 결과
> ```
> GPT2ForSequenceClassification(
>   (transformer): GPT2Model(
>     ...
>     (ln_f): LayerNorm((768,), eps=1e-05, elementwise_affine=True)
>   )
>   (score): Linear(in_features=768, out_features=2, bias=False)
> )
> ```

데이터셋

이전에 인코더 모델로 문장 분류를 진행한 것과 특별히 바뀐 게 없기 때문에 사용했던 코드를 그대로 사용하겠습니다.

```
from datasets import load_dataset

dataset = load_dataset("klue", "sts")

def process_data(batch):
    result = tokenizer(batch["sentence1"], text_pair=batch["sentence2"])
    result["labels"] = [x["binary-label"] for x in batch["labels"]]
    return result

dataset = dataset.map(process_data, batched=True, remove_
columns=dataset["train"].column_names)
```

마찬가지로 콜레이터도 동일하게 패딩만을 진행하는 DataCollatorWithPadding을 사용해 데이터 후처리를 진행하겠습니다.

```
from transformers import DataCollatorWithPadding

collator = DataCollatorWithPadding(tokenizer)
batch = collator([dataset["train"][i] for i in range(4)])
```

정상적으로 처리되어 모델이 원활히 추론을 진행하는 모습을 확인할 수 있습니다.

```
with torch.no_grad():
    logits = model(**batch).logits

logits
```

실행 결과

```
tensor([[ 1.2998,  0.6028],
        [ 1.1638,  0.7979],
        [ 0.4034, -0.7109],
        [ 1.0960, -0.0611]])
```

평가 지표

인코더 모델로 실습했을 때와 마찬가지로, 평가 시에 f1 스코어를 사용할 수 있습니다. 추론한 결과를 Evaluate의 metric 객체에 입력해 평가 점수를 구할 수 있습니다.

```
import evaluate

f1 = evaluate.load("f1")
f1.compute(predictions=logits.argmax(-1), references=batch['labels'],
average='micro')
```

실행 결과

```
{'f1': 0.75}
```

5.4 인코더-디코더 기반 모델

BERT와 같은 인코더 기반 모델, GPT와 같은 디코더 기반 모델을 보면 한 가지 의문이 생길 수 있습니다. 기초가 되는 트랜스포머 모델은 인코더-디코더 기반 모델인데 굳이 인코더나 디코더 둘 중 하나의 구조인 모델을 사용할 이유가 있을까? 기본 트랜스포머 구조와 같이 둘 다 사용하면 안 되는 것일까? 답은 '상관없다'입니다. 인코더-디코더 기반의 기본 형태를 유지한 채로 높은 성능을 낼 수 있는 모델도 존재하며 이를 대표하는 모델이 있습니다. 이번 섹션에서는 트랜스포머 인코더-디코더 기반 모델에 대해 알아보겠습니다.

5.4.1 기본 구조

트랜스포머 모델의 구조와 동일하게 인코더-디코더 모델에서도 셀프 어텐션 기반 인코더와 디코더가 사용됩니다. 다른 점이라면 기본 트랜스포머 성능을 높이기 위해 더 많은 수의 학습 파라미터를 사용한 것, 그리고 다양한 태스크에서 효과적인 성능을 낼 수 있도록 다른 활성화 함수 등 추가 방법론을 도입한 것입니다.

인코더-디코더 기반 모델은 완성된 문장을 입력받아 입력과는 완전히 다른 새로운 문장을 생성하는 것을 목적으로 합니다. 디코더 기반 모델의 자연어 생성과 비슷하지만 입력된 문장을 이어 나가는 디코더 기반 모델과는 달리 완전히 새로운 문장을 작성한다는 차이가 있습니다.

인코더-디코더 모델은 주로 번역 등 태스크에서 사용합니다. 대표 모델로 BART, T5, Marian 등이 있습니다. 이번 실습에서는 메타(구 페이스북) 인공지능팀에서 개발한 BART 모델을 사용하도록 하겠습니다.

BART 모델은 Bidirectional Auto-Regressive Transformer, 즉 양방향 자동 회귀 트랜스포머의 약자로 말 그대로 GPT 같은 생성 태스크를 진행할 때 입력을 BERT 방식과 같이 양방향으로 분석합니다. NSP와 Masked LM을 사용한 BERT 모델, Masked LM과 비지도 학습을 사용한 GPT 모델과 달리 BART 모델은 원본 데이터를 여러 가지 방법으로 오염시키고 이를 복구해 다시 생성하는 방식으로 학습을 진행합니다. 데이터를 오염시키는 방법은 다음과 같습니다.

- **토큰 마스킹** token masking: BERT에서도 사용했던 일반적인 Masked LM과 동일합니다.
- **토큰 삭제** token deletion: 랜덤한 토큰을 삭제하고 이를 복구합니다. 마스킹 방법은 특정 토큰을 [mask] 토큰으로 변경했던 반면, Deletion 방법은 말 그대로 특정 토큰을 랜덤으로 삭제하기 때문에 어떤 위치의 토큰이 사라졌는지 알 수가 없습니다.
- **텍스트 채우기** text infilling: 입력 문장 중, 연속되는 토큰 몇 개를 묶어 토큰 뭉치 text span를 생성해 이 범위를 [mask] 토큰으로 치환합니다. 이때, 토큰 뭉치 길이는 포아송 분포를 따르며 길이가 0일 수도 2 이상일 수도 있습니다. 길이가 0인 경우 정상 문장에서 [mask] 토큰만 생성되고 2 이상인 경우 여러 토큰이 하나의 [mask] 토큰으로 바뀌게 됩니다. 따라서 모델이 범위에서 누락된 토큰 수에 대해서도 학습할 수 있도록 합니다.
- **문장 순서 바꾸기** sentence permutation: 입력 문서를 문장 단위로 분할한 후, 문장의 순서를 무작위로 섞어버립니다.
- **문서 회전** document rotation: 입력 문장 중, 토큰 하나를 무작위로 정해 해당 토큰이 문장의 시작이 되도록 해당 문장 토큰을 밀어냅니다. 시작 토큰 앞에 있던 토큰은 문장 맨 뒤로 이동합니다.

여러 가지 방법으로 데이터를 오염시킨 후 모델이 이를 복원하는 방식으로 사전학습을 진행하여 낮은 품질의 데이터에서도 효과적으로 문장을 생성할 수 있도록 진행합니다.

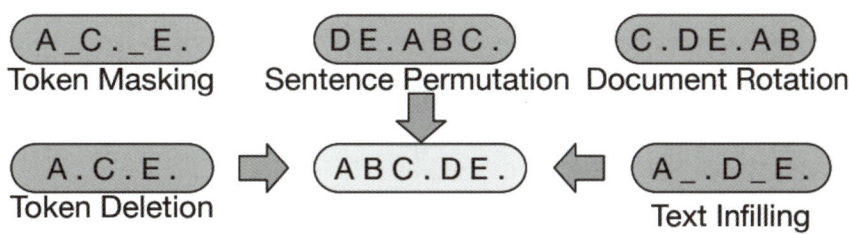

[그림 5-6] BART 모델 데이터 오염 방법

5.4.2 Conditional Generation

인코더-디코더 기반 모델은 트랜스포머 모델을 기반으로 합니다. 트랜스포머 모델이 번역을 목적으로 고안된 만큼 해당 계열 모델 역시 주된 태스크는 생성, 그중에서도 번역과 같이 새로운 문장을 작성하는 것입니다. 어떤 문장이 주어졌을 때 해당 문장을 기반으로 새로운 문장을 작성하는 태스크를 허깅페이스에서는 조건부 생성conditional generation이라는 이름으로 부릅니다. 디코더 기반 모델의 인과적 생성과 같이 일반적인 상황에서 다수 개발자가 따로 구분하지 않고 생성이라 부르기 때문에 여기에서도 '생성'이라는 명칭을 사용하겠습니다.

인코더-디코더 기반 모델에서의 생성은 디코더 기반 모델 생성과는 달리 입력 문장과 직접 연결되는 방식이 아닙니다. 다시 말해 이어서 쓰는 게 아니라 질문에 대한 답변에 좀 더 가깝다고 할 수 있습니다. 일반적으로는 입력 문장을 다른 언어로 번역하는 기계 번역이나 긴 문서를 짧은 문장으로 요약하는 요약 태스크에 주로 사용됩니다. 본 실습에서는 번역 태스크를 진행합니다.

모델

모델 기본 구조는 익히 알고 있는 트랜스포머 모델과 같으며 세부 활성화 함수나 파라미터 개수 이외에는 차이가 없습니다. 인코더는 입력 데이터를 분석하며 디코더 부분에서 인코더에서 분석한 데이터와 자기 자신을 분석한 데이터를 합쳐 순차로 문장을 작성합니다.

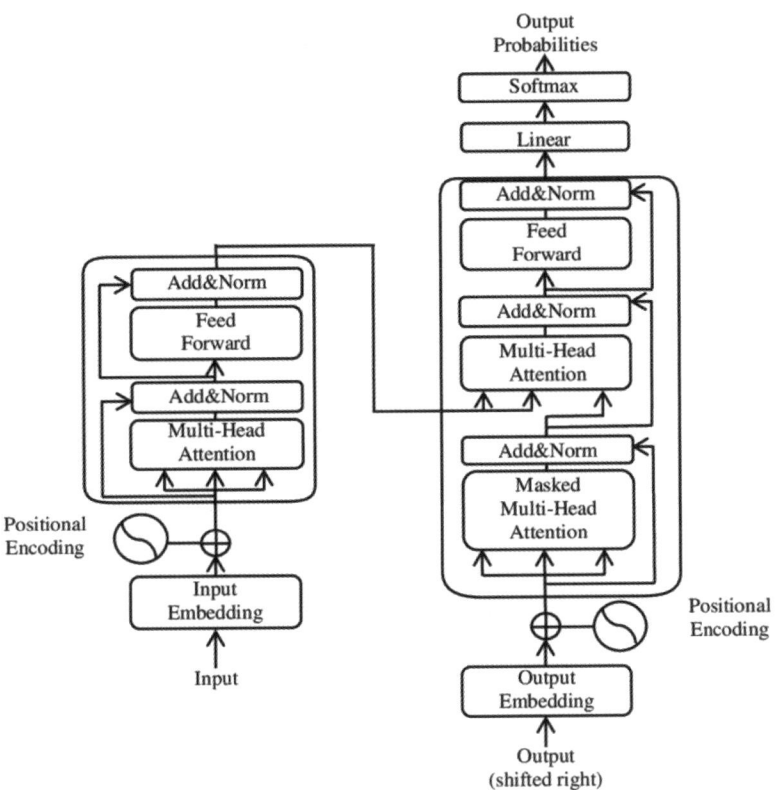

[그림 5-7] 인코더-디코더 모델 구조

이번 실습에서는 hyunwoongko/kobart를 사용해 보겠습니다. AutoClasses를 통해 모델과 토크나이저를 불러와 모델 구조를 확인해 보면 encoder와 decoder가 연결되며 마지막에 lm head가 연결되었습니다. 문장 생성 태스크이므로 lm head 출력 차원은 모델이 인식하는 토큰의 개수, 즉 임베딩 레이어 단어 개수와 동일합니다.

```
from transformers import AutoTokenizer, AutoModelForSeq2SeqLM

model_name = "hyunwoongko/kobart"
tokenizer = AutoTokenizer.from_pretrained(model_name)
model = AutoModelForSeq2SeqLM.from_pretrained(model_name)
model
```

실행 결과

```
BartForConditionalGeneration(
  (model): BartModel(
    (shared): Embedding(30000, 768, padding_idx=3)
    (encoder): BartEncoder (
        ...
    )
    (decoder): BartDecoder(
        ...
    )
  )
  (lm_head): Linear(in_features=768, out_features=30000, bias=False)
)
```

데이터셋

앞서 언급했던 대로 이번 실습에서는 번역 태스크를 수행해 보겠습니다. 데이터셋으론 미국 학술 강의 프로그램 TED에서 진행했던 여러 강의 내용을 여러 언어로 번역한 데이터셋을 사용합니다. 그중 영어와 한국어 데이터만을 정리한 korean-english-multitarget-ted-talks-task를 사용해 영어를 한국어로 번역해 보겠습니다. 데이터셋을 불러와 데이터셋 구조와 샘플을 확인합니다.

```
from datasets import load_dataset

dataset = load_dataset("msarmi9/korean-english-multitarget-ted-talks-task")
print(dataset)
dataset['train'][0]
```

실행 결과

```
DatasetDict({
    train: Dataset({
        features: ['korean', 'english'],
        num_rows: 166215     })
    validation: Dataset({
```

```
        features: ['korean', 'english'],
        num_rows: 1958     })
    test: Dataset({
        features: ['korean', 'english'],
        num_rows: 1982     })})
{'korean': '(박수) 이쪽은 Bill Lange 이고, 저는 David Gallo입니다',
 'english': "(Applause) David Gallo: This is Bill Lange. I'm Dave Gallo."}
```

총 약 17만 건가량의 데이터로 구성되고 각 샘플은 같은 의미의 한국어와 영어 문장으로 구성됩니다. 별도로 전처리를 진행할 필요 없이 인코딩하여 바로 학습에 사용하겠습니다. 한 가지 유의할 점은 인코더-디코더 모델은 인코더에 들어가는 입력과 디코더에 들어가는 입력, 총 두 개 입력이 필요하고 이에 대한 정답이 따로 필요하다는 것입니다. 필수로 인코더 입력, 디코더 입력, 정답 이렇게 세 가지 데이터 특성이 포함되어야 합니다. 우선 인코더 입력과 출력의 정답은 달라야 하므로 정답을 text_target 파라미터로 입력해 정답 값까지 한 번에 만들어 주겠습니다. 비교적 간단한 작업이기에 람다 함수를 사용해 가볍게 전처리를 진행합니다. 그런데 선택적 특성인 attention_mask를 제외하면 필수 입력값이 두 개밖에 존재하지 않습니다. 디코더 입력에 해당하는 decoder_input_ids가 만들어지지 않은 상태이기에 모델에 이를 입력하면 오류가 발생할 것입니다.

```
tokenized_dataset = dataset.map(
    lambda batch: (
        tokenizer(
            batch["korean"],
            text_target=batch["english"],
            max_length=512,
            truncation=True,
        )
    ),
    batched=True,
    batch_size=1000,
    num_proc=2,
    remove_columns=dataset['train'].column_names,
)
tokenized_dataset['train'][0]
```

> 실행 결과

```
{'input_ids': [0,
  14338,
  ...
  20211,
  1],
 'attention_mask': [1,
  1,
  ...
  1,
  1],
 'labels': [0,
  14338,
  ...
  245,
  1]}
```

디코더 입력값은 결국 정답 값인 labels을 앞으로 한 칸 이동한 데이터입니다. 해당 작업을 패딩 작업과 더불어 간편하게 처리할 수 있도록 DataCollatorForSeq2Seq를 사용합니다. 패딩 작업과 함께 디코더에 입력으로 들어갈 부분까지 자동으로 설정하여 반환함을 알 수 있습니다.

```python
from transformers import DataCollatorForSeq2Seq

collator = DataCollatorForSeq2Seq(
    tokenizer=tokenizer,
    model=model,
    padding="max_length",
    max_length=512,
)
batch = collator([tokenized_dataset['train'][i] for i in range(2)])
batch
```

> 실행 결과

```
{
    'input_ids': tensor([[0, 14338, 10770, ...,    3,    3,    3],
                        [0, 15496, 18918, ...,    3,    3,    3]]),
    'attention_mask': tensor([[1, 1, 1,  ..., 0, 0, 0],
                              [1, 1, 1,  ..., 0, 0, 0]]),
```

```
        'labels': tensor([[0, 14338,    264,    ...,   -100,   -100,   -100],
                          [0, 14603,    309,    ...,   -100,   -100,   -100]]),
'decoder_input_ids': tensor([[1,     0, 14338,    ...,      3,      3,      3],
                             [1,     0, 14603,    ...,      3,      3,      3]])
}
```

문장 생성

필요한 차원과 패딩까지 갖춰진 데이터셋을 모델에 입력하면 정상적으로 출력할 수 있습니다.

```
import torch

with torch.no_grad():
    logits = model(**batch).logits
logits
```

실행 결과

```
tensor([[[  5.4885,  18.7849,  -0.5489,  ...,   0.0465,   0.5813,  -2.2851],
         [  3.7287,  18.9676,  -1.1747,  ...,  -0.2600,  -3.4647,  -0.0973],
         [ -1.2976,   8.6322,  -5.0410,  ...,  -7.0689,  -6.1346,  -4.4141],
         ...,
         [ -9.2638,   4.4483,  -8.4506,  ..., -12.6961, -13.2626,  -7.7570],
         [ -8.4581,   4.9268,  -7.2172,  ..., -11.5651, -11.8799,  -6.8108],
         [ -8.3191,   5.2101,  -6.8817,  ..., -11.1564, -11.7052,  -6.7644]],

        [[  4.7748,  16.2666,  -3.0011,  ...,  -0.8965,  -3.3187,  -3.1041],
         [  0.6535,  19.3665,  -1.4506,  ...,   0.1562,  -4.3976,   0.1983],
         [ -5.0934,  10.8673,  -7.5637,  ...,  -6.3808,  -1.6471,  -7.2105],
         ...,
         [ -1.5132,  19.0760,   0.3272,  ...,  -2.6680,  -3.9969,   2.7315],
         [ -2.3757,  20.0047,  -0.5301,  ...,  -1.7740,  -5.1750,   0.8077],
         [ -2.2504,  19.9756,  -0.4519,  ...,  -0.6850,  -5.1072,   0.4720]]])
```

이전에 알아본 디코더 기반 모델 중 **5.3.2 Causal LM**에서 문장 생성을 진행했던 방식을 활용해 봅시다. Seq2SeqLM(Conditional Generation) 역시 동일한 방법으로 문장을 생성할 수 있습니다. 추론 결과를 확인해 보니 정상적인 문장이 생성되지 않았습니다. 다행히도 이는 오류가 아닌 정상 결과입니다. 모델은 문장을 생성할 때 입력된 길이인 max_new_tokens을 넘어서거나 <eos> 토큰이 등장하면 생성을 멈춥니다. 그런데 model.config.eos_token_id를 확인해 보면 해당 값이 1임을 확인할 수 있습니다. model.generate를 사용해 추론을 진행한 결과를 보면 1번 인덱스 값이 다른 부분에 비해 점수가 매우 높기 때문에 모델은 문장 생성을 시작함과 동시에 1번 토큰을 생성했고 이는 곧 <eos> 토큰이기에 문장 생성이 중단되었습니다. 요약하면 결국 미세조정이 되지 않았기에 완성된 번역 문장을 제대로 도출하지 못하는 것이라고 볼 수 있습니다.

```
from transformers import GenerationConfig

gen_cfg = GenerationConfig(
    max_new_tokens=100,
    do_sample=True,
    temperature=1.2,
    top_k=50,
    top_p=0.95,
)
outputs = model.generate(batch['input_ids'], generation_config=gen_cfg)
result = tokenizer.batch_decode(outputs, skip_special_tokens=True)
print(result[0])
print(model.config.eos_token_id)
```

실행 결과

것이다. (박수) 이쪽은 Bill Lange 이고, 저는 David Gallo입니다na 라면 여자는즈의즈의 아마존 가격이 순이익 아이가노트 오픈오픈 아마존 아마존 아마존 아마존 플랫폼즈의즈의파크 외식 라면 lementlementlement플레이 입력 아마존 아마존 펄 펄 펄 아마존 소프트웨어 오픈하였다. [
귀포 외식 라면즈의 클라우드 서버퓨터 펄 스크린 이승엽 순매도 플랫폼 단말 개성공단 달러를 같다"고 펄 핸드 핸드 외식 외식 외식 라면 라면 농협 순매도즈의디어 프랜차이즈 외식 챔피언십 어머니의 프랜차이즈 양도 주소 아이가란드 페이지
1

평가 지표

앞선 디코더 생성 모델에서 서술하였듯 문장 생성 태스크는 학습을 진행하며 평가 지표를 확인하기가 어렵습니다. 따라서 학습 도중에는 일반적으로 크로스엔트로피 손실만을 사용하고 해당 값의 감소 추이를 살피며 모델 학습이 원활하게 이뤄지는지를 확인할 수 있습니다.

5.4.3 Sequence Classification

문장 분류 태스크는 가장 흔한 태스크인 만큼 다양한 모델에서 사용할 수 있습니다. BART 모델을 포함한 인코더-디코더 모델에서도 간단한 문장 분류를 할 수 있습니다.

모델

본 실습에서 사용하는 BART 모델에서는 **[그림 5-8]**과 같이 인코더와 디코더에 동일한 문장을 입력함으로써 문장 분류를 진행할 수 있도록 합니다. 모델 구조는 바뀌지 않기 때문에 이전에 인코더, 디코더 기반 모델에서 실습했던 바와 같이 동일한 코드로 추론할 수 있습니다.

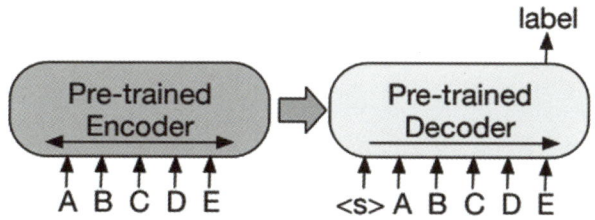

[그림 5-8] 인코더-디코더 모델의 문장 분류 과정

num_labels 파라미터를 사용해 클래스 개수를 지정하여 모델을 불러옵니다. 인코더와 디코더에 이어 두 개의 선형 레이어와 하나의 드롭아웃으로 구성된 classification head를 확인할 수 있습니다. 또한 마지막 레이어인 out_proj 레이어의 출력 차원은 num_labels에서 지정했던 것처럼 2로 구성되어 있습니다.

```
from transformers import AutoTokenizer, AutoModelForSequenceClassification
```

```
model_name = "hyunwoongko/kobart"
tokenizer = AutoTokenizer.from_pretrained(model_name)
model = AutoModelForSequenceClassification.from_pretrained(model_name,
num_labels=2)
model
```

실행 결과

```
BartForSequenceClassification(
  (model): BartModel(
    (shared): Embedding(30000, 768, padding_idx=3)
    (encoder): BartEncoder(
        ...
    )
    (decoder): BartDecoder(
        ...
    )
  )
  (classification_head): BartClassificationHead(
    (dense): Linear(in_features=768, out_features=768, bias=True)
    (dropout): Dropout(p=0.1, inplace=False)
    (out_proj): Linear(in_features=768, out_features=2, bias=True)
  )
)
```

데이터셋

데이터셋 역시 이전에 사용했던 KLUE 문장 유사도 비교 데이터셋을 사용하겠습니다. 이전에 사용했던 코드를 그대로 가져와 데이터셋을 전처리하겠습니다. 정상적으로 불러온 이후 전처리까지 완료되었음을 확인할 수 있습니다. 데이터셋은 인코더에 입력으로 들어가는 input_ids만 포함하고 있지만 큰 문제가 없습니다. 트랜스포머 인코더-디코더 모델은 디코더 입력인 decoder_input_ids가 입력되지 않았을 때, 인코더 입력인 input_ids를 오른쪽으로 한 칸씩 이동하여 디코더 입력으로 사용합니다. 소소하지만 편리한 기능이라 할 수 있습니다.

```python
from datasets import load_dataset

dataset = load_dataset("klue", "sts")

def process_data(batch):
    result = tokenizer(batch["sentence1"], text_pair=batch["sentence2"])
    result["labels"] = [x["binary-label"] for x in batch["labels"]]
    return result

tokenized_dataset = dataset.map(
    process_data,
    batched=True,
    remove_columns=dataset["train"].column_names,
)
```

문장 생성

정상적으로 전처리가 완료되었고 모델이 해당 데이터셋을 바로 사용할 수 있도록 래핑하는 데이터 콜레이터를 사용해 보겠습니다. 기본 패딩 작업을 수행하는 DataCollatorWithPadding을 사용하도록 하겠습니다. 모델이 받아들일 수 있도록 후처리를 진행한 후 모델에 입력하여 추론을 진행했습니다. 오류 없이 정상적으로 추론까지 진행되었습니다. 추후 학습을 진행하면 성능을 개선할 여지가 존재합니다.

```python
import torch
from transformers import DataCollatorWithPadding

collator = DataCollatorWithPadding(tokenizer)
batch = collator([tokenized_dataset["train"][i] for i in range(4)])

with torch.no_grad():
    logits = model(**batch).logits

logits
```

실행 결과

```
tensor([[-1.3795, -0.0489],
        [-0.4536,  0.0223],
        [-0.7792,  0.2343],
        [-0.1534,  0.4338]])
```

평가 지표

간단한 태스크인 만큼 평가 지표를 사용하기도 용이합니다. 이전과 동일하게 f1 스코어를 계산하는 Evaluate 객체를 불러와 모델이 추론한 값을 평가 코드에 입력하면 정상적으로 작동합니다.

```
import evaluate

f1 = evaluate.load("f1")
f1.compute(
    predictions=logits.argmax(-1),
    references=batch['labels'],
    average='micro',
)
```

실행 결과

```
{'f1': 0.25}
```

5.4.4 Question Answering

추출 기반 질의 응답 태스크는 문장에서 시작과 끝 두 개 값만 추출하면 되는 간단한 태스크입니다. 따라서 인코더-디코더 형태 모델에서도 해당 태스크를 수행할 수 있습니다.

모델

이전에 인코더 기반 모델과 디코더 기반 모델에서 경험했듯 간단하게 모델을 불러올 수 있습니다. 태스크만 알고 AutoClasses로 지정하기만 하면 되니 실상 코드는 불러오는 모델명을 제외하면 바뀐 점 없이 그대로 사용할 수 있습니다. 이전 태스크와 동일하게 BART 모델을 불러와 구조를 확인하겠습니다. 인코더와 디코더 이후에 질의 응답 태스크를 위한 헤더가 달려있습니다. 다른 구조의 모델과 동일하게 정답 단어의 시작과 끝 인덱스를 추출할 수 있도록 두 개 출력 차원을 가지고 있음을 확인할 수 있습니다.

```python
from transformers import AutoTokenizer, AutoModelForQuestionAnswering

model_name = "hyunwoongko/kobart"
tokenizer = AutoTokenizer.from_pretrained(model_name)
model = AutoModelForQuestionAnswering.from_pretrained(model_name)
model
```

실행 결과

```
BartForQuestionAnswering(
  (model): BartModel(
    (shared): Embedding(30000, 768, padding_idx=3)
    (encoder): BartEncoder(
        ...
    )
    (decoder): BartDecoder(
        ...
    )
  )
  (qa_outputs): Linear(in_features=768, out_features=2, bias=True)
)
```

데이터셋

데이터셋 역시 간단한 진행을 위해 이전과 동일한 KLUE 기계 독해 이해 데이터셋을 사용하겠습니다. 이번에도 동일한 코드로 전처리를 진행하도록 하겠습니다.

```python
from datasets import load_dataset

dataset = load_dataset("klue", "mrc")

def preprocess_function(examples):
    questions = [q.strip() for q in examples["question"]]
    inputs = tokenizer(
        questions,
        examples["context"],
        max_length=512,
        truncation="only_second",
        return_offsets_mapping=True,
        padding="max_length",
    )

    offset_mapping = inputs.pop("offset_mapping")
    answers = examples["answers"]
    start_positions = []
    end_positions = []

    for i, offset in enumerate(offset_mapping):
        answer = answers[i]
        start_char = answer["answer_start"][0]
        end_char = answer["answer_start"][0] + len(answer["text"][0])
        sequence_ids = inputs.sequence_ids(i)

        # Find the start and end of the context
        idx = 0
        while sequence_ids[idx] != 1:
            idx += 1
        context_start = idx
        while sequence_ids[idx] == 1:
            idx += 1
```

```
            context_end = idx - 1

        # If the answer is not fully inside the context, label it (0, 0)
        if offset[context_start][0] > end_char or offset[context_end][1] < start_char:
            start_positions.append(0)
            end_positions.append(0)
        else:
            # Otherwise it's the start and end token positions
            idx = context_start
            while idx <= context_end and offset[idx][0] <= start_char:
                idx += 1
            start_positions.append(idx - 1)

            idx = context_end
            while idx >= context_start and offset[idx][1] >= end_char:
                idx -= 1
            end_positions.append(idx + 1)

    inputs["start_positions"] = start_positions
    inputs["end_positions"] = end_positions
    return inputs

tokenized_dataset = dataset.map(
    preprocess_function,
    batched=True,
    remove_columns=dataset['train'].column_names,
)
```

문장 생성

마찬가지로 모델에 입력하기 위해 콜레이터를 사용해 후처리를 진행하겠습니다. 이미 패딩 등 다른 전처리가 다 되어 있는 만큼 모델에 입력할 수 있게 기본 형태만 맞춰주는 DefaultDataCollator를 사용합니다.

```
from transformers import DefaultDataCollator

data_collator = DefaultDataCollator()
batch = data_collator([tokenized_dataset["train"][i] for i in range(10)])
batch
```

실행 결과
```
{'input_ids': tensor([[    0, 14337, 26225,  ...,     3,     3,     3],
        [    0, 25092, 18001,  ..., 11270, 19903,     1],
        [    0, 25788, 13679,  ..., 19903, 15599,     1],
        ...,
        [    0, 20437, 17814,  ...,     3,     3,     3],
        [    0, 14154, 12061,  ...,     3,     3,     3],
        [    0, 14295, 14120,  ...,     3,     3,     3]]),
 'attention_mask': tensor([[1, 1, 1,  ..., 0, 0, 0],
        [1, 1, 1,  ..., 1, 1, 1],
        [1, 1, 1,  ..., 1, 1, 1],
        ...,
        [1, 1, 1,  ..., 0, 0, 0],
        [1, 1, 1,  ..., 0, 0, 0],
        [1, 1, 1,  ..., 0, 0, 0]]),
 'start_positions': tensor([233,  27,   0,  78,  60,  68, 202, 319, 306, 271]),
 'end_positions': tensor([235,  29,   0,  79,  66,  74, 210, 325, 312, 275])}
```

후처리까지 되어 정상적으로 데이터가 출력되었음을 알 수 있습니다. 모델에 입력해 문제없이 출력까지 진행하는지 확인해 봅시다. 아직 학습 전이기에 정상적인 값은 아니지만 오류 없이 잘 실행되었습니다.

```
import torch

with torch.no_grad():
    outputs = model(**batch)

answer_start_index = outputs.start_logits.argmax()
answer_end_index = outputs.end_logits.argmax()

predict_answer_tokens = batch["input_ids"][0, answer_start_index : answer_end_index + 1]
tokenizer.decode(predict_answer_tokens)
```

> **실행 결과**
>
> 18일 제주도 먼 남쪽 해상으로 내려갔다가 20일께 다시 북상해 전남 남해안까지 영향을 줄 것으로 보인다. 이에 따라 20~21일 남부지방에도 예년보다 사흘 정도 장마가 일찍 찾아올 전망이다. 그러나 장마전선을 밀어올리는 북태평양 고기압 세력이 약해 서울 등 중부지방은 평년보다 사나흘가량 늦은 이달 말부터 장마가 시작될 것이라는 게 기상청의 설명이다. 장마전선은 이후 한 달가량 한반도 중남부를 오르내리며 곳곳에 비를 뿌릴 전망이다. 최근 30년간 평균치에 따르면 중부지방의 장마 시작일은 6월 24~25일이었으며 장마기간은 32일, 강수일수는 17.2일이었다. 기상청은 올해 장마기간의 평균 강수량이 350~400mm로 평년과 비슷하거나 적을 것으로 내다봤다. 브라질 월드컵 한국과 러시아의 경기가 열리는 18일 오전 서울은 대체로 구름이 많이 끼지만 비는 오지 않을 것으로 예상돼 거리 응원에는 지장이 없을 전망이다.</s><pad><pad><pad>...

평가 지표

질의 응답 평가는 **5.2.5 Question Answering**의 평가 지표에서 언급한 것처럼 Evaluate 라이브러리에서 evaluate.load("squad")를 통해 진행할 수 있습니다. 하지만 상당한 양의 후처리가 필요하고 시간이 오래 걸리는 작업이므로 학습 시 손실에 대한 평가로 대체하겠습니다.

CHAPTER

6

모델 활용

6.1 모델 미세조정
6.2 모델 서빙

6.1 모델 미세조정

5.2 인코더 기반 모델, **5.3 디코더 기반 모델**, **5.4 인코더-디코더 기반 모델**에서는 각각 트랜스포머를 토대로 인코더, 디코더, 인코더-디코더 구조 모델을 활용하는 방법을 알아보았습니다. **챕터 5**에서는 전체적으로 미세조정을 진행하지 않고 모델과 각 태스크의 대략적인 구조에 대해서만 확인했습니다. 학습을 하지 않고 바로 추론을 진행하니 결과에 문제가 있었습니다.

머신러닝 모델은 새로운 데이터를 다룰 때 해당 데이터셋에 맞게 가중치를 미세조정하여 최적의 값을 찾는 과정, 즉 학습이 필요합니다. 인코더 기반 모델, 디코더 기반 모델, 인코더-디코더 기반 모델은 구조적인 차이를 가지고 있지만 모델에 입력되는 데이터셋 구조만 맞춰준다면 쉽게 미세조정을 진행할 수 있습니다.

3.3 미세조정에서는 허깅페이스 Trainer를 사용하여 BERT 모델을 문장 분류 태스크로 학습해 보았는데, 같은 방식으로 모델 구조별로 대표 태스크를 하나씩 정해서 미세조정하는 코드를 작성해 보겠습니다.

6.1.1 인코더 - Sequence Classification

먼저 인코더 기반 모델에서 가장 대표적이고 간단한 태스크인 문장 분류 태스크를 활용하여 미세조정 실습을 진행해 보겠습니다. 모델과 데이터셋의 구조 코드는 **5.2.2 Sequence Classification** 코드를 활용하며 여기에 미세조정까지 추가됩니다. 여기에서는 기존에 작성된 코드를 참고하면서 허깅페이스 Trainer를 활용하는 방법에 초점을 맞추겠습니다.

모델

마찬가지로 klue/bert-base 리포지터리의 토크나이저와 모델을 활용합니다. 문장 분류 태스크를 위해 AutoModelForSequenceClassification 클래스로 모델을 불러옵니다.

```
import torch
from transformers import AutoTokenizer, BertForSequenceClassification

model_name = "klue/bert-base"
tokenizer = AutoTokenizer.from_pretrained(model_name)
model = BertForSequenceClassification.from_pretrained(model_name)
```

데이터셋

학습을 진행할 데이터셋을 가져오겠습니다. 이전에 사용한 KLUE 문장 유사도 비교 데이터셋과 전처리 코드를 그대로 가져와 데이터셋을 전처리하겠습니다. input_ids, attention_mask 등 필수적인 칼럼과 정답 데이터 lables 칼럼을 태스크 형태에 맞게 작성합니다.

```
from datasets import load_dataset

dataset = load_dataset("klue", "sts")

def process_data(batch):
    result = tokenizer(
        batch["sentence1"],
        text_pair=batch["sentence2"],
        max_length=128,
        padding="max_length",
        truncation=True,
        return_tensors="np",
    )
    result["labels"] = [x["binary-label"] for x in batch["labels"]]
    return result

tokenized_dataset = dataset.map(
    process_data,
    batched=True,
    remove_columns=dataset["train"].column_names,
)
tokenized_dataset["train"].column_names
```

> 실행 결과
>
> ['labels', 'input_ids', 'token_type_ids', 'attention_mask']

미세조정

학습 전에 텐서보드를 활성화하여 학습하는 동안 로그를 시각화할 수 있도록 합니다.

```
%load_ext tensorboard
%tensorboard --logdir /content/encoder/logs
```

학습 관련 하이퍼파라미터, 모델, 데이터셋, 토크나이저, 콜레이터를 세팅하고 생성한 TrainingArguments를 Trainer에 활용하여 학습을 진행합니다.

```python
from transformers import (
    Trainer,
    TrainingArguments,
    default_data_collator,
    EarlyStoppingCallback,
)
import evaluate

def custom_metrics(pred):
    f1 = evaluate.load("f1")
    labels = pred.label_ids
    preds = pred.predictions.argmax(-1)

    return f1.compute(predictions=preds, references=labels, average='micro')

training_args = TrainingArguments(
    per_device_train_batch_size=64,
    per_device_eval_batch_size=64,
    learning_rate=5e-6,
```

```
        max_grad_norm=1,
        num_train_epochs=10,
        evaluation_strategy="steps",
        logging_strategy="steps",
        logging_steps=100,
        logging_dir="/content/encoder/logs",
        save_strategy="steps",
        save_steps=100,
        output_dir="/content/encoder/ckpt",
        load_best_model_at_end = True,
        report_to="tensorboard",
)

trainer = Trainer(
    model=model,
    args=training_args,
    train_dataset=tokenized_dataset["train"],
    eval_dataset=tokenized_dataset["validation"],
    tokenizer=tokenizer,
    data_collator=default_data_collator,
    compute_metrics=custom_metrics,
    callbacks = [EarlyStoppingCallback(early_stopping_patience=2)],
)

trainer.train()
```

이번에는 batch_size를 64로 설정했고, learning_rate를 5e-6으로 학습률을 굉장히 낮게 맞춰 학습하였습니다. 학습 로그를 보면 학습 손실은 감소하지만 검증 손실이 감소하지 않았습니다. train epochs를 10회 진행 후 100 스텝마다 체크포인트를 저장하고 400 스텝에서 조기 종료early stopping 되었습니다. 조기 종료는 EarlyStoppingCallback 콜백 함수를 사용하며, 모델이 산출한 손실과 기타 평가 지표를 기준으로 최적의 모델을 구분합니다. 본 예제에서는 f1 등 메트릭을 지정했으며 evaluation_steps마다 평가를 진행합니다.

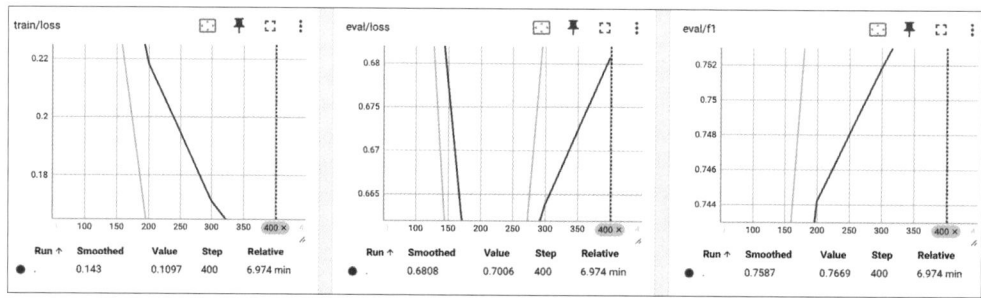

[그림 6-1] 문장 분류 학습 결과 - 1

임계 길이를 설정하는 파라미터 early_stopping_patience를 2로 설정합니다. 해당 주기 동안 메트릭을 확인하며 성능 향상이 없다고 판단되면 트레이너는 학습을 조기 종료합니다. 이는 학습 데이터 분포에만 최적화되는 과적합 문제를 피하고 과적합 상태에서 계속 불필요한 학습을 진행하지 않도록 합니다.

[400/1830 09:15 < 33:17, 0.72 it/s, Epoch 2/10]

Step	Training Loss	Validation Loss	F1
100	0.319000	0.714382	0.712909
200	0.157700	0.596200	0.763006
300	0.126300	0.686256	0.759152
400	0.109700	0.700627	0.766859

[그림 6-2] 문장 분류 학습 결과 - 2

모델 추론

미세조정으로 400 스텝에서 체크포인트로 저장한 경로에서 모델과 토크나이저를 불러와 검증 데이터 중 10개 샘플을 입력해 간단한 추론을 진행해 보겠습니다.

```python
import torch
from datasets import load_dataset
from transformers import (
    AutoTokenizer,
    BertForSequenceClassification,
    DataCollatorWithPadding,
)

# tokenizer, model
model_name = "/content/encoder/ckpt/checkpoint-400"
tokenizer = AutoTokenizer.from_pretrained(model_name)
model = BertForSequenceClassification.from_pretrained(model_name)

collator = DataCollatorWithPadding(tokenizer)
batch = collator([tokenized_dataset['validation'][i] for i in range(10)])

# inference
with torch.no_grad():
    logits = model(**batch).logits
logits
```

실행 결과

```
tensor([[-1.7436,  3.6446],
        [ 1.6654, -1.4425],
        [ 1.1976, -1.6088],
        [-1.4902,  3.3855],
        [-0.1443,  0.9754],
        [ 1.8821, -1.9104],
        [-1.3845,  3.0606],
        [ 2.1950, -2.7223],
        [ 2.4285, -2.7038],
        [ 2.0366, -2.1078]])
```

평가 지표

5.2.2 Sequence Classification에서의 평가 지표와 마찬가지로 10개 샘플로 f1 스코어를 확인해 보겠습니다.

```
import evaluate

pred_labels = logits.argmax(dim=1).cpu().numpy()
true_labels = batch["labels"].numpy()

f1 = evaluate.load("f1")
f1.compute(predictions=pred_labels, references=true_labels, average='micro')
```

실행 결과

```
{'f1': 0.9}
```

미세조정 이전에 바로 추론하면 f1 스코어가 0.4 정도인데, 미세조정 이후 검증 데이터 10건으로 시행한 결과 0.9 정도로 대폭 상승합니다. 해당 모델은 검증 손실이 높기에 좋은 모델이라고 할 수는 없지만, 앞서 설명한 대로 학습 손실과 검증 손실을 낮춰 정확도를 높여 학습한다면 최적의 결과를 도출하는 모델이 될 것입니다.

6.1.2 디코더 - Causal LM

디코더 기반 모델에서는 가장 대표적인 문장 생성 태스크를 진행해 보겠습니다. 모델과 데이터셋 구조 코드는 **5.3.2 Causal LM** 코드를 활용하며 여기에 미세조정까지 진행하는 코드가 추가됩니다.

모델

이전 실습과 동일하게 SKT-AI의 kogpt2 리포지터리에서 토크나이저와 모델을 불러오고 문장 생성 태스크를 위해 AutoModelForCausalLM 클래스를 활용합니다. 이전 실습 때와 동일하게 해당 모델은 특수 토큰을 직접 지정해 줍니다.

```
import torch
from transformers import AutoTokenizer, AutoModelForCausalLM

model_name = "skt/kogpt2-base-v2"
tokenizer = AutoTokenizer.from_pretrained(
    model_name,
    bos_token='</s>',
    eos_token='</s>',
    unk_token='<unk>',
    pad_token='<pad>',
    mask_token='<mask>',
)
model = AutoModelForCausalLM.from_pretrained(model_name)
```

데이터셋

이제 학습을 진행할 데이터셋을 전처리해야 합니다. 이전에 사용한 KLUE 문장 유사도 비교 데이터셋과 전처리 코드를 그대로 가져와 사용합니다. 한국어 위키 데이터를 불러와 train, test, unused로 구조화한 후 인코딩을 진행하고 최대 길이로 맞춰줍니다. 해당 작업을 패킹이라고 합니다.

```
from datasets import load_dataset

# 데이터셋 구조화
split_dict = {
    "train": "train[:8000]",
    "test": "train[8000:10000]",
    "unused": "train[10000:]",
```

```python
}
dataset = load_dataset("heegyu/kowikitext", split=split_dict)
del dataset["unused"]

# 토큰화
tokenized_dataset = dataset.map(
    lambda batch: tokenizer([f"{ti}\n{te}" for ti, te in zip(batch["title"], batch["text"])]),
    batched=True,
    num_proc=2,
    remove_columns=dataset['train'].column_names,
)

# 최대 길이로 그룹화
max_length = 512
def group_texts(batched_sample):
    sample = {k: v[0] for k, v in batched_sample.items()}

    if sample['input_ids'][-1] != tokenizer.eos_token_id:
        for k in sample.keys():
            sample[k].append(
                tokenizer.eos_token_id if k == "input_ids" else sample[k][-1]
            )

    result = {
        k: [v[i: i + max_length] for i in range(0, len(v), max_length)]
        for k, v in sample.items()
    }
    return result

grouped_dataset = tokenized_dataset.map(
    group_texts,
    batched=True,
    batch_size=1,
    num_proc=2,
)
grouped_dataset["train"].column_names
```

실행 결과

['input_ids', 'attention_mask']

미세조정

epoch는 3, batch_size는 4, learning_rate는 5e-6으로 낮게 맞추어 학습해 보겠습니다.

```
%load_ext tensorboard
%tensorboard --logdir drive/MyDrive/Books/outputs/logs

from transformers import Trainer, TrainingArguments,
DataCollatorForLanguageModeling

training_args = TrainingArguments(
    per_device_train_batch_size=4,
    per_device_eval_batch_size=4,
    learning_rate=5e-6,
    max_grad_norm=1,
    num_train_epochs=3,
    evaluation_strategy="steps",
    logging_strategy="steps",
    logging_steps=500,
    logging_dir="/content/decoder/logs",
    output_dir="/content/decoder/ckpt",
    report_to="tensorboard",
)

collator = DataCollatorForLanguageModeling(tokenizer=tokenizer, mlm=False)

trainer = Trainer(
    model=model,
    args=training_args,
    train_dataset=grouped_dataset["train"],
    eval_dataset=grouped_dataset["test"],
    tokenizer=tokenizer,
    data_collator=collator,
)

trainer.train()
trainer.save_model("/content/decoder/model")
```

학습 손실과 검증 손실을 보면 그리 낮게 수렴하지는 않지만 모두 감소하는 추이임을 확인할 수 있습니다.

Step	Training Loss	Validation Loss
500	4.284300	4.459204
1000	4.218800	3.392400
1500	4.205800	2.995383
2000	4.186600	2.899483
2500	4.167700	2.876584
3000	4.151600	2.806635
3500	4.151900	2.805029
4000	4.161900	2.765570
4500	4.131400	2.783103
5000	4.087200	2.746458
5500	4.061400	2.748262
6000	4.064500	2.732443

[13776/13776 2:47:04, Epoch 3/3]

[그림 6-3] Causal LM 학습 로그

텐서보드로 학습 손실과 검증 손실을 확인해 봅니다. 두 손실 모두 낮은 수까지 떨어지지 않고 수렴합니다.

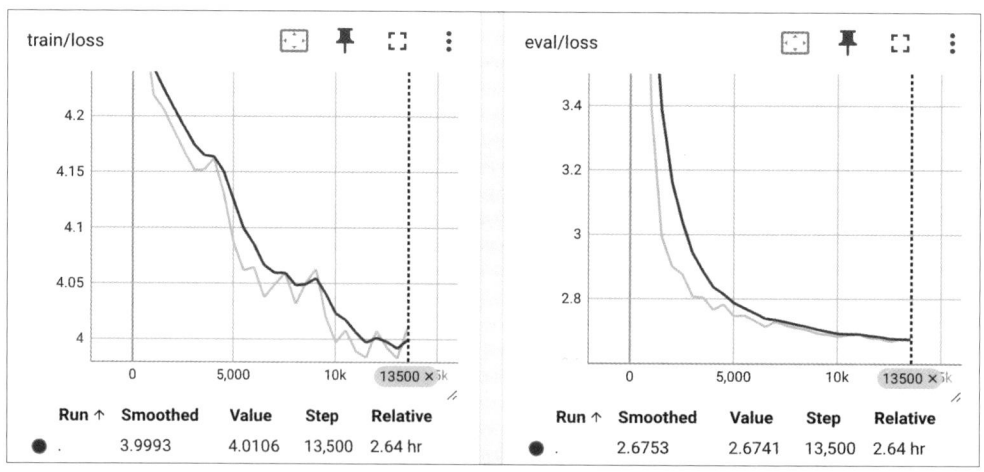

[그림 6-4] Causal LM 학습 지표

모델 추론

미세조정을 완료한 모델을 불러와 간단한 문장 생성 태스크를 진행합니다. max_length는 128, repetition_penalty는 2로 설정하여 '우리는 누구나 희망을 가지고'라는 문장을 이어서 작성해 보겠습니다. 미세조정되지 않은 skt/kogpt2-base-v2 리포지터리의 모델을 활용하여 추론하면 다음과 같이 문장을 생성합니다.

```python
import torch
from transformers import AutoTokenizer, GPT2LMHeadModel

# 미세조정 이전
origin_name = "skt/kogpt2-base-v2"
origin_tokenizer = AutoTokenizer.from_pretrained(
    origin_name,
    bos_token='</s>',
    eos_token='</s>',
    unk_token='<unk>',
    pad_token='<pad>',
    mask_token='<mask>',
)
origin_model = GPT2LMHeadModel.from_pretrained(origin_name)

inputs1 = origin_tokenizer(
    "우리는 누구나 희망을 가지고",
    return_tensors='pt',
).to(origin_model.device)
outputs1 = origin_model.generate(inputs1.input_ids, max_length=128, repetition_penalty=2.0)
result1 = origin_tokenizer.batch_decode(outputs1, skip_special_tokens=True)
print(result1[0])
```

실행 결과

우리는 누구나 희망을 가지고 살아갈 수 있는 사회를 만들어야 한다"고 강조했다.
이날 행사에는 박근혜 대통령, 황우여 새누리당 대표 등 여권 지도부와 김무성 전 대표가 참석해 축사를 했다.
김영삼 정부 시절인 지난 2007년 대선 당시 이명박 후보의 당선을 위해 '국민통합21'을 이끌었던 이 후보는 "우리나라에서 가장 큰 문제는 경제"라며 "이명박은 경제를 살리고 서민을 위한 정치를 하겠다고 약속했지만 현실은 그렇지 못했다"며 이같이 말했다.
그는 이어 "나는 지금 대한민국을 걱정하고 있다, 경제가 어렵다면 우리 모두 힘을 모아 위기를 극복해야 한다고 생각한다 미세조정하여 저장한 모델을 활용하여 생성 결과를 확인해 보니 학습한 데이터셋을 토대로 좀 더 유려한 문장을 출력하였습니다. 어떤 데이터셋을 활용하여 학습하는지에 따라 완전히 다른 문장을 출력하게 됩니다.

```python
# 미세조정 이후
finetuned_name = "/content/decoder/model"
finetuned_tokenizer = AutoTokenizer.from_pretrained(finetuned_name)
finetuned_model = GPT2LMHeadModel.from_pretrained(finetuned_name)

inputs2 = finetuned_tokenizer(
    "우리는 누구나 희망을 가지고",
    return_tensors='pt',
).to(finetuned_model.device)
outputs2 = finetuned_model.generate(
    inputs2.input_ids,
    max_length=128,
    repetition_penalty=2.0,
)
result2 = finetuned_tokenizer.batch_decode(outputs2, skip_special_tokens=True)
print(result2[0])
```

실행 결과

우리는 누구나 희망을 가지고 살아갈 수 있는 사회를 만들자는 것이었다. 그러나 그 희망은 결국 좌절되고 말았다. 이 절망적인 상황 속에서, 사람들은 자신들의 삶을 포기하고 다른 사람들의 삶으로 돌아가야 했다. 그들은 자신의 삶에 대한 회의와 환멸을 느꼈고, 이러한 상황에서 그는 자신이 원하는 것을 이룰 수가 없었다. 그래서 그의 삶은 더욱더 고통스러웠다. 하지만 그가 선택한 길은 바로 그러한 고통을 이겨내고 새로운 세상을 만드는 것이었다.
그는 또한, 자신을 위해서, 그리고 그를 위해서도 모든 것에 헌신했다. 그것은 곧 자신과의 싸움이었다. 그리하여 마침내 많은 사람들이 그에게서 벗어나게 되었다. 왜냐하면 그들이 떠나고 난 후, 그들의 삶의 방식은 더 이상 변화하지 않았기 때문이다. 따라서 그에게는 오직 하나의 선택만이

6.1.3 인코더-디코더 - Conditional Generation

인코더-디코더 기반 모델에서는 어떤 문장이 주어졌을 때, 입력한 문장을 기반으로 새로운 문장을 작성하는 조건부 생성 태스크로 미세조정해 보겠습니다. 모델과 데이터셋 구조 코드는 **5.4.2 Conditional Generation** 코드를 활용하며 여기에 미세조정까지 진행하는 코드를 추가합니다. 앞선 두 실습처럼 기존 코드를 참고로 허깅페이스 Trainer를 활용하여 학습하는 방법을 알아봅니다.

모델

AutoClasses 중 AutoTokenizer와 Sequence to Sequence 태스크 수행을 위한 AutoModelForSeq2SeqLM을 사용해 hyunwoongko/kobart 리포지터리에서 모델과 토크나이저를 불러옵니다.

```
from transformers import AutoTokenizer, AutoModelForSeq2SeqLM

model_name = "hyunwoongko/kobart"
tokenizer = AutoTokenizer.from_pretrained(model_name)
model = AutoModelForSeq2SeqLM.from_pretrained(model_name)
```

데이터셋

번역 태스크 학습을 진행할 데이터셋을 가져오겠습니다. 마찬가지로 TED 영어 강의 한국어 번역 데이터셋 korean-english-multitarget-ted-talks-task를 활용하여 데이터셋을 토크나이저 인코딩 처리합니다. 데이터셋 칼럼을 인코더 입력값 input_ids, 디코더 입력값 decoder_ input_ids, 레이블 데이터 labels로 구축하기 위해 text_target에 정답 영어 번역 데이터를 넣어 줍니다. decoder_input_ids는 Trainer에 DataCollatorForSeq2Seq를 사용하여 패딩과 labels을 앞으로 한 칸 이동한 디코더 입력을 구축합니다.

```python
from datasets import load_dataset

dataset = load_dataset("msarmi9/korean-english-multitarget-ted-talks-task")
tokenized_dataset = dataset.map(
    lambda batch: (
        tokenizer(
            batch["korean"],
            text_target=batch["english"],
            max_length=128,
            truncation=True,
        )
    ),
    batched=True,
    batch_size=1000,
    num_proc=2,
    remove_columns=dataset['train'].column_names,
)
tokenized_dataset["train"].column_names
```

실행 결과

```
['input_ids', 'attention_mask', 'labels']
```

미세조정

학습 로그를 확인하기 위해 노트북 셀에서 다음 코드를 통해 텐서보드를 실행합니다.

```
%load_ext tensorboard
%tensorboard --logdir /content/enc_dec/logs
```

epoch는 2, batch_size는 32, learning_rate를 2e-5로 학습을 진행합니다. 그 외 추가 학습 시 필요한 파라미터를 지정합니다.

```
from transformers import Trainer, TrainingArguments, DataCollatorForSeq2Seq

training_args = TrainingArguments(
    per_device_train_batch_size=32,
    per_device_eval_batch_size=32,
    learning_rate=2e-5,
    max_grad_norm=1,
    num_train_epochs=2,
    evaluation_strategy="steps",
    logging_strategy="steps",
    logging_steps=500,
    logging_dir="/content/enc_dec/logs",
    save_strategy="steps",
    save_steps=1000,
    output_dir="/content/enc_dec/ckpt",
    report_to="tensorboard",
)

trainer = Trainer(
    model=model,
    args=training_args,
    train_dataset=tokenized_dataset["train"],
    eval_dataset=tokenized_dataset["test"],
    tokenizer=tokenizer,
    data_collator=DataCollatorForSeq2Seq(tokenizer=tokenizer, model=model),
)

trainer.train()
trainer.save_model("/content/enc_dec/model")
```

학습 손실과 평가 손실을 보면 낮은 수로 수렴하지는 않지만 모두 감소하는 추이입니다.

Step	Training Loss	Validation Loss
500	1.957600	1.845135
1000	1.890700	1.745748
1500	1.813800	1.674682
2000	1.745100	1.619822
2500	1.685700	1.571556
3000	1.647600	1.536211
3500	1.611300	1.502224
4000	1.573600	1.477082
4500	1.547500	1.455390
5000	1.520900	1.434089
5500	1.482100	1.421515
6000	1.450600	1.408664

[그림 6-5] Conditional Generation 학습 로그

텐서보드로 확인해 보아도 마찬가지 결과입니다. 정상 학습이라고 볼 수 있습니다.

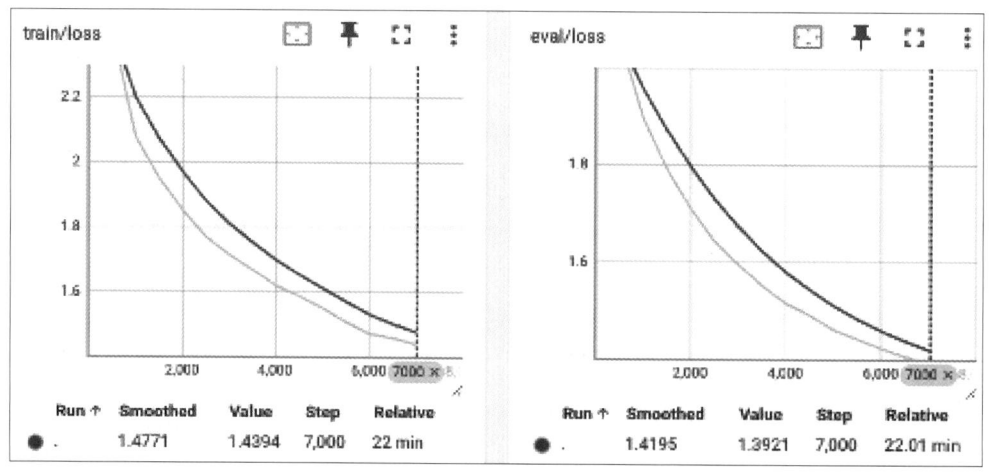

[그림 6-6] Conditional Generation 학습 지표

모델 추론

미세조정을 완료한 모델을 불러와 간단한 문장 생성 태스크를 진행합니다. 문장을 생성해 보면 완벽하지는 않지만 정상적으로 번역된 모습을 볼 수 있습니다. 학습을 좀 더 하고 나서 학습된 문장을 입력하면 번역 태스크를 더욱 매끄럽게 수행할 것입니다.

```python
import torch
from transformers import (
    AutoTokenizer,
    AutoModelForSeq2SeqLM,
    DataCollatorForSeq2Seq,
    GenerationConfig,
)

model_name = "/content/enc_dec/model"
tokenizer = AutoTokenizer.from_pretrained(model_name)
model = AutoModelForSeq2SeqLM.from_pretrained(model_name)

collator = DataCollatorForSeq2Seq(
    tokenizer=tokenizer,
    model=model,
    padding="max_length",
    max_length=512,
)
batch = collator([tokenized_dataset['test'][i] for i in range(2)])

outputs = model.generate(batch['input_ids'], max_length=128, do_sample=False)
result = tokenizer.batch_decode(outputs, skip_special_tokens=True)
origin = tokenizer.batch_decode(batch['input_ids'], skip_special_tokens=True)
print(f"원본 : {origin[0]} -> 영어 : {result[0]}")
print(f"원본 : {origin[1]} -> 영어 : {result[1]}")
```

> 실행 결과
>
> 원본 : 아직 3분 시작된 건 아니죠? 그렇죠? -> 영어 : No, not only that, that's not only that? Right?
> 원본 : 크리스 앤더슨:네, 맘대로 시작하실 수 없습니다. -> 영어 : CA: Yeah, you can't start with your mind.

6.1.4 언어 모델 문장 생성

Transformers 라이브러리의 model.generate는 앞선 디코더 기반 관련 모델 태스크에서 확인했듯이 모든 자동 회귀^{auto-regressive} 언어 모델에 적용할 수 있습니다. 해당 기능을 이용하면 간결한 코드로 높은 수준의 문장을 생성할 수 있습니다. 언어 모델이 문장을 작성할 때는 처음부터 순차로 토큰을 생성합니다. 동시에 일어나는 사건이 아닌 순차로 진행되는 사건이며 토큰을 생성할 때는 앞서 생성된 토큰이 무엇인지에 따라 그 결과가 달라집니다.

'특정 토큰의 확률은 과거에 생성된 토큰에 의존한다'라는 특징을 마르코프 체인^{markov chain}으로 표현할 수 있습니다. 가령 'GPT3 모델은 문장을 생성한다.'라는 문장을 생성한다고 가정해 봅시다. 토큰을 공백 단위로만 분할한다면 다음 수식과 같이 표현할 수 있습니다.

P('gpt3') * P('모델은' | 'gpt3') * P('문장을' | 'gpt3', '모델은') * P('생성한다' | 'gpt3', '모델은', '문장을')

간단히 두 문장으로 정리하면 다음과 같습니다.

첫째, 특정 상태 토큰의 확률은 앞서 등장한 토큰의 영향을 받는다.
둘째, 문장 전체의 확률은 각 토큰의 확률의 곱이다.

자기 회귀란 문장의 확률값을 구하듯이 이전 단어를 통해 다음 단어의 확률을 예측하는 방식을 말합니다. 앞서 생성 태스크라고 지칭했던 GPT나 BART의 모델 생성이 이에 속합니다.

$$P(X) = p(x_1)p(x_2|x_1)\cdots p(x_T|x_1,\cdots,x_{T-1})$$

문장 A : GPT3 는 문장을 생성한다.

자동 회귀 언어 생성 모델에서는 단어 시퀀스의 확률 분포를 각 단어의 조건부 확률의 곱으로 계산합니다. 초기 콘텍스트가 주어지면 각 스텝에서 예측된 단어의 확률을 순차적으로 곱하여 전체 시퀀스의 확률을 구합니다.

$$P(w_{1:T}|W_0) = \prod_{t=1}^{T} P(w_t|w_{1:t-1}, W_0), with\ w_{1:0} = \emptyset,$$

6.1.2 디코더 - Causal LM에서 미세조정한 모델로 진행한 문장 생성을 기반으로 좀 더 다양한 기법을 살펴보겠습니다. 5.3.2 Causal LM - 모델에서 설명한 대로 문장 생성 태스크는 문장을 작성할 때 여러 번 추론을 진행합니다. 단순히 여러 번 추론하기만 한다면 간단하고 좋겠지만 아쉽게도 각기 다른 여러 가지 방식이 있습니다. 이를 사용자가 직접 구현하기는 번거롭기 때문에 허깅페이스에서는 model.generate라는 메서드를 이용해 이를 간편하게 사용할 수 있도록 합니다. model.generate 메서드는 GenerationMixin 클래스에 구현된 텍스트 생성을 위한 생성 메서드로 문장을 생성할 때 사용하는 여러 방법론과 최적화 방법을 몇 가지 파라미터로 쉽게 사용할 수 있도록 합니다. 생성할 때 필요한 파라미터를 모아 GenerationConfig라는 데이터 클래스로 정의하며 이를 이용해 문장을 생성할 때 어떤 방식을 사용할 지 결정할 수 있습니다.

model.generate 파라미터

생성 길이 관련

- **max_length(int, optional, defaults to 20)** : 모델이 생성하는 문장의 최대 길이입니다. 입력된 문장 길이를 포함합니다. max_new_tokens이 입력되면 무시됩니다.
- **max_new_tokens(int, optional)** : 모델이 생성하는 문장의 최대 토큰 수입니다. 입력된 문장 길이를 포함하지 않습니다. max_length를 무시합니다.
- **min_length(int, optional, defaults to 0)** : 모델이 생성하는 문장의 최소 길이입니다. 입력된 문장 길이를 포함합니다. min_new_tokens이 입력되면 무시됩니다.
- **min_new_tokens (int, optional)** : 모델이 생성하는 문장의 최소 토큰 수입니다. 입력된 문장 길이를 포함하지 않습니다. min_length를 무시합니다.

생성 방법론 결정

- **do_sample(bool, optional, defaults to False)** : 생성 시 랜덤성을 적용할지 제어합니다. False이면 그리디 방식을 사용합니다.
- **num_beams(int, optional, defaults to 1)** : 빔 개수를 정의합니다. 기본값은 1이며 기본값에서는 그리디 방식을 사용합니다.
- **penalty_alpha(float, optional)** : 대조 검색^{contrastive search} 방법을 사용합니다. 0~1 사이 값을 지니며 값이 작을수록 문장의 일관성이 보장되며, 값이 커질수록 문장이 단조로워지고 품질이 떨어지는 퇴화^{degenerated} 현상을 방지합니다.
- **use_cache(bool, optional, defaults to True)** : 생성 속도 향상을 위해 캐시를 사용할지 여부입니다.

모델 출력 로짓값 관여

- **temperature(bool, optional, defaults to False)** : 문장의 생성 온도입니다. 값이 작을수록 안정적인 문장을, 클수록 창의적인 문장을 생성합니다.
- **top_k(int, optional, defaults to 50)** : 높은 확률 순으로 나열하여 상위 k개 중 하나를 고르는 Top-k 방식을 사용할 때의 후보군 개수입니다.
- **top_p(float, optional, defaults to 1.0)** : 높은 확률 순으로 나열하여 누적 확률값이 p보다 낮은 후보 중 하나를 고르는 Top-p 방식을 사용할 때의 누적 확률값 p입니다.
- **repetition_penalty(float, optional, defaults to 1.0)** : 반복되는 문장에 페널티를 부여합니다.
- **length_penalty(float, optional, defaults to 1.0)** : 생성하는 문장 길이에 따라 페널티를 부여합니다. 0보다 크면 더 긴 문장을, 0보다 작으면 더 짧은 문장을 생성합니다.

생성 시 사용하는 특수 토큰 정의

- **pad_token_id(int, optional)** : 〈pad〉 토큰 id를 설정합니다. 모델 기본 pad_token을 무시합니다.
- **bos_token_id(int, optional)** : 〈bos〉 토큰 id를 강제합니다. 모델 기본 bos_token을 무시합니다.
- **eos_token_id(Union[int, List[int]], optional)** : 〈eos〉 토큰 id를 강제합니다. 모델 기본 eos_token을 무시합니다.

그리디 서치

언어 모델Language Model은 문장을 입력 받아 입력된 문장의 다음에 나올 토큰의 확률을 반환합니다. 모델 출력 확률 분포로부터 다음 토큰을 반복으로 선택하는 과정이 문장 생성 태스크가 됩니다. 그리디 서치탐욕법, greedy search는 현재 상황(t시점)에서 가장 높은 등장 확률을 지닌 토큰을 다음 토큰으로 선택하는 전략입니다.

$$w_t = argmax_w P(w|w_{1:t-1})$$

토큰을 선택하는 그 순간에는 해당 토큰에만 집중하여 탐색 범위를 줄이는 것이 핵심 아이디어입니다. 직관적이며 짧은 문장을 선택할 때는 괜찮은 전략이 될 수 있습니다.

실습을 위해 skt/kogpt2-base-v2 리포지터리에서 토크나이저와 모델을 불러옵니다.

```
import torch
from transformers import AutoTokenizer, AutoModelForCausalLM

model_name = "skt/kogpt2-base-v2"
tokenizer = AutoTokenizer.from_pretrained(model_name)
model = AutoModelForCausalLM.from_pretrained(model_name)
```

샘플링한 배치 데이터를 모델에 입력하여 추론한 값을 로짓 형태로 출력합니다. 해당 매개변수를 사용해 입력된 문장에서 이어 나가는 형태로 문장을 작성합니다. 그리고 생성한 GenerationConfig 객체를 model.generate에 파라미터로 전달하여 사용합니다.

do_sample을 False로 설정해 랜덤성을 제거하여 그리디 서치를 사용합니다. 단, num_beams의 값이 2 이상이면 다음 단계 실습인 빔 서치를 사용합니다(기본값은 1). max_length는 입력 문장과 생성할 문장의 최대 길이로, 생성 도중 해당 값을 초과하거나 혹은 짧은 경우에도 〈eos〉 토큰이 나타나면 생성을 중단합니다. min_length는 생성 최소 길이이며 생성할 문장이 해당 값보다 짧을 때는 eos_token이 등장하지 않도록 하여 문장이 종료되지 않게 합니다.

```python
from transformers import GenerationConfig

inputs = tokenizer(
    "수학(數學, 줄여서 math)은 수, 양, 구조, 공간, 변화 등의 개념을 다루는 ",
    return_tensors='pt',
).to(model.device)

gen_cfg = GenerationConfig(
    do_sample=False,
    min_length=10,
    max_length=50,
)
outputs = model.generate(inputs.input_ids, generation_config=gen_cfg)
result = tokenizer.batch_decode(outputs, skip_special_tokens=True)
print(result[0])
```

> **실행 결과**
>
> 수학(數學, 줄여서 math)은 수, 양, 구조, 공간, 변화 등의 개념을 다루는 데, 이 개념을 통해 수학은 수학이 아닌, 수학이 아닌, 수학이 아닌, 수학이 아닌, 수학이 아닌, 수학이 아닌,

빔 서치

그리디 서치는 매번 최선의 선택을 합니다. 하지만 당시에는 최선인 선택도 전체적으로 보면 최선이 아닐 수 있습니다. 빔 서치 beam search 는 그리디 서치의 이러한 단점을 보완하기 위해 고안된 방식으로, 각 타임스텝에서 가장 가능성 있는 단어를 빔 크기 beam size (라이브러리에서는 num_beam)만큼 시퀀스를 저장해 유지하여 후보군으로 삼습니다.

새로운 후보군이 입력될 때마다 문장 점수의 총점이 가장 낮은 후보군을 제거하여 최종적으로 가장 확률이 높은 후보를 선택하는 방법입니다. 빔 크기가 커질수록 많은 후보군을 선택지로 둘 수 있기에 더욱 점수가 높은 문장을 생성할 수 있으나, 그만큼 연산과정이 빠르게 증가하기에 장비에 부담을 줄 수 있습니다.

do_sample을 False로 설정해 랜덤성을 제거하고 num_beams을 5로 설정해 빔 크기를 설정합니다. 전술했듯 빔 크기가 1인 상황은 후보군을 단 하나만 확인하는 그리디 방식입니다.

```
gen_cfg = GenerationConfig(
    do_sample=False,
    min_length=10,
    max_length=50,
    num_beams=5,
)
outputs = model.generate(inputs.input_ids, generation_config=gen_cfg)
result = tokenizer.batch_decode(outputs, skip_special_tokens=True)
print(result[0])
```

실행 결과

수학(數學, 줄여서 math)은 수, 양, 구조, 공간, 변화 등의 개념을 다루는 數學이다.
수학은 數學, 數學, 數學, 數學, 數學,

반복 제거

모델은 가끔 동일한 단어를 계속해서 말하는 경우가 있습니다. no_repeat_ngram_size를 설정해 모델 출력이 n-gram 단위로 반복되는 상황을 배제할 수 있습니다. 핵심이 되는 파라미터 no_repeat_ngram_size를 3으로 설정해 토큰이 세 개 이상 반복될 경우 해당 트라이그램의 등장 확률을 인위로 0으로 만듭니다.

```
gen_cfg = GenerationConfig(
    do_sample=False,
    min_length=10,
    max_length=50,
    no_repeat_ngram_size=3,
)
outputs = model.generate(inputs.input_ids, generation_config=gen_cfg)
result = tokenizer.batch_decode(outputs, skip_special_tokens=True)
print(result[0])
```

실행 결과

수학(數學, 줄여서 math)은 수, 양, 구조, 공간, 변화 등의 개념을 다루는 데, 이 개념을 통해 수학은 수학이 아닌, 수학이 아니라 수학이 되는 것이다.
수학은 수학이 아니다
수학은 수학의 한 부분일

> 😊 **N-gram 방식**
>
> 토큰을 하나의 단위로 지정하여 보면 유니그램uni-gram, 두 개의 단위로 보면 바이그램bi-gram, 세 개의 단위로 보면 트라이그램tri-gram이라고 합니다. 네 개 이상 숫자, n개 단위로 토큰을 볼 때는 N-gram으로 정의합니다.

반복 페널티

반복 페널티repetition penalty를 주어 문장 반복을 통제할 수도 있습니다. repetition_penalty 파라미터를 설정하여 페널티를 적용할 수 있습니다. 값이 1.0이면 아무 페널티를 적용하지 않은 것과 같으며, 1보다 크다면 문장이 반복됨에 따라 페널티를 주어 반복되는 토큰 확률을 통제합니다.

```
gen_cfg = GenerationConfig(
    do_sample=False,
    min_length=10,
    max_length=50,
    repetition_penalty=2.0,
)
outputs = model.generate(inputs.input_ids, generation_config=gen_cfg)
result = tokenizer.batch_decode(outputs, skip_special_tokens=True)
print(result[0])
```

실행 결과

수학(數學, 줄여서 math)은 수, 양, 구조, 공간, 변화 등의 개념을 다루는 데, 이 개념은 수학에서 가장 많이 사용되는 개념 중 하나이다.
수학은 수학적 사고력을 측정하는 데 중요한 역할을 한다.
이러한 관점에서 볼 때 수학을 공부하는 학생들은

온도 스케일링

온도 스케일링temperature scaling은 temperature 파라미터 설정으로 모델 토큰 확률분포에 변형을 가해 문장을 다양하게 생성하는 기법입니다. 온도가 높을수록 확률값을 공평하게 분배하여 높은 확률은 조금 낮아지게, 낮은 확률은 조금 높아지게 설정합니다. 대소 관계의 역전은 없이 분포 대각선을 더욱 완만하게 바꾸는 것입니다. temperature 파라미터를 설정해 사용할 수 있으며 기본값인 1로 설정하면 어떠한 변형 없이 그대로 사용한다는 의미입니다. 반대로 1보다 큰 값으로 두면 확률분포가 평평해지면서 기존 Top-k 샘플링에서 선택되기 어려웠던 토큰이 다음 토큰으로 선택될 수 있어 다양한 문장 생성이 가능하지만 생성 문장의 품질이 나빠질 수 있어 상황에 맞게 사용해야 합니다.

```
gen_cfg = GenerationConfig(
    do_sample=True,
    min_length=10,
    max_length=50,
    top_k=50,
    temperature=100000000.0,
)
outputs = model.generate(inputs.input_ids, generation_config=gen_cfg)
result = tokenizer.batch_decode(outputs, skip_special_tokens=True)
print(result[0])
```

실행 결과

수학(數學, 줄여서 math)은 수, 양, 구조, 공간, 변화 등의 개념을 다루는 修, 양과 관련성이 있고, 자연이나 자연 속에 존재한다고 여기는 도가, 사리, 금력, 재성, 운동능 및 공기도 등이다. 최소한에

Top-k 샘플링

그리디 서치와 빔 서치 방식은 모델이 출력한 다음 토큰 확률분포를 점수로 활용하기 때문에 랜덤성이 없는 정적인 방법입니다. Top-k 샘플링은 모델이 예측한 다음 토큰 확률분포에서

확률값이 가장 높은 k개 토큰 가운데 하나를 다음 토큰으로 선택하는 기법입니다.

$$w_t \sim P(w|w_{1:t-1})$$

do_sample을 True로 설정해 랜덤성을 부여하며, top_k를 50으로 설정해 후보군을 상위 50개로 결정합니다. top_k 값은 1 이상 정수를 입력해야 합니다. top_k 값이 1인 경우 그리디 서치와 동일합니다.

```
gen_cfg = GenerationConfig(
    do_sample=True,
    min_length=10,
    max_length=50,
    top_k=50,
)
outputs = model.generate(inputs.input_ids, generation_config=gen_cfg)
result = tokenizer.batch_decode(outputs, skip_special_tokens=True)
print(result[0])
```

실행 결과

수학(數學, 줄여서 math)은 수, 양, 구조, 공간, 변화 등의 개념을 다루는 데, 이는 수학에서 말하는 '수학, 수학'이라고 할 수 있다.
수학(數學, 수학)은 數學 또는 수학적인 성질을 나타내는 것으로 수

Top-p 샘플링

확률값이 높은 순서대로 토큰을 내림차순 정렬한 뒤, 상위 토큰 중 누적 확률값이 p 이하인 토큰을 후보군으로 선택해 그중 하나를 선택하는 기법입니다. 뉴클리어스 샘플링 necleus sampling이라고도 불립니다. Top-k 샘플링은 상위 k개를 후보로 삼고 Top-p 샘플링은 누적 확률 값이 p 이하인 단어를 후보로 삼는다는 것에 차이가 있습니다. do_sample을 True로 설정해 랜덤성을 추가하고 top_p를 0.6으로 설정해 누적 확률 0.6 이하 토큰 중 하나를 선택하도

록 합니다. top_p를 1.0으로 설정하면 확률값이 낮은 토큰을 모두 고려하게 되어 모든 토큰을 고려한다는 의미입니다. top_p가 0에 가까울수록 후보 단어 수가 줄어들고 그리디 서치와 비슷해집니다.

```
gen_cfg = GenerationConfig(
    do_sample=True,
    min_length=10,
    max_length=50,
    top_p=0.6,
)
outputs = model.generate(inputs.input_ids, generation_config=gen_cfg)
result = tokenizer.batch_decode(outputs, skip_special_tokens=True)
print(result[0])
```

> **실행 결과**
>
> 수학(數學, 줄여서 math)은 수, 양, 구조, 공간, 변화 등의 개념을 다루는 데, 수학은 이러한 개념들을 다루는 것이 아니라 주어진 공간, 즉 공간을 정의하는 문제다.
> 즉, 공간이라는 개념에서 말하는 공간이란, 공간이라는

대조 검색

그리디 서치와 빔 서치 같은 통계 기반 생성 방식은 문장 생성 시 같은 말을 반복한다는 문제가 있고, Top-k와 Top-p 샘플링 등 확률 기반 생성 방식은 문장이 일관적이지 않을 수 있다는 문제를 지닙니다. 이를 해결하기 위해 대조 검색 contrastive search 방법이 등장했습니다. 「A Contrastive Framework for Neural Text Generation」[12]이라는 논문에서는 대조 검색이라는 생성 방식을 제안하고 전술한 두 생성 방식의 장점을 모두 가지고 있다고 말합니다.

문장을 생성할 때 기존처럼 확률이 높은 토큰을 우선으로 하는 동시에, 해당 토큰과 이미 생성한 토큰 간 유사도를 계산하며 유사도가 낮을수록 선택될 확률을 증가시킵니다. 즉, 다음 단어로 등장할 만큼 자연스러우면서 동시에 이전에 등장하지 않았던 새로운 단어를 사용해야 하는 것입니다. 두 조건 간 균형은 논문에서 제안하는 수식의 α 값을 통해 조절할 수 있습

---

[12] 「A Contrastive Framework for Neural Text Generation」, (Yixuan Su, 2022), 25., arxiv.org/abs/2202.06417

니다. 라이브러리 내에서는 penalty_alpha 파라미터를 통해 조절할 수 있고 0.5로 설정하면 두 조건의 중요도를 동일하게 바라보도록 합니다. 0.5보다 작을수록 자연스러운 문장에 집중하고 클수록 새로운 문장에 집중합니다. 이는 비교적 최근 구현된 기능으로 Transformers 4.24.0 버전부터 사용할 수 있습니다. 다음은 해당 파라미터를 0.6으로 설정하여 생성을 진행하는 코드입니다.

```
gen_cfg = GenerationConfig(
    do_sample=True,
    min_length=10,
    max_length=50,
    penalty_alpha=0.6,
)
outputs = model.generate(inputs.input_ids, generation_config=gen_cfg)
result = tokenizer.batch_decode(outputs, skip_special_tokens=True)
print(result[0])
```

실행 결과

수학(數學, 줄여서 math)은 수, 양, 구조, 공간, 변화 등의 개념을 다루는 데, 공간 또는 공간의 정의는 수학이나 사회학(물리학 이론)에서처럼 개념을 구성하는 기본 단위로서의 개념을 가리키는 것이 아니라 모든 단위를 대상으로 한 개념이다.
여기서 개념

종합 적용

그리디 서치, 빔 서치, 랜덤 샘플링, 대조 검색 등 여러 가지 생성 방법론과 기타 생성을 제어하는 변수를 확인해 보았습니다. 살펴본 방법론 중 어느 방법론이 무조건 뛰어나지는 않습니다. 생성하는 문장 도메인에 따라 좋은 성능을 보이는 방법론이 다르고 변수 역시 여러 가지를 사용해 무엇이 나은지 찾아보는 하이퍼파라미터 튜닝이 필요합니다. 다음 코드와 같이 여러 변수를 동시에 사용해 문장 품질을 높일 수 있습니다. 여러 가지 방법론과 변수를 사용해 보며 자신이 진행하는 태스크에 맞는 값을 찾아내는 것이 중요합니다.

```python
gen_cfg = GenerationConfig(
    do_sample=True,
    max_new_tokens=128,
    repetition_penalty=2.0,
    no_repeat_ngram_size=3,
    temperature=0.9,
    top_k=50,
    top_p=0.92,
)
outputs = model.generate(inputs.input_ids, generation_config=gen_cfg)
result = tokenizer.batch_decode(outputs, skip_special_tokens=True)
print(result[0])
```

> **실행 결과**
>
> 수학(數學, 줄여서 math)은 수, 양, 구조, 공간, 변화 등의 개념을 다루는 데, 이는 수학적으로 볼 때 한 가지 방법에서만 쓸 수도 있다는 것을 의미하고 있다.
> 여기서 '수학'이라고 하는 것은 자연수에 대한 개념이며, 이 개념은 수학을 가르치는 교사의 수업에서 자주 사용되는 용어이다.
> 예컨대 물리학자들은 모든 집합(집합)의 수가 기하학에서 어떤 방향으로 움직일 것인가를 알고 있으며, 그 수학적 계산을 통해서 다른 유형의 수를 계산할 수는 없다.
> 다만, 수의 정수(定受)가 어떻게 나타나는가를 이해하는 것이 곧 양의 정수 또는 부피의 정의이며 각각의 성질에 따라 같은 종류의 두 개 이상의 숫자를 모두 해석할 때도 마찬가지로 사용할 것이다.
> 예를 들어 다음과 같이 생각할 경우
> "이 방정식에서는 양이 아니라 물체가 하나의 대수가 되는 것으로 생각

6.2 모델 서빙

모델을 학습하는 것과 별개로 이를 많은 이용자들이 사용하도록 관리하는 건 다른 문제입니다. 단순히 몇 개 문장만을 생성해 성능을 테스트하는 것은 Pipeline을 통해서도 로컬에서도 충분히 해결이 가능하나, 이는 편리하게 사용하는 것이지 효율적인 사용은 아닙니다. 허깅페이스에서는 모델을 메모리상에 올려 생성을 진행할 수 있는 서빙용 API를 관리할 수 있도록 텍스트 제너레이션 인터페이스Text-Generation-Inference, TGI라는 툴킷을 제공합니다. 도커 이미지로 공유되며, 도커만 설치되어 있다면 몇 줄 커맨드를 사용해 간단하고 편리하게 모델을 서빙할 수 있습니다.

TGI는 많은 기술을 사용해 모델을 효율적으로 사용할 수 있도록 합니다. 도커 허브에 게시된 이미지를 다운로드해 컨테이너화하면 원하는 모델로의 서빙도 간단하게 진행 가능합니다. 해당 과정에서 여러 가지 방법론으로 VRAM 점유율을 낮추는 등 경량화를 적용할 수도 있습니다. 2025년 1월 기준 33개가량 모델을 지원하고 11가지 기술을 제공하고 있으니 TGI 공식 문서[13]의 CONCEPTUAL GUIDES와 Supported Models 및 관련 하드웨어 항목을 참조하기 바랍니다.

본 섹션의 실습은 사용하는 모델 크기가 큰 편이고 파이썬이 아닌 우분투 셸에서 진행되기에 코랩을 활용하기에는 한계가 있습니다. 저자는 비디오 랜덤 액세스 메모리Video Random Access Memory, VRAM이 24GB인 GPU를 사용했습니다. VRAM이 부족하다면 이번 실습은 확인만 하고 넘어가도 무방합니다.

이미 사전학습과 한국어 튜닝이 완료된 beomi/Mistral-Ko-Inst-dev 리포지터리의 모델을 불러오겠습니다. 도커에 대한 자세한 내용은 다루지 않으므로 간단히 언급만 하고 넘어가겠습니다.

---

13 허깅페이스 「text-generation-inference」, huggingface.co/docs/text-generation-inference/index

```
# Ubuntu Shell Command
model=beomi/Mistral-Ko-Inst-devvolume=$PWD/data  # 모든 컨테이너마다 가중치 다운로드
하지 않도록 볼륨 마운트

docker run \
    --gpus all \    # 모든 gpu 사용
    --shm-size 1g \    # 공유메모리 설정
    -p 8080:80 \    # 로컬 - 컨테이너 간 포트 연결
    -v $volume:/data \    # 컨테이너 안에서 모델을 공유할 수 있도록 마운트
    ghcr.io/huggingface/text-generation-inference:2.1.0 \    # 이미지명
    --model-id $model    # 모델명
```

최초로 실행하는 경우에는 모델을 다운로드하는 데 시간이 걸립니다. 다운로드가 완료되면 curl 명령어를 사용하여 bash shell 내부에서 추론을 진행해 보겠습니다. 입력값은 JSON 형식으로 작성되고 parameters 변수에 원하는 generation config를 입력하여 제어할 수 있습니다.

```
# Ubuntu Shell Command
$ curl 127.0.0.1:8080/generate \
    -X POST \
    -d '{
    "inputs":"스타벅스와 스타벅스 코리아의 차이는?",
    "parameters":{"max_new_tokens":64}
    }' \
    -H 'Content-Type: application/json'
```

실행 결과

{"generated_text":"\n스타벅스 코리아는 미국 스타벅스의 해외 지점이다. 스타벅스 코리아는 2000년 10월 1일 설립되었으며, 대한민국 최초의 스타벅스 매장을 2000년 10월 15일 개점하였다."}

CHAPTER 7

모델 경량화

7.1 모델 경량화 개요
7.2 PEFT
7.3 양자화
7.4 QLoRA 미세조정

7.1 모델 경량화 개요

앞서 실습해 본 BERT, GPT, BART 모델은 비교적 초창기에 제안된 모델입니다. 2020년 GPT-3를 기준으로 이후에 제안된 모델의 파라미터 개수는 이전에 비해 기하급수로 증가하였고 최근 대규모 언어 모델이라고 불리는 LLaMA, Alpaca, Mistral, Gemma 등 모델은 파라미터 수가 최소 20억 개(2B)에서 시작하여 많게는 4050억 개(405B)라는 어마어마한 크기를 가지고 있습니다.

모델 크기와 성능이 선형적인 관계를 가진다는 트랜스포머 기반 모델 특성상 기반이 되는 모델 아키텍처 자체가 바뀌지 않는 이상 크기 증가는 필연적인 일이었습니다. 또한 아무리 제로샷zero-shot 러닝, 퓨샷few-shot 러닝, 프롬프트 엔지니어링prompt engineering 등 기법이 대두되고 발전해도 사전학습된 모델을 사용하는 데이터 도메인에 맞춰진 미세조정이 확연히 높은 성능을 보이는 것이 명백한 사실입니다. 모델 크기가 증가함에 따라 이를 학습하고 추론할 때 연산량과 사용되는 자원량 또한 무시하지 못할 정도로 커지게 되었고 이는 곧 하드웨어에 가해지는 부담으로 직결되었습니다. 모델은 점차 발전하는데 정작 이를 활용하지 못하는 상황이 발생하게 되자, 연구 방향도 "어떻게 성능을 끌어올릴 수 있는가"와 더불어 "어떻게 모델을 효율성 높게 사용할 수 있는가"에 초점을 맞춰 모델 크기 최적화, 모델 경량화라는 주제에도 집중하는 결과를 낳았습니다.

이번 챕터의 주제인 모델 경량화란 모델 메모리 사용량을 줄이고 추론 속도를 높일 수 있는 다양한 기법을 총칭하는 개념입니다. 모델 양자화, 모델 압축, 가중치 가지치기 등 여러 방법을 활용하여 메모리 사용량을 감소시켜 기존의 복잡한 모델을 가볍고 더 빠르게 실행할 수 있도록 하며, 서버나 개인 로컬 환경을 넘어 모바일 기기나 임베디드 시스템과 같은 리소스가 제한된 환경에서도 모델을 운용할 수 있도록 합니다. 허깅페이스에서는 모델 경량화를 위한 도구를 제공하고 모델 효율성을 높여 활용하는 것을 중점으로 지원하고 있습니다. 그럼 모델 경량화 기법의 다양한 방법론에 대해 알아보겠습니다.

7.2 PEFT

PEFT^{Parameter-Efficient Fine-Tuning}는 의미 그대로 파라미터를 미세조정하는 효율을 높이는 방법론이자 동명의 라이브러리입니다. 사전학습된 대규모 모델의 파라미터를 좀 더 효율적으로 적용하기 위한 개념입니다. 사전학습된 모델을 미세조정하는 것은 굉장한 시간과 비용을 발생시킵니다. PEFT 방식을 활용하면 사전학습 모델의 모든 파라미터가 아닌 소수 추가 파라미터만으로 다양한 다운스트림 태스크를 진행합니다.

좀 더 자세히 설명하자면 사전학습 모델 대부분의 파라미터를 동결^{freeze}시켜 업데이트가 되는 것을 막고 소량의 추가 파라미터만 학습하여 저장공간과 계산 비용을 대폭 줄여 미세조정과 유사한 성능을 내도록 하는 것이 PEFT의 목표입니다. PEFT 방식을 활용하면 모델 전체 파라미터를 미세조정할 때 발생하는 치명적인 망각^{catastrophic forgetting} 문제를 피할 수 있고 학습할 데이터가 적은 경우에는 전체 파라미터 미세조정보다 더 나은 성능을 보였습니다. 또한, 이러한 방식을 통해 한정된 컴퓨팅 자원에서 활용하기 어려운 비교적 큰 크기의 LLM을 적은 계산 비용으로 학습하고 저장할 수 있게 됩니다. 결론적으로 PEFT 방식을 활용하여 미세조정을 한 경우 학습한 파라미터는 단 몇 MB에 불과하지만 전체 미세조정에 필적하는 성능을 얻을 수 있습니다.

PEFT 라이브러리에서는 이러한 방법론을 간편하게 사용할 수 있고 Transformers, Accelerate와 연관하여 효율적으로 모델을 미세조정하는 기술을 제공합니다. PEFT에는 여러 방식이 있지만 어댑터 기반 방법 중 대표적인 LoRA^{Low-Rank Adaptation}에 대해 알아보겠습니다.

PEFT 방식은 사전학습 모델에서 고정된 어텐션과 선형 레이어에 추가 파라미터만을 학습하여 메모리 사용량을 줄이고 학습 속도를 높이는 방식입니다. PEFT 방식은 활용 방법에 따라 LoRA, LoHA, LoKr, AdaLoRA, Llama-Adapter 등 다양한 어댑터 기반 방식이 존재합니다. PEFT에 속하는 모든 방법론은 모델의 원본 파라미터는 동결시키고 적은 양의 파라미터인 어댑터만을 학습하여 전체 파라미터로 미세조정한 모델과 비슷하거나 더 높은 수준의 성능 달성을 목표로 합니다.

여기에서는 다양한 어댑터 기반 방식 중 가장 인지도가 높은 LoRA[14]에 대해 다룹니다. LoRA 방법론은 대규모 언어 모델용으로 개발되었으나 효율성 측면에서 이점이 있어 PEFT 방식에서 가장 많이 활용하는 방식이 되었습니다. LoRA는 PEFT 방법론 중 하나로 어텐션 레이어에서 큰 행렬을 두 개의 저차원 행렬로 분해하는 방식입니다. 쉽게 설명하자면 모델 가중치를 업데이트하기 위한 연산을 줄임으로써 모델 미세조정 속도를 높이고 학습 중 메모리를 덜 사용하도록 하며 새롭게 생성한 작은 크기 가중치만 학습하는 방법입니다. 일반적으로 LoRA는 학습 가능한 파라미터 수를 줄이기 위해 트랜스포머 모델 어텐션 블록에만 적용됩니다. 학습 가능한 파라미터 수는 하이퍼파라미터인 저차원 크기 r과 해당 모델 구조에 따라 결정됩니다.

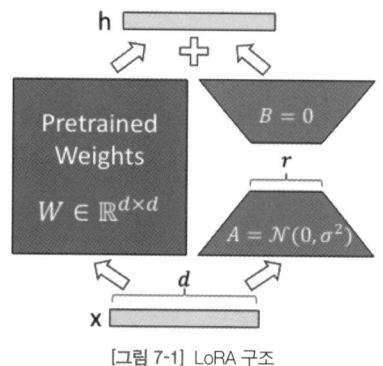

[그림 7-1] LoRA 구조

[그림 7-1]은 LoRA 구조를 시각화하여 나타낸 그림입니다. Low-Rank Adaption이라는 뜻 그대로 원본 파라미터보다 작은 차원의 추가 가중치를 생성합니다. 원본 모델의 사전학습된 가

---

14 「LoRA: Low-Rank Adaptation of Large Language Models」, (Edward J. Hu, 2021), 26., arxiv.org/abs/2106.09685

중치 행렬 Pretrained Weights W(왼쪽 사각형)는 업데이트하지 않고 새로 생성한 가중치 행렬인 Weight A, B(오른쪽 사다리꼴)만 학습하여 전체 파라미터 수를 낮게 유지하면서 새로운 데이터에 대해 적응하며 학습합니다. 해당 가중치 행렬 A와 B를 LoRA 어댑터라고 부릅니다. 이후 마지막으로 원래 가중치와 LoRA 어댑터를 결합하여 사용하며 결과로 추론 시에 미세조정 모델의 지연 문제도 해결할 수 있습니다. LoRA 방식은 학습에 적은 자원만을 사용하는 것뿐 아니라 다양한 데이터에 대해 각각 학습했을 때 어댑터만 저장하여 사용하면 되므로 저장 공간 및 작업 전환 면에서도 큰 이점을 가집니다.

LoRA 논문에서는 BERT와 GPT 계열 모델의 사전학습된 파라미터 중 일부만을 활용하여 새로운 도메인을 학습합니다. 허깅페이스에서는 PEFT 라이브러리를 활용하면 LoRA를 굉장히 쉽게 활용할 수 있습니다. 이번에 테스트할 모델은 구글에서 출시한 Gemini 모델과 동일한 연구 기술을 기반으로 경량화하여 오픈소스로 출시한 디코더 언어 모델인 Gemma입니다. 다국어 모델인 Gemma-2b 모델을 한국어로 학습한 nlpai-lab/ko-gemma-2b-v1을 활용하겠습니다. 모델 파라미터 70억 개(7B)인 모델을 활용하면 성능이 훨씬 좋겠지만 이번 실습에서는 코랩 T4 GPU 환경에서 감당할 수 있는 모델을 선정하였습니다. 실습에 앞서 LoRA 활용 시 사용하는 LoraConfig와 LoraModel 클래스 주요 파라미터에 대해 알아보겠습니다.

LoraConfig 주요 파라미터

- **r(int)** : LoRA 모듈 차원값입니다.
- **lora_alpha(int)** : LoRA 스케일링을 위한 하이퍼파라미터입니다.
- **lora_dropout(float)** : LoRA 레이어에 대한 드롭아웃 확률입니다.
- **target_modules(Optional[Union[List[str], str]])** : 어댑터를 적용할 모듈 이름입니다.
- **init_lora_weights(bool|Literal["gaussian", "pissa", "pissa_niter_[number of iters]" "loftq"])** : 어댑터 레이어 가중치를 초기화하는 방법으로 True를 전달하면 마이크로소프트의 참조 구현에서 기본 초기화를 진행합니다. False를 설정하면 완전히 무작위로 초기화됩니다. gaussian, pissa, loftq 등 다양한 방식으로 초기화 전략을 설정합니다.

- **use_rslora(bool)** : True이면 어댑터 스케일링을 lora_alpha/math.sqrt(r)로 설정합니다. 기본값은 lora_alpha/r입니다.
- **use_dora(bool)** : 가중치를 크기와 방향으로 분해해 처리하는 DoRA 방법론을 사용합니다.
- **layer_replication(List[Tuple[int, int]])** : 지정된 범위에 따라 원본 모델 레이어를 쌓아서 새 레이어 스택을 만듭니다. 새 레이어에 모두 별도 LoRA 어댑터를 부착합니다.

LoraModel 주요 파라미터

- **model(torch.nn.Module)** : 적용할 모델을 입력합니다.
- **config(LoraConfig)** : 파라미터가 설정되어 있는 LoraConfig를 선언합니다.
- **adapter_name(str)** : 어댑터 이름을 설정합니다. 기본값은 "default"입니다.

LoRA 초기화 방법론

PEFT 라이브러리 사용을 위해 먼저 PEFT를 설치해 줍니다. 코랩에서는 기본으로 Transformers 라이브러리는 설치가 되어 있지만 PEFT와 Accelerate를 추가로 설치해 주어야 합니다.

```
!pip install peft accelerate
```

LoRA 가중치 초기화를 어떠한 방식으로 설정하는지는 모델 성능에 중요한 영향을 미칩니다. LoraConfig의 init_lora_weights 파라미터를 사용하여 초기화 방식을 결정할 수 있는데, 기본값인 True로 입력하면 마이크로소프트 Microsoft에서 구현한 방식과 동일하게 행렬 A는 kaiming-uniform을 사용하여 초기화하고 행렬 B는 0으로 초기화합니다. 즉, ID 변환 identity transform을 통해 모델 학습 안정성을 갖게 하는 방식으로 LoRA 가중치를 초기화합니다.

init_lora_weights 파라미터에 "gaussian"을 전달하면 가중치 A를 가우시안 분포로 초기화하고 가중치 B는 0으로 초기화합니다. 해당 방법으로 가중치를 초기화하면 일부 태스크에서 더 나은 성능을 기대할 수 있습니다. 또한, init_lora_weights에 "loftq"를 설정하여 LoftQ 초기화를 사용하거나 "pissa"를 설정하여 PEFT 방식 중 하나인 주요 특이값 및 특이 벡터 적응 PiSSA Principal Singular Values and Singular Vectors Adaptation of Large Language Models[15] 방식으로 초기화할 수 있습니다. PiSSA를 사용해 어댑터 가중치를 초기화하면 QLoRA에 비해 양자화 오류를 줄여 성능을 더욱 향상할 수 있습니다. 여러 분포를 통해 다양하게 초기화 전략을 시도해 볼 수 있습니다.

```
from peft import LoraConfig

config = LoraConfig(init_lora_weights="gaussian")
```

LoftQ

LoRA 미세조정 인식 양자화 LoRA fine-tuning aware Quantization, LoftQ는 LoRA 개념과 **7.3 양자화**에서 배울 양자화 개념을 접목한 방법으로, 양자화한 모델에 LoRA 어댑터를 부착해 학습 성능을 향상시킵니다. QLoRA를 사용할 때는 양자화 오차가 최소화되도록 LoRA 가중치를 초기화해야 하는데, 그 방법이 바로 LoftQ입니다. 모델 가중치 정밀도를 줄여 메모리와 계산 요구사항을 낮춰 다운스트림 태스크에서 성능을 향상시킬 수 있습니다.

모델을 불러올 때 양자화 관련 config를 사용하기 위해서 Accelerate와 Bitsandbytes 라이브러리를 설치합니다.

```
!pip install peft accelerate -i https://pypi.org/simple/ bitsandbytes
```

---

15 「PiSSA: Principal Singular Values and Singular Vectors Adaptation of Large Language Models」, (Fanxu Meng, 2024), 23., arxiv.org/abs/2404.02948

LoftQ 방법론은 결국 LoRA 어댑터 가중치를 초기화하는 방법입니다. 따라서 LoftQ 성능을 가장 높이기 위해서는 일반적으로 LoRA 어댑터를 많은 레이어에 부착해 LoftQ 방법으로 초기화하기를 권장합니다.

LoraConfig의 파라미터 target_modules에 'all-linear'를 전달하여 모든 선형 레이어에 어댑터를 부착해 봅시다. 양자화 구성에서 nf4 데이터 타입을 설정하여 4비트 양자화 모델을 불러오겠습니다. replacement_lora_weights_loftq 함수를 사용하여 LoftQ 초기화를 적용하고 양자화된 PEFT 모델을 활용하여 LoRA 가중치를 대응 요소로 대체합니다. 양자화 방법은 **7.3 양자화**에서 자세히 다뤄보겠습니다.

```
from peft import replace_lora_weights_loftq, LoraConfig, get_peft_model
from transformers import BitsAndBytesConfig, AutoModelForCausalLM

bnb_config = BitsAndBytesConfig(
    load_in_4bit=True,
    bnb_4bit_quant_type="nf4",
)
model = AutoModelForCausalLM.from_pretrained(
    "nlpai-lab/ko-gemma-2b-v1",
    quantization_config=bnb_config,
)
lora_config = LoraConfig(
    task_type="CAUSAL_LM",
    target_modules="all-linear",
)
peft_model = get_peft_model(model, lora_config)
replace_lora_weights_loftq(peft_model)
```

랭크 안정화 LoRA

LoraConfig를 초기화하는 다른 방법으로 랭크 안정화 LoRA^{rank-stablilized LoRA, rsLoRA}가 있습니다. LoRA 구조는 초기화할 때 설정한 차원 값 r과 더불어 α를 하이퍼파라미터로 사용합니다. 해당 값은 LoraConfig에서 각각 파라미터 r, lora_alpha로 설정할 수 있습니다. 원래 LoRA에서는 lora_alpha를 r 값으로 나눈 값을 초기화하는데 r 차원 값이 높아져도 성능이 더 이상 향상되지 않습니다. 하지만 rsLoRA를 사용하면 r 값을 제곱근한 값을 사용해 어댑터 가중치를 초기화하여 문제를 해결합니다.

lora_alpha 값을 제곱근 r로 나누어 사용하여 어댑터를 안정화하며, 이때 더 높은 r 값을 사용하면 높은 성능을 기대해 볼 수 있습니다. 랭크 안정화 방식은 LoraConfig에서 use_rslora를 True로 설정하여 사용할 수 있습니다.

```
config = LoraConfig(use_rslora=True)
```

가중치 분해 저순위 적응

가중치 분해 저순위 적응weight-Decomposed Low-Rank Adaptation, DoRA 방법론은 사전학습 모델 가중치를 크기magnitude와 방향direction 두 가지 요소로 분해합니다. 이때 분해된 정보 중 방향에 해당하는 요소를 LoRA를 사용해 학습하여 더욱 세밀한 단위로 학습이 가능하며 학습하는 가중치 양 또한 최소화할 수 있습니다. PEFT 라이브러리 버전 0.11.0 기준 해당 방법은 선형 레이어와 Conv2d 레이어에만 부착할 수 있으니 해당 부분에서 주의가 필요합니다. DoRA 방식은 기본 LoRA 방식보다 추가 추론 오버헤드를 피하기 위해 LoraModel.merge_and_unload 메서드로 가중치를 병합하는 것이 좋습니다.

```
config = LoraConfig(use_dora=True)
```

QLoRA 스타일 학습

최근에는 새로운 언어 모델 구조로 상태 공간 모델(State Space Model, SSM) 기반 Mamba 구조와 선형 어텐션 메커니즘(linear attention mechanism) 기반 RWKV 구조 등 트랜스포머가 아닌 구조를 채택한 모델들이 등장했습니다. 이러한 구조는 추후에 어떻게 발전하느냐에 따라 언어 모델 구조에서 충분히 대세가 될 수 있으나 현재 대부분 언어 모델은 가장 높은 성능을 보이는 트랜스포머 구조를 따릅니다.

기본적인 LoRA 방식은 트랜스포머 구조에서 각 어텐션 블록 쿼리와 밸류 레이어에 학습 가능한 가중치를 추가합니다. 그러나 QLoRA는 트랜스포머 모델의 모든 선형 레이어에 학습 가능한 가중치를 추가하여 전체 미세조정한 모델과 비슷한 성능을 기대할 수 있습니다. target_modules을 "all-linear"로 설정하여 모든 레이어에 LoRA를 적용합니다.

```
config = LoraConfig(target_modules="all-linear")
```

효율적 레이어 복제

레이어 복제란 사전학습된 모델의 특정 레이어를 복제해 모델을 확장하는 방법입니다. 이미 학습된 레이어를 활용했기에 새로운 레이어를 추가하는 것보다 빠른 학습이 가능합니다. 이때, 복제한 레이어에 LoRA 어댑터를 부착해 기본 가중치를 공유하고 어댑터만 학습시키면 메모리를 효율적으로 활용할 수 있습니다. 모델 레이어를 복제하여 모델을 확장하고 주어진 크기의 사전학습 모델에서 더 큰 모델을 구축합니다. 예를 들면 레이어 복제로 70억 개 파라미터 수를 보유한 모델을 100억 개로 늘리는 것입니다.

복제된 레이어는 기본 가중치를 공유하기 때문에 추가 메모리를 차지하지 않으므로 어댑터 가중치를 위한 메모리만 추가로 필요합니다. layer_replication 파라미터를 사용하여 지정된 범위에 모델 레이어를 쌓아서 새 레이어 스택을 만들고 모두 별도 LoRA 어댑터를 부착합니다. 시작과 끝 쌍으로 이루어진 목록 형식의 지정된 레이어 시퀀스를 쌓아서 최종 모델을 구축합니다.

[0, 1, 2, 3, 4] 이렇게 다섯 개의 레이어가 있다고 가정해 보면 시작이 포함되고 끝이 제외된 [0, 1, 2, 3, 2, 3, 4] 일곱 개 레이어를 구축한 모델을 생성합니다. 최종 모델의 각 레이어는 고유한 LoRA 어댑터 세트를 갖습니다.

```
config = LoraConfig(layer_replication=[[0,4], [2,5]])
```

모델을 탐색하다 보면 효율적 레이어 복제^{memory efficient layer replication with LoRA} 방법론을 사용하여 학습된 모델을 더 큰 사이즈로 확장한 사례[16]를 심심치 않게 찾아볼 수 있습니다.

어댑터 저장

LoRA를 사용해 모델을 학습하는 경우 모델 원본 파라미터는 업데이트되지 않고 어댑터만을 학습하게 됩니다. 따라서 LoRA를 사용해 학습한 이후에는 모델 전체 파라미터가 아닌 학습한 어댑터만을 저장하며 원본 파라미터는 모델 허브^{model hub} 또는 로컬에 저장된 캐시에서 불러오게 됩니다. 인터넷이 가능한 환경에서는 어댑터만 파일로 저장하면 되기에 모델 전체 파라미터를 저장하는 방법보다 현저히 적은 저장공간을 사용하여 자원을 절약할 수 있습니다.

nlpai-lab/ko-gemma-2b-v1 리포지터리에서 모델을 불러온 이후 LoRAConfig와 get_peft_model 함수를 사용해 LoRA 모델로 변경합니다.

```
from transformers import AutoModelForCausalLM, AutoConfig
from peft import get_peft_model, LoraConfig, TaskType

# 모델 불러오기
model = AutoModelForCausalLM.from_pretrained("nlpai-lab/ko-gemma-2b-v1")

# PEFT
peft_config = LoraConfig(
```

---

16 허깅페이스 「abacusai/Fewshot-Metamath-OracaVicuna-Mistral-10B」, huggingface.co/abacusai/Fewshot-Metamath-OrcaVicuna-Mistral-10B/blob/main/adapter_config.json

```
        task_type=TaskType.SEQ_2_SEQ_LM,
        inference_mode=False,
        r=8,
        lora_alpha=32,
        lora_dropout=0.1,
)
model = get_peft_model(model, peft_config)
model.print_trainable_parameters()

# 모델 저장
model.save_pretrained("/content/peft")
```

> **실행 결과**
>
> trainable params: 921,600 || all params: 2,507,094,016 || trainable%: 0.0368

model.print_trainable_parameters 메서드를 사용하여 학습을 진행하는 파라미터 개수를 확인하니 전체 파라미터는 약 25억 개이고 학습하는 파라미터는 0.01% 미만인 약 92만 개입니다. 전체 파라미터보다 학습 파라미터가 훨씬 적다는 것을 확인할 수 있습니다. 이후 학습했다고 가정하고 기본 모델과 동일하게 model.save_pretrained 메서드를 사용해 모델을 저장합니다.

저장된 모델 파일을 확인해 보면 3.6MB로 용량이 상당히 작습니다. 이는 모델 전체 파라미터가 아닌 어댑터 파라미터를 저장했기 때문이며 이렇게 하면 규모가 큰 모델을 효율적으로 학습할 수 있습니다.

```
!ls /content/peft
!du -sh /content/peft
```

> **실행 결과**
>
> adapter_config.json adapter_model.safetensors   README.md
> 3.6M   /content/peft

어댑터 병합

LoRA는 기본 모델과 LoRA 어댑터를 별도로 불러와 사용합니다. 이 때문에 추론 속도가 느려지는 문제가 발생할 수 있습니다. merge_and_unload 메서드를 활용하여 어댑터 가중치를 기본 모델과 병합하면 기능적인 부분을 넘어 시스템 측면에서 하나의 모델로 취급하며, 이를 통해 대부분의 경우에서 지연 문제를 해결할 수 있습니다.

```python
from transformers import AutoModelForCausalLM
from peft import PeftModel

model = AutoModelForCausalLM.from_pretrained("nlpai-lab/ko-gemma-2b-v1")
peft_model_id = "/content/peft"
peft_model = PeftModel.from_pretrained(model, peft_model_id)
peft_model.merge_and_unload()
```

실행 결과
```
GenmmaForCausalLm(
  (model): GemmaModel(
    (embed_tokens): Embedding(256000, 2048, padding_idx=0)
    (layers): ModuleList(
        ...
    )
    (norm): GemmaRMSNorm()
  )
  (lm_head): Linear(in_features=2048, out_features=256000, bias=False)
)
```

merge_adapter 메서드를 사용하면 어댑터 병합을 해제하거나 다른 어댑터를 삭제하고 불러올 수 있도록 복사본을 보관할 수 있으며, unmerge_adapters로 병합된 상태의 모델에서 기본 모델을 반환할 수도 있습니다.

```python
from transformers import AutoModelForCausalLM
from peft import PeftModel

base_model = AutoModelForCausalLM.from_pretrained("nlpai-lab/ko-gemma-2b-v1")
peft_model_id = "/content/peft"
model = PeftModel.from_pretrained(base_model, peft_model_id)
model.merge_adapter()

model.unmerge_adapter()
```

add_weighted_adapter 메서드를 통해 기존 어댑터에 다른 어댑터를 병합한 새로운 어댑터를 추가할 수 있습니다. 이때, weights 파라미터로 비율을 결정합니다.

```python
from transformers import AutoModelForCausalLM
from peft import PeftModel

base_model = AutoModelForCausalLM.from_pretrained(
    "nlpai-lab/ko-gemma-2b-v1",
    torch_dtype="float16",
    device_map="auto",
)
peft_model_id = "/content/peft-a"
model = PeftModel.from_pretrained(
    base_model,
    peft_model_id,
    adapter_name="a",
)

weighted_adapter_name = "a-b"
model.load_adapter("/content/peft-b", adapter_name="b")
model.add_weighted_adapter(
    adapters=["a", "b"],
    weights=[0.7, 0.3],
    adapter_name=weighted_adapter_name,
    combination_type="linear",
)
model.set_adapter(weighted_adapter_name)
```

어댑터 불러오기

load_adapter 메서드를 사용하여 사전학습된 모델에 어댑터를 불러올 수 있습니다. 이 방식으로 가중치를 쉽게 병합하여 다양한 어댑터를 활용해 볼 수 있습니다. set_adapter는 활성 어댑터를 설정합니다. 한 번에 하나의 어댑터만 활성화할 수 있습니다.

```
from transformers import AutoModelForCausalLM
from peft import PeftModel

base_model = AutoModelForCausalLM.from_pretrained("nlpai-lab/ko-gemma-2b-v1")
model = PeftModel.from_pretrained(
    base_model,
    "/content/peft-a",
)

# 다른 어댑터 불러오기
model.load_adapter("/content/peft-b", adapter_name="b")

# 활성 어댑터 가중치 설정
model.set_adapter("b")
```

unload 메서드를 사용하면 기본 모델을 반환할 수 있고 delete_adapter를 사용하여 어댑터를 완전히 삭제할 수도 있습니다.

```
# 어댑터 언로드
model.unload()

# 어댑터 삭제
model.delete_adapter("b")
```

LoRA 모델 추론

한국어로 학습된 Gemma-2b 모델을 nlpai-lab/ko-gemma-2b-v1 리포지터리에서 불러와 대한민국 보물 제 1호를 물어보는 간단한 추론 작업을 진행해 보겠습니다. 저장할 때와 마찬가지로 PEFT 모델을 불러온 뒤 '대한민국 국보 제 1호는 무엇입니까?' 문장을 토큰화하여 추론합니다. Gemma 모델과 같은 최근 LLM 모델을 활용할 때 tokenizer.apply_chat_template 메서드로 입력할 텍스트를 "role": "user" 형태로 부여하여 포맷을 맞춰주어 토큰화를 진행합니다. 이후 GenerationConfig에 **6.1.4 언어 모델 문장 생성**에서 확인한 생성 관련 파라미터를 입력해 model.generate를 실행합니다. return_full_text를 False로 설정하면 모델이 만든 추가된 텍스트만 반환합니다.

```
import torch
from transformers import AutoModelForCausalLM, AutoTokenizer, GenerationConfig
from peft import PeftModel, PeftConfig

peft_model_id = "/content/peft"
config = PeftConfig.from_pretrained(peft_model_id)
model = AutoModelForCausalLM.from_pretrained(
    config.base_model_name_or_path
)
model = PeftModel.from_pretrained(model, peft_model_id)
model = model.to('cuda')
model.eval()

tokenizer = AutoTokenizer.from_pretrained(config.base_model_name_or_path)
inputs = tokenizer.apply_chat_template(
    [
        {"role": "user", "content": "대한민국 국보 제 1호는 무엇입니까?"},
    ],
    add_generation_prompt=True,
    return_tensors="pt",
)
gen_cfg = GenerationConfig(
    max_new_tokens=2048,
    do_sample=True,
```

```
        top_k=50,
        top_p=0.92,
        return_full_text=False,
)
with torch.no_grad():
    outputs = model.generate(
        input_ids=inputs.to('cuda'), generation_config=gen_cfg
)
    print(
        tokenizer.batch_decode(
            outputs.detach().cpu().numpy(),
            skip_special_tokens=True,
        )[0]
)
```

> **실행 결과**
>
> user
> 대한민국 국보 제 1호는 무엇입니까?
> model
> 대한민국 국보 제1호는 유네스코의 지구 보전 및 경관 보호 프로그램(GPB)으로 2020년에 국제유산위원회에 제출되었습니다. 이 국보는 한국 동부 해안부에 위치한 울상동과 울상 산지 지역의 울상 섬에 대한 보존을 조직하는 것을 목표로 합니다. 울상 섬은 한국 동해안에 위치해 있으며, 울상 섬과 해안의 일부가 울상 섬 국립 야생동물 보호구역이 되고 있습니다. 한국식민지 시대와 이후부터 섬을 사용해온 무역 및 어업과 함께 인간 활동으로 인한 피해가 발생했습니다. 이제 한국식민지 시대의 울상산과 울상호와 울상 지역의 특정 구역에 대한 보호가 우선시되고 있습니다.

'대한민국 국보 제 1호는 무엇입니까?'라는 질문에 모델은 유네스코의 지구 보전 및 경관 보호 프로그램이라는 엉뚱한 오답을 출력합니다. 모델의 저조한 성능에서 오는 결과이거나 학습되지 않은 정보이기 때문에 발생한 문제이므로 추후에 학습을 통한 성능 개선을 진행해야 합니다. 후술할 **7.4 QLoRA 미세조정**에서 모델 경량화 미세조정으로 성능을 개선하는 방법을 확인해 보겠습니다.

7.3 양자화

양자화quantization 방법은 모델 경량화 기법 중 하나로 모델 가중치의 데이터 타입을 용량이 적은 타입으로 변경하여 모델 메모리 사용을 줄이고 추론 속도를 가속화하는 데 큰 영향을 미치는 유용한 기술입니다. 너무 큰 규모 모델은 미세조정뿐 아니라 추론마저도 자원이 부족한 환경에서는 쉬운 일이 아닙니다. 양자화 기술을 사용하여 한정된 자원 환경에서도 큰 규모 모델을 사용할 수 있도록 모델 자체의 용량을 줄일 수 있습니다.

양자화란 많은 비트를 사용하는 데이터 타입을 적은 비트를 사용하는 데이터 타입으로 변경시키는 것을 말합니다. 예를 들어, 대부분 모델의 파라미터는 32비트 부동소수점(float32)으로 저장되는데 이 파라미터 타입을 16비트 부동소수점(float16)로 변경할 수 있습니다. 해당 방법을 사용하면 모델이 메모리상 차지하는 용량을 줄일 수 있을 뿐 아니라 연산 속도도 빨라질 수 있기에 추론 속도의 개선을 기대할 수 있습니다. 단, 32비트 파라미터를 16비트로 바꾸는 작업이기에 당연히 정보 손실이 일어나며 이로 인해 성능이 저하되므로 성능과 가용 자원 사이에서 적절한 중간점을 찾아야 합니다.

일반적으로 모델을 양자화하면 추가 다운스트림 태스크를 수행하지 않습니다. 그러나 PEFT 어댑터를 양자화 기술과 동시에 사용하면 이를 좀 더 유연하게 관리할 수 있으며 큰 규모 모델을 효율적으로 학습할 수 있습니다. 앞서 **7.2.1 LoRA 및 파생 방법론**에서 언급한 QLoRA가 이에 해당하며 해당 방법을 활용하여 모델을 4비트로 양자화한 후 LoRA로 학습한다면 비교적 성능이 떨어지는 GPU 환경에서도 큰 파라미터 규모 모델을 미세조정할 수 있습니다.

허깅페이스에서 양자화 기술을 사용하기 위해서는 양자화를 사용할 수 있는 백엔드 라이브러리를 추가로 설치해야 합니다. Quanto, AQLM, AWQ, AutoGPTQ, bitsandbytes 등 라이브러리가 있으며, 여기에서는 그중 가장 인지도가 높고 보편적인 Bitsandbytes 라이브러리를 사용합니다.

허깅페이스의 Bitsandbytes 라이브러리는 대규모 언어 모델을 양자화할 수 있도록 많은 기능을 제공합니다. 약간의 성능 저하를 감수하고 모델을 양자화해서 사용하면 메모리 사용량을 대폭 줄일 수 있을 뿐 아니라 추론 및 학습 속도를 향상시킬 수 있습니다.

Bitsandbytes는 다음 세 가지 주요 기능을 제공합니다.

- **8비트 옵티마이저**: 블록 단위로 양자화를 진행하여 적은 메모리 비용으로 32비트 성능을 유지할 수 있습니다.
- **LLM.Int(), 8비트 양자화**[17]: 벡터 양자화를 기반으로 대부분 가중치를 8비트 정수나 실수로 양자화할 수 있습니다. 직후 16비트 행렬 곱셈을 통해 손실되는 값을 개별적으로 처리하는 벡터 방식의 양자화 기법입니다.
- **QLoRA, 4비트 양자화**: 모델을 4비트로 양자화하고 LoRA 가중치를 입력하여 학습이 가능하도록 합니다.

Bitsandbytes를 사용해 간단한 방법으로 모델을 8비트 혹은 4비트로 양자화할 수 있습니다. 8비트 양자화를 진행하며 라이브러리 내부에서 양자화 시 손실되는 값을 곱하는 등 여러 연산을 수행하며 양자화 과정에서 손실되는 값으로 인한 성능 저하를 최소화할 수 있습니다. 4비트로 양자화할 시 8비트 양자화보다 많은 값을 손실하게 되며, 보통 학습을 진행할 때는 8비트나 4비트 양자화 후 QLoRA 등 어댑터를 부착해 학습을 진행합니다. 실습에 들어가기에 앞서 Bitsandbytes 활용 시 사용하는 BitsAndBytesConifg 클래스 주요 파라미터에 대해 알아보겠습니다.

---

[17] 「LLM.int8(): 8-bit Matrix Multiplication for Transformers at Scale」, (Tim Dettmers, 2022), 20., arxiv.org/abs/2208.07339

BitsAndBytesConfig 주요 파라미터

- **load_in_8bit(bool)** : True로 설정 시 모델 파라미터를 8비트로 압축합니다.
- **load_in_4bit(bool)** : 선형 레이어를 FP4/NF4 레이어로 대체하여 모델 파라미터를 4비트로 양자화합니다.
- **llm_int8_threshold(float)** : 임곗값을 정하여 해당 임곗값을 넘는 값은 양자화 시 손실되는 값으로 간주합니다. int8 양자화의 기본 임곗값은 6이지만 소형 모델이나 미세조정된 모델 등은 더 낮은 임곗값이 필요할 수 있습니다.
- **llm_int8_skip_modules(List[str])** : 모델 레이어 중 8비트 양자화를 적용하지 않을 레이어 이름을 명시합니다.
- **llm_int8_enable_fp32_cpu_offload(bool)** : 모델을 여러 파트로 분할하여 일부는 GPU에서 int8로, 일부는 CPU에서 fp32로 실행할 수 있습니다.
- **bnb_4bit_compute_dtype(torch.dtype of str)** : 추론 속도 향상을 위해 파라미터 데이터 타입을 변경합니다. 문자열^{string}로 입력합니다.
- **bnb_4bit_quant_type(str)** : 4비트 학습을 진행할 때 데이터 타입을 결정합니다. "fp4", "nf4" 중 선택할 수 있습니다.
- **bnb_4bit_use_double_quant(bool)** : 첫 번째 양자화 상수가 다시 양자화되는 중첩 양자화를 사용할 수 있습니다.

설치

모델 양자화를 사용하기 위해 Accelerate와 Bitsandbytes 라이브러리를 설치합니다. 사전학습된 모델을 불러올 때 파라미터를 수정하여 간단히 모델을 양자화해 불러올 수 있도록 합니다.

```
!pip install -U transformers accelerate bitsandbytes
```

8비트

from_pretrained 메서드에서 load_in_8bit를 True로 설정하여 모델을 양자화합니다. 모델을 8비트로 양자화하면 CPU와 GPU에 할당되는 모델 파라미터 용량을 줄여 메모리 점유율을 절반으로 줄일 수 있습니다. 대규모 모델의 경우 device_map을 "auto"로 설정하여 GPU를 모델이 자동으로 관리하도록 하며 효율적으로 GPU 자원을 사용할 수 있습니다.

양자화를 적용하지 않은 상태와 적용한 상태를 비교해 보겠습니다.

```
# 양자화 미사용
from transformers import AutoModelForCausalLM

model = AutoModelForCausalLM.from_pretrained(
    "nlpai-lab/ko-gemma-2b-v1",
    device_map="auto",
)
```

양자화를 사용하지 않고 device_map을 "auto"로 설정하여 모델을 불러오면, 다음과 같이 CPU를 사용하지 않고 GPU 메모리를 사용하여 9.4GB를 점유합니다.

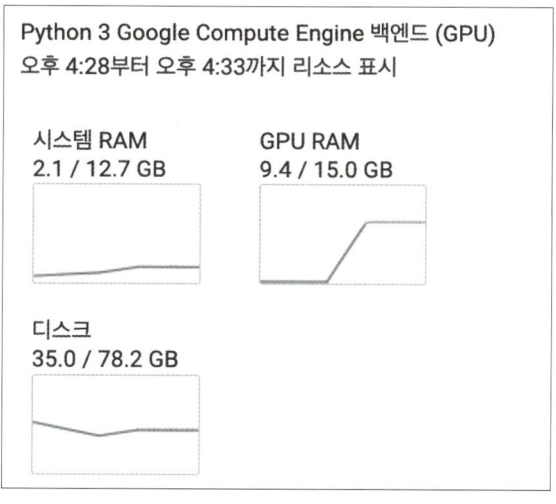

[그림 7-2] GPU 리소스 사용량

load_in_8bit 파라미터를 True로 설정하여 모델에 양자화를 진행해 다시 불러옵니다.

```
from transformers import AutoModelForCausalLM

model_8bit = AutoModelForCausalLM.from_pretrained(
    "nlpai-lab/ko-gemma-2b-v1",
    device_map="auto",
    load_in_8bit=True,
)
```

이후 GPU 메모리 점유율을 확인해 보면 약 3GB로 대략 1/3가량으로 감소되었습니다. 다른 모델을 불러오거나 추론을 진행할 시 메모리 점유율이 변화할 수 있음을 유의하도록 합니다.

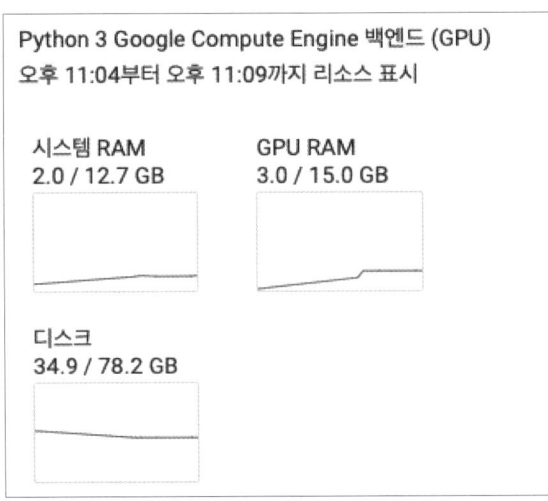

[그림 7-3] GPU 리소스 사용량 - 양자화

● 오프로딩

오프로딩은 말 그대로 다른 컴퓨팅 자원으로 처리할 내용을 전달하여 결과를 받는 방식입니다. Transformers 라이브러리에서 제공하는 BitsAndBytesConfig 클래스에서 llm_int8_ enable_fp32_cpu_offload를 True로 입력해 config를 생성한 후 모델에 입력합니다. 이를 통해 모델 가중치를 여러 개로 분할하여 일부는 GPU의 int8로 실행하고 일부는 CPU의 fp32로 실행할 수 있습니다. 따라서 CPU뿐 아니라 GPU까지 사용해야 하는 특성상 해당 작업은 CPU에서 실행되지 않습니다.

```
from transformers import AutoModelForCausalLM, BitsAndBytesConfig

quantization_config = BitsAndBytesConfig(llm_int8_enable_fp32_cpu_offload=True)
model_8bit = AutoModelForCausalLM.from_pretrained(
    "nlpai-lab/ko-gemma-2b-v1",
    device_map="auto",
    quantization_config=quantization_config,
)
```

● 이상치 임곗값

특정 임곗값을 정하고 임곗값보다 큰 값 중 손실되는 값은 fp8이 아닌 fp16에서 계산합니다. 일반적으로 정규 분포 [-3.5, 3.5]를 따르지만 대규모 모델의 경우 권장 분포가 [-60, 6], [6, 60]으로 모델 크기에 따라 임곗값 범위가 달라집니다. 모델 크기 이외에도 추가로 미세조정을 했는지 등 여러 가지 이유로 더 낮은 임곗값이 필요할 수 있습니다. config에 llm_int8_threshold 파라미터를 다양하게 입력해 실험함으로써 모델에 가장 적합한 임곗값을 찾을 수 있습니다.

```
quantization_config = BitsAndBytesConfig(llm_int8_threshold=10.0)
model_8bit = AutoModelForCausalLM.from_pretrained(
    "nlpai-lab/ko-gemma-2b-v1",
    device_map="auto",
    quantization_config=quantization_config,
)
```

● 모듈 변환 건너뛰기

8비트로 변환하지 않을 모듈(레이어) 목록입니다. llm_int8_skip_modules에 건너뛸 레이어 이름을 입력하고 quantization_config로 보내 사용할 수 있습니다.

```
from transformers import AutoModelForCausalLM, AutoTokenizer, BitsAndBytesConfig

quantization_config = BitsAndBytesConfig(llm_int8_skip_modules=["lm_head"])
model_8bit = AutoModelForCausalLM.from_pretrained(
    "nlpai-lab/ko-gemma-2b-v1",
    device_map="auto",
    quantization_config=quantization_config,
)
```

4비트

마찬가지로 from_pretrained 메서드에서 파라미터로 load_in_4bit를 지정하거나 BitsAndBytesConfig에 load_in_4bit를 True로 설정하고 4비트 관련 파라미터를 사용하면 모델을 4비트로 양자화할 수 있습니다.

● 데이터 타입 계산하기

계산 속도를 높이기 위해 BitsAndBytesConfig의 bnb_4bit_compute_dtype 파라미터를 활용하여 데이터 유형을 기본 값인 float32에서 bfloat16으로 변경합니다.

```
quantization_config = BitsAndBytesConfig(
    load_in_4bit=True,
    bnb_4bit_compute_dtype="bfloat16",
)
model_4bit = AutoModelForCausalLM.from_pretrained(
    "nlpai-lab/ko-gemma-2b-v1",
    device_map="auto",
    quantization_config=quantization_config,
)
```

> **fp16 vs bf16**
>
> fp16과 bf16 모두 실수를 표현하는 16비트 데이터 타입입니다. 부동소수점 실수를 사용할 때는 메모리를 부호(+-), 지수부(exponent), 가수부(mantissa) 세 가지로 나누어 사용합니다.
>
> 32비트를 사용하는 fp32는 부호 1, 지수부 8, 가수부 23비트로 이루어집니다. 16비트인 fp16의 경우 부호 1, 지수부 5, 가수부 10비트로 나뉩니다. 지수부가 줄어들었으므로 값의 범위 또한 좁아지게 됩니다. 표현력이 떨어지므로 그만큼 성능이 줄어들게 됩니다.
>
> bf16은 동일하게 16비트로 이루어졌지만 비트 1, 지수부 8, 가수부 7로 이루어집니다. fp16보다 지수부가 많기 때문에 더 넓은 범위의 값을 가질 수 있지만, 가수부가 적기 때문에 세부적인 정밀도가 떨어지게 됩니다.
>
> fp16과 bf16 모두 32비트의 값을 압축하는 형태이기에 정보 손실은 필연적입니다. 다만 인공신경망 모델은 가수부보단 지수부의 크기로 인한 범위에 더욱 민감하기에 일반적으로 bf16 타입을 많이 사용하는 추세입니다.

● NF4(Normal Float 4)

4비트 모델을 학습할 때, 정규분포 가중치에 최적화된 데이터 타입인 NF4를 사용할 수 있습니다. NF4 타입은 QLoRA 논문에서 제안된 데이터 타입으로 일반적인 실수 표현 방식인 fp4

와는 달리 원본 데이터 분포에 따라 구간을 정해 계산하는 방식을 사용하여 분위 양자화를 활용하는 방법입니다. 계산 비용 및 처리 속도는 최소화되지만 정해진 손실되는 값에 대해 취약하다는 단점이 있습니다. bnb_4bit_quant_type 파라미터를 사용해 이를 설정할 수 있습니다.

```python
nf4_config = BitsAndBytesConfig(
    load_in_4bit=True,
    bnb_4bit_quant_type="nf4",
)
model_nf4 = AutoModelForCausalLM.from_pretrained(
    "nlpai-lab/ko-gemma-2b-v1",
    device_map="auto",
    quantization_config=nf4_config,
)
```

● 중첩 양자화

기존 방법은 가중치에만 양자화를 적용하는 형태인 반면 중첩 양자화를 사용하면 양자화에 필요한 상수에도 양자화를 진행합니다. 해당 방법을 사용하면 파라미터당 0.4 비트를 추가로 절약할 수 있습니다. 중첩 양자화와 함께 가중치 누적 gradient accumulation 등 기법을 함께 활용하면 13B 이상 모델을 16GB GPU 환경에서도 미세조정할 수 있습니다. 중첩 양자화는 bnb_4bit_use_double_quant를 True로 설정하여 사용할 수 있습니다.

```python
double_quant_config = BitsAndBytesConfig(
    load_in_4bit=True,
    bnb_4bit_use_double_quant=True,
)
model_double_quant = AutoModelForCausalLM.from_pretrained(
    "nlpai-lab/ko-gemma-2b-v1",
    device_map="auto",
    quantization_config=double_quant_config,
)
```

7.4 QLoRA 미세조정

이제 앞서 배운 LoRA와 양자화 개념을 적용하여 LLM 모델로 미세조정을 실습해 봅시다. 미세조정하는 방법은 **챕터 3**, **챕터 6**에서 Trainer로 미세조정 실습한 방식과 비교해 여러 가지 PEFT와 모델 양자화 개념이 추가된 것 외에는 코드상 크게 다르지 않기에 빠르게 이해할 수 있으리라 생각됩니다. 간단한 질의 응답 태스크를 생성 모델로 학습해 보겠습니다.

모델

먼저 모델이 정상적으로 추론할 수 있는지 모델의 기본 성능을 확인해 보겠습니다. 이전에 실습해 본 nlpai-lab/ko-gemma-2b-v1으로 모델과 토크나이저를 불러와 데이터셋 샘플 하나를 입력해 추론을 진행합니다. 모델에 입력할 때 정해진 양식을 사용할 수 있도록 tokenizer.apply_chat_template을 사용합니다. 생성에 사용되는 gen_cfg까지 선언한 후 데이터셋 내용을 확인해 봅시다.

```python
from transformers import (
    AutoModelForCausalLM,
    AutoTokenizer,
    GenerationConfig,
)

model_name = "nlpai-lab/ko-gemma-2b-v1"
model = AutoModelForCausalLM.from_pretrained(
    model_name,
    torch_dtype="float16",
    device_map="auto",
)
tokenizer = AutoTokenizer.from_pretrained(model_name)

gen_cfg = GenerationConfig(
```

```
    max_new_tokens=512,
    do_sample=True,
    top_k=50,
    top_p=0.92,
    return_full_text=False,
    eos_token_id=tokenizer.eos_token_id,
)
```

데이터셋

데이터셋은 5.2.5 Question Answering에서 사용한 KLUE 기계 독해 이해 데이터셋을 활용합니다. 학습에는 question 질문과 text의 첫 번째 값을 사용합니다.

```
from datasets import load_dataset

dataset = load_dataset("klue", "mrc")
dataset['train'][0]
```

> **실행 결과**
>
> {'title': '제주도 장마 시작 … 중부는 이달 말부터',
> 'context': '올여름 장마가 17일 제주도에서 시작됐다. 서울 등 중부지방은 예년보다 사나흘 정도 늦은 이달 말께 장마가 시작될 전망이다.17일 기상청에 따르면 제주도 남쪽 먼바다에 있는 장마전선의 영향으로 이날 제주도 산간 및 내륙지역에 호우주의보가 내려지면서 곳곳에 100㎜에 육박하는 많은 비가 내렸다. … 브라질 월드컵 한국과 러시아의 경기가 열리는 18일 오전 서울은 대체로 구름이 많이 끼지만 비는 오지 않을 것으로 예상돼 거리 응원에는 지장이 없을 전망이다.',
> 'news_category': '종합',
> … ,
> 'question': '북태평양 기단과 오호츠크해 기단이 만나 국내에 머무르는 기간은?',
> 'answers': {'answer_start': [478, 478], 'text': ['한 달가량', '한 달']}}

이후 해당 데이터 샘플을 모델에 입력해 생성 결과를 확인해 보겠습니다. gen_cfg를 사용해 생성을 진행합니다.

```python
doc = dataset["train"]['question'][0]
messages = [{"role": "user", "content": f"다음 질문에 대해 대답해 주세요.\n질문 : {doc}"}]

inputs = tokenizer.apply_chat_template(
    messages,
    add_generation_prompt=True,
    return_tensors="pt",
)

with torch.no_grad():
    outputs = model.generate(
        input_ids=inputs.to(model.device),
        generation_config=gen_cfg,
    )
    print(tokenizer.decode(outputs[0].cpu().numpy()))
```

실행 결과

<bos><start_of_turn>user
다음 질문에 대해 대답해 주세요.
질문 : 북태평양 기단과 오호츠크해 기단이 만나 국내에 머무르는 기간은?<end_of_turn>
<start_of_turn>model
북태평양 기단과 오호츠크해 기단이 만나 국내에 머무르는 기간은 서로 다른 기단이 서로 다르게 구성되어 있기 때문에 달라집니다. 북태평양 기단은 냉전 당시 전 세계로 이동하던 공기 기둥입니다. 이 기단은 1960년대와 1970년대에 전 세계를 떠돌았으며 전 세계 지역을 순환했습니다. 북태평양 기단이 만나는 기간은 북반구를 가로지르며, 북태평양 해역을 가로질러 동쪽으로 이동하는 기간이 가장 길어 일반적으로 2-3개월 정도입니다.

반면 오호츠크 해양 기단은 북태평양 기단의 부분으로 오호츠크 해역에서 발생합니다. 북태평양 기단과 오호츠크 해양 기단이 만나는 기간은 북반구를 가로지르며 북태평양 해역을 가로질러 동쪽으로 이동하는 기간이 가장 길어 일반적으로 3-6개월 정도입니다.<eos>

생성한 문장 자체는 문법에 오류도 없고 그럴듯하게 잘 작성한 것 같아 보이지만, 우리는 북태평양 기단과 오호츠크해 기단이 얼마 동안 국내에 머무르는지에 대한 답변을 원했습니다. 문법상 오류가 없는 그럴듯한 말이지만 실제로는 없는 이야기를 지어내는 언어 모델의 전형적인 환각hallucination 현상입니다. 이를 개선된 답변이 나오도록 유도하기 위해 미세조정을 실시하겠습니다.

QLoRA 미세조정 준비

Gemma 모델 크기는 2B급으로 학습은 가능하지만 여유롭게 학습하기는 다소 어렵습니다. 따라서 모델을 4비트로 양자화한 후 LoRA를 사용해 QLoRA 방법으로 미세조정하겠습니다.

```
import torch
from transformers import AutoModelForCausalLM, AutoTokenizer,
BitsAndBytesConfig
from peft import LoraConfig, get_peft_model

lora_config = LoraConfig(
    r=8,
    lora_alpha=16,
    lora_dropout=0.05,
    target_modules=["q_proj", "o_proj", "k_proj", "v_proj", "gate_proj",
"up_proj", "down_proj"],
    task_type="CAUSAL_LM",
)

bnb_config = BitsAndBytesConfig(
    load_in_4bit=True,
    bnb_4bit_quant_type="nf4",
    bnb_4bit_compute_dtype="float16",
)

model = AutoModelForCausalLM.from_pretrained(
    "nlpai-lab/ko-gemma-2b-v1",
    device_map="auto",
    quantization_config=bnb_config,
)
model = get_peft_model(model, lora_config)
tokenizer = AutoTokenizer.from_pretrained(
    "nlpai-lab/ko-gemma-2b-v1",
)
```

Bitsandbytes를 사용해 양자화한 후 PEFT 라이브러리를 PEFT 모델로 재선언합니다. 이후 LoraConfig에서 파라미터로 r은 8, lora_alpha는 16, lora_dropout은 0.05로 설정하고 target_ modules에 어댑터를 부착할 레이어를 작성합니다. 마지막으로 task_type을 명시한 후 이를 모델에 적용합니다.

이후 모델이 데이터셋을 학습할 수 있도록 간단한 전처리를 진행합니다.

```
def preprocess(example):
    result = tokenizer.apply_chat_template(
        [
            {"role": "user", "content": example['question']},
            {"role": "model", "content": example['answers']['text'][0]},
        ],
        tokenize=True,
        return_dict=True,
    )
    return result

# 전처리할 때만 <eos> 토큰 추가
added_template = "{{ eos_token }}"
tokenizer.chat_template += added_template

dataset = dataset.map(
    preprocess,
    num_proc=2,
    remove_columns=dataset["train"].column_names,
)

# 전처리 후 다시 제거
tokenizer.chat_template = tokenizer.chat_template[:-len(added_template)]
```

apply_chat_template 메서드를 사용해 모델 입력 양식에 따라 데이터 형태를 맞춰주고 토큰화를 진행합니다. 이때, <eos> 토큰을 달아준 후 전처리를 진행하고 이후 다시 제거하여 데이터셋에는 <eos> 토큰이 포함될 수 있도록 합니다. 이제 데이터 및 모델 준비는 끝났습니다.

QLoRA 학습

학습 코드는 이전 **6.1 모델 미세조정** 코드와 동일하게 진행됩니다. TrainingArguments와 Trainer를 선언한 이후 모델 등 필요한 요소를 입력해 학습을 진행합니다. 언어 모델에 필요한 콜레이터인 DataCollatorForLanguageModeling 또한 잊지 말고 사용하여 학습을 진행합니다.

```python
from transformers import Trainer, TrainingArguments, DataCollatorForLanguageModeling

args = TrainingArguments(
    output_dir="/content/ckpt",
    max_steps=3000,
    per_device_train_batch_size=1,
    gradient_accumulation_steps=4,
    optim="paged_adamw_8bit",
    warmup_ratio=0.03,
    learning_rate=2e-4,
    fp16=True,
    logging_steps=100,
    push_to_hub=False,
    report_to="tensorboard",
)

collator = DataCollatorForLanguageModeling(tokenizer=tokenizer, mlm=False)

trainer = Trainer(
    model=model,
    args=args,
    train_dataset=dataset["train"],
    tokenizer=tokenizer,
    data_collator=collator,
)
trainer.train()
```

양자화를 진행하지 않았다면 학습 속도 및 사용하는 자원에서 현재와 큰 차이가 보였을 것입니다. 입력되는 문장 길이가 너무 길면 GPU의 메모리 문제(out of memory)로 학습이 중단될 수도 있습니다. 현재 장비 상태에 맞는 적절한 양자화 및 PEFT 방법을 사용하면 성능 손실을 최소화하면서 오히려 더 높은 성능 모델을 학습할 수 있습니다.

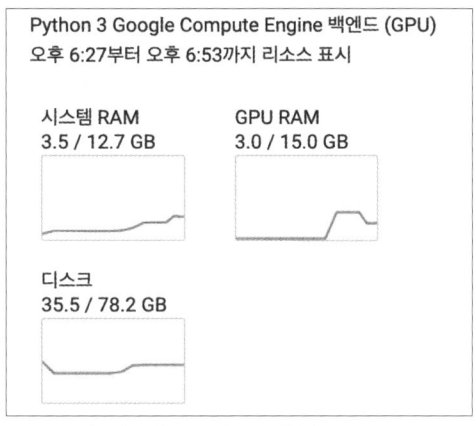

[그림 7-4] GPU 리소스 사용량 - QLoRA

학습 예제이므로 3000 스텝 정도로 학습을 마무리하고 모델을 저장하겠습니다.

Step	Training Loss
100	2.354100
200	1.677500
300	1.609100
400	1.596800
500	1.596400
600	1.531600
700	1.543000
800	1.535600
900	1.525100
1000	1.545500

[그림 7-5] QLoRA 학습 로그

모델 저장

학습한 모델을 저장합니다. PEFT로 불러온 모델이므로 save_pretrained 메서드로 그대로 저장합니다.

```
model.save_pretrained("/content/ko-gemma-2b-sum-v1")
```

adapter_config.json, adapter_mode.safetensors, README.md 이렇게 총 38MB로 굉장히 작은 크기의 어댑터 관련 파일 세 개가 저장됩니다.

```
!ls -alh /content/ko-gemma-2b-sum-v1
```

실행 결과
```
total 38M
-rw------- 1 root root  726 Jul 14 12:01 adapter_config.json
-rw------- 1 root root  38M Jul 14 12:01 adapter_model.safetensors
-rw------- 1 root root 5.0K Jul 14 12:01 README.md
```

추론

이제 저장한 모델을 사용해 추론을 진행합니다. 임의로 테스트한 미세조정 모델이므로 추론 결과는 참고만 하겠습니다. 병합된 모델이 저장된 경로로 모델을 불러와서 활용하며 이전에 생성했던 gen_cfg와 inputs 데이터를 사용해 이전과 동일한 환경에서 추론을 진행하겠습니다. 만일 추론 시 랜덤 시드값을 고정한 뒤 생성을 진행하면 생성에 사용하는 랜덤 변수가 변하지 않기 때문에 추론 시 달라지는 결과 값을 동일하게 나오도록 맞출 수 있습니다.

```python
from transformers import (
    AutoModelForCausalLM,
    AutoTokenizer,
    GenerationConfig,
    BitsAndBytesConfig,
)
from peft import PeftModel
from datasets import load_dataset

# tokenizer
tokenizer = AutoTokenizer.from_pretrained(model_name)

# model
model = AutoModelForCausalLM.from_pretrained(
    model_name,
    device_map='auto',
    torch_dtype="float16",
)
model = PeftModel.from_pretrained(
    model,
    "/content/ko-gemma-2b-sum-v1",
    device_map='auto',
    torch_dtype="float16",
)
model = model.merge_and_unload()

# datasets
dataset = load_dataset("klue", "mrc")
dataset['train'][0]
```

```
doc = dataset["train"]['question'][0]
messages = [{"role": "user", "content": doc}]

# generate
gen_cfg = GenerationConfig(
    max_new_tokens=512,
    do_sample=True,
    top_k=50,
    top_p=0.92,
    return_full_text=False,
    eos_token_id=tokenizer.eos_token_id,
)
inputs = tokenizer.apply_chat_template(
    messages,
    add_generation_prompt=True,
    return_tensors="pt",
)
with torch.no_grad():
    outputs = model.generate(
        input_ids=inputs.to(model.device),
        generation_config=gen_cfg,
    )
    print(tokenizer.decode(outputs[0].cpu().numpy()))
```

실행 결과

```
<bos><start_of_turn>user
다음 질문에 대해 대답해 주세요.
질문 : 북태평양 기단과 오호츠크해 기단이 만나 국내에 머무르는 기간은?<end_of_turn>
<start_of_turn>model
13일<end_of_turn><eos>
```

'북태평양 기단과 오호츠크해 기단이 만나 국내에 머무르는 기간은?'이라는 질문에 '13일'이라고 답변합니다. 원했던 답변인 '한 달'이 도출되지는 않았지만 이전과는 다른 답변이 나오는 것을 볼 수 있습니다. 이처럼, 원하는 데이터셋에 맞게 QLoRA 방식을 통해 학습하면 흔히 말하는 거대한 규모의 언어 모델도 미세조정할 수 있다는 것을 기억하기 바랍니다.

여러 가지 모델 경량화 방법론을 확인하고 실습하며 거대한 규모의 모델을 효율적으로 학습하고 추론하는 방법을 알아봤습니다. LLM은 그 자체로 퓨샷 방식이므로 학습 없이도 어느 정도 원하는 대답을 생성할 수 있습니다. 그러나 아직은 오픈소스 모델로 원하는 성능을 내기 힘들어 미세조정을 통해 원하는 작업을 하려는 시도가 있습니다. 10B 미만급인 Gemma 모델은 제대로 된 LLM이 아닌 sLM에 속하기에 성능이 낮은 편입니다. 성능을 낮추고 메모리 효율에 중점을 맞추다 보니 성능면을 희생하는 것으로 보일 수 있습니다. 그러나 40B 이상의 제대로 된 LLM에서 해당 방법론은 더욱 빛을 발하게 됩니다. 양자화와 PEFT는 현대 모델 학습 방법으로 큰 주목을 받는 만큼 확실히 이해하고 사용할 수 있다면 큰 도움이 될 것입니다.

CHAPTER 8

TRL

- 8.1 TRL 라이브러리 개요
- 8.2 RLHF
- 8.3 보상 모델 트레이닝
- 8.4 SFT
- 8.5 PPO
- 8.6 Best-of-N 샘플링
- 8.7 DPO
- 8.8 KTO
- 8.9 CPO
- 8.10 ORPO

8.1 TRL 라이브러리 개요

최근에는 문장을 생성하는 자기 회귀 모델이 주를 이루고 있습니다. 앞선 실습에서 진행해 보았듯 생성 모델의 경우 시퀀스 길이를 맞춰 합병하거나 정해진 템플릿에 따라 입력해야 하는 등 학습하고 사용하는 과정이 조금 더 복잡하게 구성됩니다. 최근에는 단순히 정답 데이터만 가지고 학습하는 지도학습을 넘어 상황에 따라 손실값을 부여하는 것이 아닌 모델 행동에 따라 보상reward을 주고 이를 최대화하는 강화학습Reinforcement Learning, RL을 자연어 처리 모델 학습에 사용하기도 하며 이를 정렬 조정alignment tunning이라고 합니다. TRL 라이브러리는 Transformer Reinforcement Learning, 이름 그대로 '강화학습을 위한 트랜스포머'라는 뜻을 가지고 있습니다. TRL은 후술할 PPO, DPO와 같은 다양한 종류의 정렬 조정을 쉽게 수행할 수 있도록 하는 라이브러리입니다.

해당 챕터에서는 정렬 조정에 해당하는 다양한 방법론과 이를 라이브러리에서 활용하는 방법에 대해 알아보겠습니다. 다만, 본서는 이론 설명 중심이 아니기 때문에 각 방법론의 수학 이론 및 수식은 간단히 생략하고 실습 위주로 알아보겠습니다. TRL 버전 0.9.6을 기준으로 진행됩니다.

8.2 RLHF

인간 피드백 기반 강화학습Reinforcement Learning with Human Feedback, RLHF[18]은 오픈AI의 GPT3.5를 학습한 방법입니다. GPT3.5가 등장하며 생성 모델이 일반인에게 주목받기 시작한 만큼 이를 학습시킨 RLHF 역시 연구자 사이에서 큰 관심을 받았습니다. RLHF 이전에도 강화학습을 사용해 언어 모델을 학습하려는 연구가 진행됐었습니다. 그러나 큰 주목을 받진 못하였고 자연스레 잘 활용하지 않게 되었습니다. RLHF 이전에는 모델 구조나 데이터 양에 더욱 주목하는 것이 연구의 주된 주제였습니다. RLHF는 여러 단계로 구성된 학습 방법으로 학습 과정에서 강화학습을 사용합니다.

RLHF 학습 방법은 다음과 같습니다.

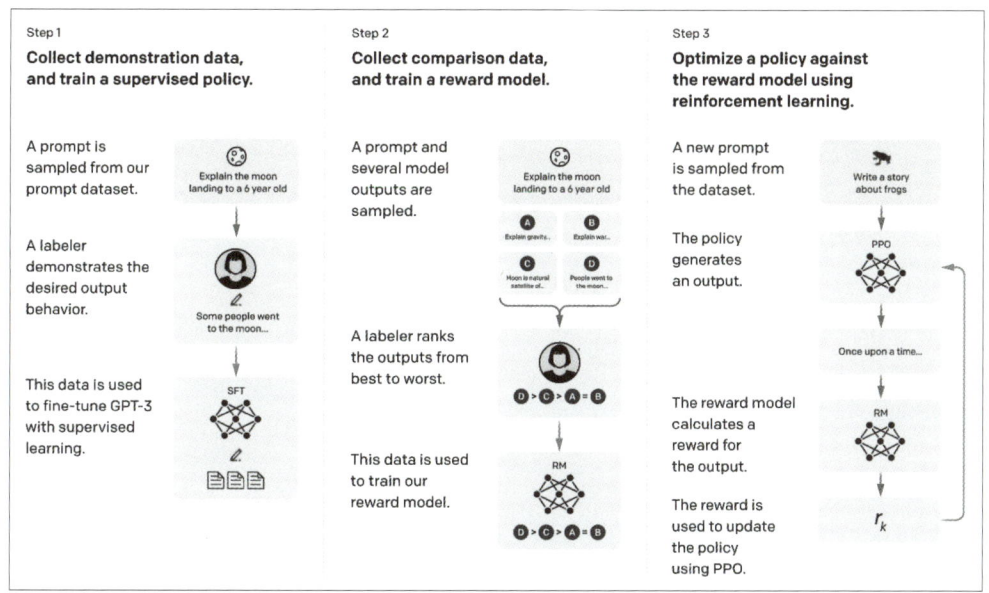

[그림 8-1] RLHF 학습 방법

---

18 「Training language models to follow instructions with human feedback」, (Long Ouyang, 2022), 68., arxiv.org/abs/2203.02155

1. 마련한 데이터셋을 활용해 기존 지도학습 방법으로 생성 모델을 학습합니다.
2. 학습한 생성 모델로 여러 문장을 생성하고 사람이 이를 적절한 순서대로 순위를 결정해 데이터셋을 생성합니다. 해당 데이터셋을 활용하여 문장별 점수를 계산해 순위를 결정하는 보상 모델을 학습합니다.
3. 학습한 생성 모델과 보상 모델을 통해 PPO 학습을 진행합니다.

스텝 2에서 사람이 관여하기에 '인간 기반', 스텝 3에서 PPO라는 강화학습 방법을 사용하기에 '강화학습'이란 단어가 결합됩니다. 언어 모델 학습에서 강화학습은 상당히 큰 의미가 있습니다. 기존 지도학습 방법은 학습에 손실만을 활용합니다. 즉 답변해야 하는 문장만을 학습합니다. 반면, 강화학습은 보상과 더불어 벌점이 존재합니다. 이를 통해 좋은 답변만 대답하고 나쁜 답변은 하지 않도록 학습이 가능합니다. 쉽게 말해 Yes만 말하는 사람이 No를 외칠 수 있게 된 건데, 이러한 방법을 통해 기존 방법론을 사용했을 때보다 더욱 높은 성능을 기대할 수 있게 되었습니다. **섹션 8.3~8.6**에서는 RLHF에 사용되는 기능을 소개할 예정입니다.

8.3 보상 모델 트레이닝

강화학습을 진행할 때 모델은 어떠한 행동을 취하고 행동에 대한 보상 혹은 벌점을 받습니다. 이때 모델은 벌점을 최소화하고 보상을 최대화하는 방향으로 학습을 진행합니다. 따라서 강화학습에서는 보상 및 벌점을 부여하는 보상 함수의 정의가 가장 중요합니다. 언어 모델로 학습을 할 때도 마찬가지입니다. 모델이 문장을 생성하는 것이 하나의 행동이 되고 생성한 문장을 토대로 보상을 책정해 모델을 학습합니다. 이때 자연어라는 특성상 규칙 기반 rule-based 함수는 정확한 보상을 측정하기 어렵기 때문에 신경망을 사용해 보상을 책정하여 문장 점수를 측정하는 보상 모델을 사용합니다. 복잡해 보이지만 결국 앞서 **5.2.2 Sequence Classification**에서 실습한 회귀 모델에 해당합니다. 모델이 작성한 문장을 입력받아 얼마나 적합한 문장인지 판단을 하게 됩니다.

상대적으로 간단한 태스크이므로 기본 Transformers 라이브러리로도 해결할 수 있지만, 회귀 모델이 아닌 '강화학습의 보상 모델'을 학습하는 것이 목적이기 때문에 TRL 라이브러리를 사용해 진행하겠습니다. 먼저 학습할 모델과 데이터셋을 전처리할 토크나이저를 불러옵니다. 이번 실습에서는 메타(구 페이스북)에서 개발한 OPT Open Pre-trained Transformer 라는 모델을 사용하겠습니다. 점수를 부여하는 회귀 모델이므로 num_labels을 1로 설정하고 모델을 불러옵니다.

```
from transformers import AutoModelForSequenceClassification, AutoTokenizer

model_name = "facebook/opt-350m"
tokenizer = AutoTokenizer.from_pretrained(model_name)
model = AutoModelForSequenceClassification.from_pretrained(
    model_name,
    num_labels=1,
)
```

모델과 토크나이저를 불러왔으니 이제 데이터셋을 불러오겠습니다. 이번 실습에서는 Anthropic/hh-rlhf 데이터셋을 사용합니다. 해당 데이터셋은 좋은 답변과 나쁜 답변 형태로 구성되어 있으며 모델이 두 문장에 각각 1과 0의 점수를 부여하도록 학습하는 것이 목표입니다. 사용 방법을 배우는 것이 목적이므로 학습 데이터를 1만 개 정도만 불러옵니다. 원본 Anthropic/hh-rlh 데이터셋은 학습 데이터만 약 16만 개에 달합니다.

```
from datasets import load_dataset

dataset = load_dataset("Anthropic/hh-rlhf", split="train[:10000]")
dataset
```

실행 결과
```
Dataset({
    features: ['chosen', 'rejected'],
    num_rows: 10000
})
```

바로 전처리를 진행해 보겠습니다. 각각 답변에 대해 인코딩을 진행한 후 너무 긴 문장은 제외하도록 필터링까지 진행합니다. 이때, Transformers에서 데이터셋을 전처리할 때와 달리 새로운 칼럼명을 사용합니다. 학습에 사용할 RewardTrainer 클래스는 좋은 답변과 나쁜 답변에 대한 각각의 정보를 사용하며, 보상 모델 학습을 위해서만 작성된 클래스이므로 직관적인 칼럼명을 사용합니다.

```
def preprocess(batch):
    result = {
        "input_ids_chosen": [],
        "attention_mask_chosen": [],
        "input_ids_rejected": [],
        "attention_mask_rejected": [],
    }
    for chosen, rejected in zip(batch["chosen"], batch["rejected"]):
        tokenized_chosen = tokenizer(chosen)
        tokenized_rejected = tokenizer(rejected)
```

```python
        result["input_ids_chosen"].append(
            tokenized_chosen["input_ids"]
        )
        result["attention_mask_chosen"].append(
            tokenized_chosen["attention_mask"]
        )
        result["input_ids_rejected"].append(
            tokenized_rejected["input_ids"]
        )
        result["attention_mask_rejected"].append(
            tokenized_rejected["attention_mask"]
        )
    return result

dataset = dataset.map(
    preprocess,
    batched=True,
    num_proc=2,
    remove_columns=dataset.column_names,
)

max_length = 512
dataset = dataset.filter(
    lambda x: (
        len(x["input_ids_chosen"]) <= max_length
        and len(x["input_ids_rejected"]) <= max_length
    )
)

dataset
```

> 실행 결과
```
Dataset({
    features: ['input_ids_chosen', 'attention_mask_chosen', 'input_ids_rejected', 'attention_mask_rejected'],
    num_rows: 9701
})
```

이제 학습에 필요한 하이퍼파라미터를 정하고 학습을 진행해 보겠습니다. 학습에는 Reward Trainer를 사용하며 해당 클래스 학습을 위한 하이퍼파라미터들을 RewardConfig로 사용해 작성합니다.

```
from trl import RewardTrainer, RewardConfig

config = RewardConfig(
    logging_dir="/content/logs",
    output_dir="/content/ckpt",
    per_device_train_batch_size=2,
    num_train_epochs=1,
    learning_rate=5e-5,
    optim="adamw_torch",
    logging_steps=100,
    report_to="none",
)

trainer = RewardTrainer(
    model=model,
    tokenizer=tokenizer,
    args=config,
    train_dataset=dataset,
)
trainer.train()
```

코드를 실행하면 성공적으로 학습이 진행됩니다. 보상 모델은 기본 Transformers 라이브러리로도 충분히 학습할 수 있습니다. 그러나 앞서 설명했듯 회귀 모델이 아닌 보상 모델을 학습하는 것이 목적이기에 TRL 라이브러리를 활용해 학습을 진행했습니다. 또한, 학습에 사용하는 콜레이터를 자동으로 사용하는 등 TRL 라이브러리 요소들이 보상 모델 학습에 필요한 기능을 갖추고 있어 더욱 쉽게 사용할 수 있다는 장점이 있습니다.

8.4 SFT

지도학습 미세조정Supervised Fine-Tuning, SFT 모델은 말 그대로 일반 지도학습 절차입니다. 5.3.2 CausalLM 학습과 동일한 과정이지만 보상 모델과 마찬가지로 TRL 라이브러리를 사용하여 학습을 진행해 보겠습니다. TRL 라이브러리에는 많은 유틸리티 함수가 있으므로 이에 대해 학습해 보겠습니다.

기본 구조

TRL 라이브러리의 특징은 굉장히 높은 추상화 수준을 가졌다는 점입니다. 이는 보상 모델 학습 과정에서도 알 수 있지만 SFT에서는 더욱 체감할 수 있습니다. 예시로 데이터를 추가 가공하지 않고 바로 학습해 보는 코드를 TRL로 작성하면 다음과 같습니다.

```
from datasets import load_dataset
from trl import SFTConfig, SFTTrainer

dataset = load_dataset("imdb", split="train")

sft_config = SFTConfig(
    dataset_text_field="text",
    output_dir="/content/ckpt",
    report_to="none",
)
trainer = SFTTrainer(
    "facebook/opt-350m",
    train_dataset=dataset,
    args=sft_config,
)
# trainer.train()   # 실제 학습할 때만 사용하기
```

학습을 실행하는 코드는 시간상 잠시 주석 처리해 두고 하이퍼파라미터를 사용하는 방법에 집중해 봅시다. 코드를 확인해 보면 굉장히 짧은데, 기본값으로 입력되는 변수는 간단히 생략하긴 했지만 놀랍게도 이게 전부입니다. **챕터 5**에서 Transformers 라이브러리에 익숙해졌다면 코드 해석은 어렵지 않을 거라 생각됩니다.

DatacollatorForCompletionOnlyLM

이전 실습에서 길이가 다른 입력 문장을 배치로 묶어 처리하기 위해 패딩을 주었습니다. 허깅페이스에서는 의미 없는 패딩 토큰을 학습에서 제외할 수 있도록, 콜레이터를 거쳤을 때 labels 필드 패딩에 해당하는 부분을 토크나이저 패딩 토큰이 아닌 -100으로 설정합니다. 반대로 말하면 패딩 부분을 제외한 입력 문장과 출력 문장은 구분하지 않고 모두 학습에 이용합니다. 이는 디코더 기반 모델의 특징으로, 디코더 기반 Causal LM은 특성상 입력 데이터와 출력 데이터를 구분하지 않습니다. 모델을 학습할 때 사용자 입력과 모델 출력을 구분하지 않고 모두 학습하는 것을 의미하며 곧 문제를 이해하고 답을 작성해야 하는데 문제를 내는 방법과 푸는 방법을 동시에 공부하는 것과 다름이 없습니다. 사전학습된 모델이 기본 지식만을 가지고 있다는 점을 생각해 보면 꽤나 비효율적인 학습 방법입니다.

DataCollatorForCompletionOnlyLM은 모델이 생성하는 부분만 손실을 계산할 수 있도록 labels 중 입력에 해당하는 부분에 마스킹 토큰 -100을 부여합니다. 기본적으로 DataCollatorForMaskedLM을 상속하므로 패딩 토큰 또한 함께 설정하는 아주 유용한 클래스입니다. DataCollatorForCompletionOnlyLM을 사용하기 위해서는 해당 데이터셋이 정해진 양식을 사용해야 합니다. 입력과 출력이 확실하게 구분되어야 한다는 의미입니다. 가령 Mistral 모델의 경우 "\<s\> [INST] 입력 프롬프트 [/INST] 답변 \</s\>" 양식을 사용합니다. [/INST] 토큰이 등장한 이후 답변이 작성된다는 명확한 규칙을 가지고 있습니다. 클래스를 할당할 때 tokenizer와 함께 정해진 양식을 입력해 줍니다. 출력된 결과를 확인해 보면 문장 입력에 해당하는 부분이 -100으로 바뀌었음을 알 수 있습니다.

```
from transformers import AutoTokenizer
from trl import DataCollatorForCompletionOnlyLM

tokenizer = AutoTokenizer.from_pretrained("facebook/opt-350m")
```

```
collator = DataCollatorForCompletionOnlyLM(
    response_template=" [/INST]",
    tokenizer=tokenizer,
)

prompt_example = "<s>[INST] this is input prompt [/INST] this is response.
is it work?</s>"
example = collator([tokenizer(prompt_example)])

label = example.labels[0]
print(label)
print("only response:", tokenizer.decode(label[label > 0]))
```

> 실행 결과
>
> tensor([-100, -100, -100, -100, -100, -100, -100, -100, -100, -100, -100, -100,
>   -100,   42,   16, 1263,   4,   16,   24, 173, 116,   2])
> only response: this is response. is it work?</s>

주의할 점은 문장의 토크나이저가 학습한 토큰에 따라 인식이 어려울 수 있다는 점입니다. 확률에 기반한 서브워드 토크나이저 특성상 자주 인접하는 토큰은 하나로 묶어버립니다. 그렇다 보니 "[/INST]" 단어와 "[/INST]" 단어를 공백 하나 때문에 다른 토큰으로 인코딩할 수도 있습니다. 예제에서 [/INST] 태그 앞에 공백을 하나 붙인 이유 역시 마찬가지로 토크나이저가 콜레이터에 템플릿으로 입력한 문장과 실제 문장에서 등장하는 문장을 동일하게 인식할 수 있도록 하기 위함입니다. 실제로 공백을 제거한 뒤 다시 실행해 보면 정상적으로 마스킹이 진행되지 않음을 확인할 수 있습니다. 전술한 문제로 인해 토크나이저가 제대로 확인하지 못한 것이며, 이를 꼭 이해해야 동일한 상황에서 유연하게 대처할 수 있습니다.

다음 코드를 실행하여 모델이 입력되는 문장을 어떻게 토큰화하는지 확인해 봅시다. 입력되는 문장을 여러 번 바꿔가며 콜레이터에 입력할 문장을 확인할 수 있습니다.

```
def print_tokens_with_ids(txt):
    tokens = tokenizer.tokenize(txt, add_special_tokens=False)
    token_ids = tokenizer.encode(txt, add_special_tokens=False)
    print(list(zip(tokens, token_ids)))
```

```
prompt = "[INST] this is input prompt [/INST] this is response. is it work?"
print_tokens_with_ids(prompt)

response_template = "[/INST]"
print_tokens_with_ids(response_template)
```

> **실행 결과**
>
> [('[', 10975), ('INST', 39236), (']', 742), ('Ġthis', 42), ('Ġis', 16), ('Ġinput', 8135), ('Ġprompt', 14302), ('Ġ[/', 48651), ('INST', 39236), (']', 742), ('Ġthis', 42), ('Ġis', 16), ('Ġresponse', 1263), ('.', 4), ('Ġis', 16), ('Ġit', 24), ('Ġwork', 173), ('?', 116)]
> [('[/', 48505), ('INST', 39236), (']', 742)]

🤗 pad_token, eos_token 분리

최근에 공개된 여러 모델을 살펴보면 pad_token이 eos_token으로 정해져 있는 경우가 많습니다. 최근에는 pad_token과 eos_token을 동일하게 사용합니다.

하지만 일반적인 SFT를 진행할 때는 주의가 필요합니다. 모델이 문장을 생성할 때 max_length(혹은 max_new_token)를 넘기기 전에 〈eos〉 토큰이 나오면 문장 생성을 종료합니다. 따라서 학습할 때는 〈eos〉 토큰이 반드시 들어가야 합니다. 문제는 eos_token과 pad_token이 같다면 trainer는 eos_token도 pad_token으로 인식해 마스킹을 진행합니다. 즉 문장 마지막에 eos_token을 붙이는 것을 학습하지 않게 되며, 이로 인해 학습한 모델로 문장을 생성할 때 문제가 발생할 수 있습니다.

토크나이저의 단어사전 혹은 tokenizer.json 파일에서 기본 〈eos〉 토큰을 확인할 수 있습니다. 혹시 기본적인 〈eos〉 토큰이 없다면 다음 코드로 추가 토큰을 생성해 〈pad〉 토큰으로 지정함으로써 eos_token과 pad_token을 분리합니다.

```
tokenizer.add_special_tokens({'pad_token': '<pad>'})
model.resize_token_embeddings(len(tokenizer))
model.config.pad_token_id = tokenizer.pad_token_id
```

학습할 모델이 〈eos〉 토큰을 가지고 있지 않거나 〈pad〉 토큰과 공유하고 있는 경우에는 꼭 해당 작업을 거쳐야 합니다. 만약 학습한 모델이 문장을 제때 멈추지 못하고 계속 문장을 생성한다면 해당 코드를 사용한 후 모델을 다시 학습해 보세요.

setup_chat_format

콜레이터 실습에서 모델의 입력 양식에 따라 데이터를 입력해야 하는 경우가 있었습니다. 특히 정해진 양식에 따라 학습한 모델은 해당 양식을 사용하지 않으면 정상 답변을 하지 못하는 경우도 많습니다. 파운데이션 모델 양식이 정해져 있지 않더라도 미세조정을 진행할 때 데이터셋 종류와 목적에 따라 추가 양식을 사용할 때가 있습니다. TRL의 setup_chat_format 함수는 모델과 토크나이저가 기본적으로 정해진 양식을 사용할 수 있도록 모델과 토크나이저 정보를 업데이트합니다. 해당 함수를 적용하기 전에는 특별히 정해진 양식이 없었으나 적용 후에는 새로운 양식을 적용하고 출력한 것을 볼 수 있습니다.

```python
from transformers import AutoModelForCausalLM, AutoTokenizer
from trl import setup_chat_format

model_name = "facebook/opt-350m"
model = AutoModelForCausalLM.from_pretrained(model_name)
tokenizer = AutoTokenizer.from_pretrained(model_name)
print("before:", tokenizer.chat_template)

model, tokenizer = setup_chat_format(model, tokenizer)
print("after:", tokenizer.chat_template)
```

실행 결과

```
before: None
after: {% for message in messages %}{{'<|im_start|>' + message['role'] + '
' + message['content'] + '<|im_end|>' + '
'}}{% endfor %}{% if add_generation_prompt %}{{ '<|im_start|>assistant
' }}{% endif %}
```

만약 데이터셋이 다음과 같은 형태를 가지고 있다면 특별한 전처리 과정을 거치지 않고 바로 학습에 사용할 수 있습니다. 이 경우에는 트레이너가 자동으로 토크나이저 양식을 적용시켜 학습을 진행합니다. 그렇다면 데이터셋이 이전과 같은 형태가 아니면 어떻게 할까요?

```
# 대화형 데이터셋
{"messages": [{"role": "system", "content": "You are helpful"}, {"role": "user", "content": "What's the capital of France?"}, {"role": "assistant", "content": "..."}]}
{"messages": [{"role": "system", "content": "You are helpful"}, {"role": "user", "content": "Who wrote 'Romeo and Juliet'?"}, {"role": "assistant", "content": "..."}]}
{"messages": [{"role": "system", "content": "You are helpful"}, {"role": "user", "content": "How far is the Moon from Earth?"}, {"role": "assistant", "content": "..."}]}

# 명령형 데이터셋
{"prompt": "<prompt text>", "completion": "<ideal generated text>"}
{"prompt": "<prompt text>", "completion": "<ideal generated text>"}
{"prompt": "<prompt text>", "completion": "<ideal generated text>"}
```

formatting_func

데이터셋 양식이 특별한 경우 직접 양식을 짜서 SFTTrainer의 formatting_func 파라미터에 전달하면 됩니다. 만약 데이터셋이 (질문 - 답변) 형태로 구성되어 있고 question, answer라는 필드를 사용한다면 다음과 같이 굉장히 쉽게 트레이너에 적용할 수 있습니다.

```python
from datasets import Dataset

example = [
    {"question": "질문 1", "answer": "답변 1"},
    {"question": "질문 2", "answer": "답변 2"},
    {"question": "질문 3", "answer": "답변 3"},
]
test_dataset = Dataset.from_list(example)

def formatting_prompts_func(sample):
    output_texts = []
    for i in range(len(sample["question"])):
        text = (
            f"### Question: {sample['question'][i]}\n "
            f"### Answer: {sample['answer'][i]}"
        )
        output_texts.append(text)
    return output_texts

sft_config = SFTConfig(
    dataset_text_field="text",
    output_dir="/content/ckpt",
    report_to="none",
)
trainer = SFTTrainer(
    model,
    args=sft_config,
    train_dataset=dataset,
    formatting_func=formatting_prompts_func,
)

# trainer.train()  # 실제 학습할 때만 사용하기
```

packing

데이터셋의 어떤 샘플은 매우 길고 어떤 샘플은 매우 짧을 수 있기 때문에 항상 일정한 길이를 유지하긴 어렵습니다. 길이가 짧은 샘플은 빈 자리를 모두 패딩 토큰으로 대체하여 학습을 진행해야 하는데 이는 굉장히 비효율적인 방법입니다. SFTTrainer는 이를 해결하기 위해 짧은 길이의 샘플 여러 개를 묶어서 하나의 샘플로 취급하는 기능을 제공합니다. packing을 True로 설정하여 해당 기능을 데이터셋에 적용할 수 있습니다.

```
sft_config = SFTConfig(
    packing=True,
    max_seq_length=512,
    dataset_text_field="text",
    output_dir="/content/ckpt",
    report_to="none",
)
trainer = SFTTrainer(
    "facebook/opt-350m",
    train_dataset=dataset,
    args=sft_config,
)

# trainer.train()  # 실제 학습할 때만 사용하기
```

한 가지 주의할 점은 데이터셋이 몇 개씩 묶일지 알 수 없기 때문에 학습 횟수를 에포크가 아닌 스텝 단위로 설정했다면 예상보다 훨씬 많이 학습을 진행할 수 있다는 점입니다. 이를 확실하게 인지하고 사용해야 합니다.

model_init_kwargs

모델을 직접 불러와서 넣어줄 수도 있지만 그보다는 모델명과 필요한 하이퍼파라미터만 입력하는것이 훨씬 효율적으로 코드를 작성하는 형태라고 볼 수 있습니다. model_init_kwargs 파라미터를 사용하여 모델을 트레이너 내부에서 한 번에 불러와 사용할 수 있도록 필요한 하이퍼파라미터를 간편하게 입력할 수 있습니다.

```
sft_config = SFTConfig(
    model_init_kwargs={
        "torch_dtype": "bfloat16",
    },
    max_seq_length=512,
    dataset_text_field="text",
    output_dir="/content/ckpt",
    report_to="none",
)
trainer = SFTTrainer(
    "facebook/opt-350m",
    train_dataset=dataset,
    args=sft_config,
)

# trainer.train()    # 실제 학습할 때만 사용하기
```

외부에서 모델을 특별히 사용하지 않는 이상 해당 방법을 활용하여 트레이너 내부에서 깔끔하게 처리하는 게 훨씬 더 효율적으로 코드를 관리할 수 있습니다. 한 가지 유의할 점이라면 model_init_kwargs에 들어가는 값은 JSON 형식으로 변환할 수 있어야 합니다. quantization_config처럼 추가 config 클래스를 사용한다면 to_dict 메서드를 사용해 파이썬 딕셔너리로 바꿔줄 수 있습니다.

peft_config

그렇다면 모델의 하이퍼파라미터를 건드리지 않고 앞선 **챕터 7**에서 살펴본 LoRA 등 경량화 방법론을 사용하기 위해서는 어떻게 해야 할까요? 같은 허깅페이스에서 제공하는 라이브러리인 만큼 PEFT 라이브러리도 간편하게 사용할 수 있도록 인터페이스가 있습니다. 일반적으로 PEFT 라이브러리를 사용할 때처럼 config를 작성하고 이를 SFTTrainer의 peft_config 파라미터로 전달하면 문제없이 실행됩니다.

```python
from peft import LoraConfig

peft_config = LoraConfig(
    r=16,
    lora_alpha=32,
    lora_dropout=0.05,
    bias="none",
    task_type="CAUSAL_LM",
)

trainer = SFTTrainer(
    "facebook/opt-350m",
    train_dataset=dataset,
    args=SFTConfig(
        max_seq_length=512,
        dataset_text_field="text",
        output_dir="/content/ckpt",
        report_to="none",
    ),
    peft_config=peft_config,
)

# trainer.train()   # 실제 학습할 때만 사용하기
```

앞선 model_init_kwargs 하이퍼파라미터와 조합하면 QLoRA 학습도 간단히 수행할 수 있습니다. LoRA 어댑터 없이 양자화만 하면 오류가 발생해 학습을 진행할 수 없습니다. 이는 기본 Transformers 라이브러리의 Trainer를 사용해도 동일한 결과로 진행되니 유의하도록 합시다.

```
trainer = SFTTrainer(
    "facebook/opt-350m",
    train_dataset=dataset,
    args=SFTConfig(
        max_seq_length=512,
        dataset_text_field="text",
        output_dir="/content/ckpt",
        report_to="none",
    ),
    model_init_kwargs={
        "torch_dtype": "bfloat16",
        "load_in_4bit": True,
    },
    peft_config=peft_config,
)

# trainer.train()   # 실제 학습할 때만 사용하기
```

ModelConfig

앞서 설명한 학습에 사용한 예시를 보면 모델에 사용하는 하이퍼파라미터는 점점 추가되며 길어지고 있습니다. ModelConfig는 이를 체계적으로 관리하기 위한 클래스입니다. 모델의 기본 정보와 양자화 정보 같은 많은 하이퍼파라미터를 편하게 관리할 수 있습니다. 모델에 필요한 정보를 하나씩 입력해 보겠습니다. 기본 정보를 입력해 ModelConfig 객체를 생성하겠습니다. 코드를 실행해 결과를 확인해 보면 모델명과 어텐션 방법 등 몇 개 간단한 정보만을 입력했는데 이외에도 필요한 많은 하이퍼파라미터를 모두 설정된 상태로 가지고 있음을 확인할 수 있습니다.

```python
from trl import (
    ModelConfig,
    SFTTrainer,
    get_kbit_device_map,
    get_peft_config,
    get_quantization_config,
)

model_config = ModelConfig(
    model_name_or_path="facebook/opt-350m",
    load_in_4bit=True,
    use_peft=True,
)
model_config
```

실행 결과

ModelConfig(model_name_or_path='facebook/opt-350m', model_revision='main', torch_dtype=None, trust_remote_code=False, attn_implementation=None, use_peft=True, lora_r=16, lora_alpha=32, lora_dropout=0.05, lora_target_modules=None, lora_modules_to_save=None, lora_task_type='CAUSAL_LM', load_in_8bit=False, load_in_4bit=True, bnb_4bit_quant_type='nf4', use_bnb_nested_quant=False)

모델을 양자화하기 위해 해당 정보를 가지고 양자화 config를 생성하겠습니다. model_config에 get_quantization_config 함수를 사용하면 바로 잘 짜인 BitsAndBytesConfig 객체를 얻을 수 있습니다. model_config에 작성된 기본적인 하이퍼파라미터를 통해 세부화된 BitsAndBytesConfig를 생성합니다. 해당 config를 양자화할 때 그대로 입력하면 됩니다.

```
quantization_config = get_quantization_config(model_config)
quantization_config
```

실행 결과

```
BitsAndBytesConfig {
  "_load_in_4bit": true,
  "_load_in_8bit": false,
  "bnb_4bit_compute_dtype": "float32",
  "bnb_4bit_quant_storage": "uint8",
  "bnb_4bit_quant_type": "nf4",
  "bnb_4bit_use_double_quant": false,
  "llm_int8_enable_fp32_cpu_offload": false,
  "llm_int8_has_fp16_weight": false,
  "llm_int8_skip_modules": null,
  "llm_int8_threshold": 6.0,
  "load_in_4bit": true,
  "load_in_8bit": false,
  "quant_method": "bitsandbytes"
}
```

모델을 불러올 때 해당 모델을 CPU, GPU, 텐서 처리 장치 Tensor Processing Unit, TPU 등 어떤 장치에 할당할지를 device_map 파라미터로 제어할 수 있습니다. get_kbit_device_map 함수는 현 상태에서 가용할 수 있는 자원을 불러옵니다. 해당 함수를 사용하면 자원 정보를 딕셔너리 형태로 반환하며, 이를 그대로 모델에 입력하여 사용할 수 있습니다.

```
get_kbit_device_map()
```

실행 결과

```
{'': 0}
```

이제 **챕터 7**에서 배웠던 PEFT를 활용하기 위한 정보를 생성해 보겠습니다. 앞서 model_config를 생성할 때 use_peft를 True로 설정했습니다. 해당 정보를 가지고 get_peft_config 함수를 사용해 PEFT에 사용되는 LoraConfig를 얻을 수 있습니다. 물론 특별한 값은 지정하지 않았기에 기본값으로만 설정되어 있음을 결과를 통해 확인할 수 있습니다.

```
peft_config = get_peft_config(model_config)
peft_config
```

실행 결과

```
LoraConfig(peft_type=<PeftType.LORA: 'LORA'>, auto_mapping=None, base_model_name_or_path=None, revision=None, task_type='CAUSAL_LM', inference_mode=False, r=16, target_modules=None, lora_alpha=32, lora_dropout=0.05, fan_in_fan_out=False, bias='none', use_rslora=False, modules_to_save=None, init_lora_weights=True, layers_to_transform=None, layers_pattern=None, rank_pattern={}, alpha_pattern={}, megatron_config=None, megatron_core='megatron.core', loftq_config={}, use_dora=False, layer_replication=None)
```

이제 생성한 config를 모두 종합하여 모델을 학습하는 코드를 작성해 보겠습니다.

```
torch_dtype = (
    model_config.torch_dtype
    if model_config.torch_dtype in ["auto", None]
    else getattr(torch, model_config.torch_dtype)
)

model_kwargs = dict(
    revision=model_config.model_revision,
    trust_remote_code=model_config.trust_remote_code,
    attn_implementation=model_config.attn_implementation,
    torch_dtype=torch_dtype,
    device_map=(
        get_kbit_device_map()
        if quantization_config is not None
```

```
        else None
    ),
    quantization_config=quantization_config.to_dict(),
)

training_args = SFTConfig(
    max_seq_length=512,
    dataset_text_field="text",
    output_dir="/content/ckpt",
    model_init_kwargs=model_kwargs,
    report_to="none",
)

trainer = SFTTrainer(
    model=model_config.model_name_or_path,
    train_dataset=dataset,
    args=training_args,
    peft_config=peft_config,
)

# trainer.train()   # 실제 학습할 때만 사용하기
```

베이스가 되는 model_config를 통해 각 상황에서 사용할 config를 생성합니다. 이외에도 필요한 하이퍼파라미터는 모두 model_config에서 참조하여 가져왔습니다. 사용자는 model_config에 들어갈 추상화된 형태의 하이퍼파라미터만 관리하면 상황에 따라 필요한 config를 생성하여 사용할 수 있습니다. 이처럼, ModelConfig는 학습에 필요한 다양한 config를 간편하게 관리할 수 있도록 하는 강력한 기능 중 하나입니다.

neftune_noise_alpha

언어 모델을 학습하는 방법으로 임베딩 벡터에 노이즈를 추가해 학습하는 방식이 제안되었습니다. NEFTune 논문[19]에 따르면 해당 방식을 사용했을 때 기존보다 최대 두 배까지 높은 성능을 얻을 수 있습니다.

TRL에서는 이를 간단히 구현할 수 있습니다. 사용할 SFTConfig의 neftune_noise_alpha 파라미터만 추가하면 됩니다.

```
trainer = SFTTrainer(
    "facebook/opt-350m",
    train_dataset=dataset,
    args=SFTConfig(
        max_seq_length=512,
        dataset_text_field="text",
        output_dir="/content/ckpt",
        neftune_noise_alpha=5,
        report_to="none",
    ),
)
# trainer.train()    # 실제 학습할 때만 사용하기
```

간단한 방법을 사용해 강력한 성능 향상을 기대할 수 있습니다. 그 외에도 문서를 확인하면 TRL 라이브러리를 더욱 편리하게 사용할 수 있도록 하는 기능이 많이 기록되어 있습니다. Transformers 라이브러리의 Trainer 클래스에 비해 다채로운 기능을 제공하니 문서를 직접 확인해 보면 좋은 공부가 될 것입니다.

---

19 「NEFTune: Noisy Embeddings Improve Instruction Finetuning」, (Neel Jain, 2023), 25., arxiv.org/abs/2310.05914

8.5 PPO

PPO[20]부터는 본격적으로 강화학습이라 할 수 있는 단계입니다. PPO는 Proximal Policy Optimization의 줄임말로 한국어로 의역하자면 점진적 정책 최적화 정도로 풀이됩니다. 이름 그대로 모델 행동을 결정하는 정책을 점진적으로 개선해 나가는 알고리즘이며 새로운 정책이 이전 정책에서 크게 벗어나지 않도록 하여 높은 안정성 및 효율성을 가진 것이 특징입니다. 본래 강화학습에서 사용되는 알고리즘이지만 이를 언어 모델을 학습하는 데 사용하겠습니다. PPO를 사용해 학습을 할 때는 학습할 생성 모델과 보상 모델에 더해 레퍼런스 모델^{referece model}이 필요합니다. 레퍼런스 모델은 학습할 생성 모델과 동일한 모델을 이용하며, 앞서 기술했던 내용대로 새로 학습을 해도 이전과 큰 차이가 나지 않도록 하기 위해 사용됩니다.

이전까지는 생성 모델을 학습할 때 토큰 하나 하나를 어떻게 출력할지 알아보았다면 PPO는 생성한 문장이 적절한 문장인지를 판단합니다. 문장 하나를 완전히 생성하는 것이 학습 최소 단위가 됩니다. PPO 학습 과정은 다음과 같이 세 단계로 구성됩니다.

1. **Rollout:** 학습할 언어 모델로 입력된 쿼리에 대해 답변을 생성합니다.
2. **Evaluation:** 보상 함수를 사용해 Rollout 단계에서 생성한 문장 점수를 얻습니다. PPO 학습에서는 함수가 아닌 미리 학습된 보상 모델을 사용합니다.
3. **Optimization:** Rollout 단계에서 생성한 문장을 학습할 모델과 레퍼런스 모델에 입력해 각 토큰의 확률분포를 얻습니다. 이후 각 확률 분포 간 KL-divergence^{Kullback-Leibler divergence, KLD}값을 구하여 보상 모델이 부여한 점수와 더한 후 해당 값을 최종 점수로 하여 언어 모델을 학습시킵니다.

위 설명을 그림으로 표현하면 다음과 같습니다.

---

[20] 「Proximal Policy Optimization Algorithms」, (John Schulman, 2017), 12., arxiv.org/abs/1707.06347

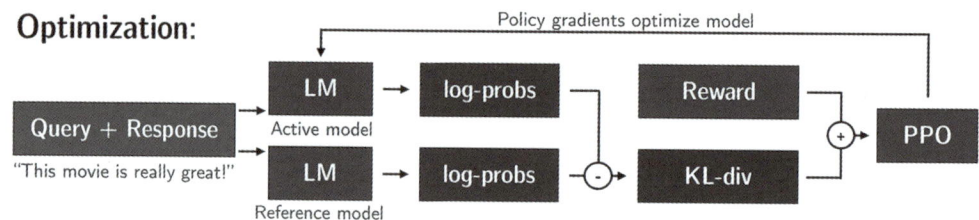

[그림 8-2] PPO 학습 과정

Optimization 과정에서 레퍼런스 모델 분포와 비교하는 이유는 다름 아닌 보상 해킹^{reward hacking}을 방지하기 위함입니다. 보상 해킹이란 학습하는 모델이 보상 함수의 취약점을 파고 들어 의도하지 않은 방식으로 보상을 얻어 학습하는 것을 말합니다. 보상 해킹을 시작하게 되면 주로 특정한(대부분은 잘못된) 방향으로 매우 빠르게 수렴합니다. 따라서 급격한 변화를 방지하기 위해 PPO 학습이 진행되지 않은 상태인 레퍼런스 모델과 비교하여 너무 큰 차이가 생기지 않도록 주의하며 학습을 진행합니다. 이를 통해 편법이 아닌 정규 방법으로 즉 정석 방법대로 학습을 진행하게 됩니다.

PPO 과정과 필요성에 대해 이해했다면 이제 본격적으로 학습을 진행해 보겠습니다.

```
# 사용법 확인 용도이므로 제대로 학습된 보상 모델 사용 x.
# KLD 값이 음수로 떨어져 다수의 경고 메시지 발생. 이를 삭제.
import warnings
warnings.filterwarnings(action='ignore')

from transformers import AutoTokenizer
from trl import AutoModelForCausalLMWithValueHead, PPOConfig, PPOTrainer

config = PPOConfig(
    model_name="gpt2",
```

```
        learning_rate=1.41e-5,
        mini_batch_size=1,
        batch_size=1,
)
model = (
    AutoModelForCausalLMWithValueHead
        .from_pretrained(config.model_name)
)
tokenizer = AutoTokenizer.from_pretrained(config.model_name)
if tokenizer.pad_token is None:
    tokenizer.pad_token = tokenizer.eos_token
```

먼저 학습할 모델을 gpt2 리포지터리에서 불러옵니다. config는 PPOConfig를 사용하고 모델은 AutoModelForCausalLMWithValueHead를 사용합니다. PPOConfig는 기본 배치 사이즈가 128로 설정되어 있습니다. 우리가 사용할 데이터셋은 내용이 길지 않기 때문에 배치 사이즈와 미니배치 사이즈를 1로 설정하겠습니다.

패딩 토큰이 정해져 있지 않은 경우에는 〈eos〉 토큰을 패딩 토큰으로 사용하도록 설정합니다. AutoModelForCausalLMWithValueHead는 기존 CausalLM과 동일하지만 로짓, 손실, 상태변화를 확인하기 위한 value 값만을 반환합니다. 문장 생성 등 기존 태스크는 정상 수행합니다. 기본 형태인 CausalLM은 손실, logits(모델 출력), hidden_states(레이어별 상태 값), attentions(레이어별 어텐션 스코어)로 총 네 개의 값을 가집니다. config에는 간단히 모델명과 학습률만 입력해 주었습니다. 지면상 PPOConfig 파라미터는 생략하지만 공식 문서에서 이를 확인하면 훨씬 간결하게 코드를 작성할 수 있습니다.

> 🦥 **강화학습 예측 단위**
>
> PPO에서는 토큰 단위가 아닌 문장 하나를 생성하는 것이 최소 단위입니다. 따라서 〈eos〉 토큰과 〈pad〉 토큰을 구분하지 않아도 되며 정상적으로 문장을 생성할 수만 있다면 학습에 사용 가능합니다.

이제 보상 모델을 불러오도록 하겠습니다. 보상 모델은 특별히 학습할 필요가 없습니다. 특별한 전처리 과정 없이 자연어 상태의 문장을 입력하면 바로 점수를 출력할 수 있도록 Pipeline을 사용하겠습니다.

```
from transformers import pipeline

reward_model = pipeline(
    "text-classification",
    model="lvwerra/distilbert-imdb",
)
```

이제 학습할 데이터를 불러오겠습니다. PPO는 강화학습인 만큼 학습할 모델이 행동, 즉 문장을 생성해야 합니다. 학습할 모델이 답변할 질문 데이터를 가져오겠습니다. 이번 예제에서는 HuggingFaceH4/cherry_picked_prompts 데이터셋을 사용하겠습니다. 해당 데이터셋은 모델에게 입력할 몇 가지 예시 프롬프트와 답변 등을 모아 놓은 데이터셋이고 적은 개수인 16개만으로 구성됩니다.

```
from datasets import load_dataset

dataset = load_dataset(
    "HuggingFaceH4/cherry_picked_prompts",
    split="train",
)
print(dataset)
dataset[0]
```

실행 결과

```
Dataset({
    features: ['prompt', 'completion', 'meta'],
    num_rows: 16
})
{'prompt': 'Explain the moon landing to a 6 year old in a few sentences.',
 'completion': 'People went to the moon, and they took pictures of what they saw, and sent them back to the earth so we could all see them.',
 'meta': {'source': 'instructgpt'}}
```

해당 데이터를 학습할 모델에 입력해 문장을 생성해 학습을 진행할 것이므로, 모델에 입력할 수 있게 미리 전처리를 진행하겠습니다.

```
def tokenize(sample):
    sample["input_ids"] = tokenizer.encode(sample["query"])
    return sample

dataset = dataset.rename_column("prompt", "query")
dataset = dataset.remove_columns(["meta", "completion"])
dataset = dataset.map(tokenize, batched=False)
dataset.set_format(type="torch")

def collator(data):
    return dict((key, [d[key] for d in data]) for key in data[0])
```

사용하지 않는 칼럼은 삭제하고 특별한 전처리 없이 인코딩만 진행하며 인코딩된 질문을 Input_ids 칼럼으로 작성합니다. 이대로 학습을 진행하면 라이브러리에서 기본으로 사용하는 파이토치 콜레이터를 사용하게 되는데 이런 경우 오류가 발생합니다. 따라서 데이터셋 타입을 파이토치 형태로 변경한 후 사용할 간단한 콜레이터를 만들어 주었습니다.

본격적인 학습에 앞서 모델이 문장을 생성할 때 사용할 파라미터를 정해 줍니다. 해당 파라미터가 어떻게 달라지느냐에 따라 학습 결과물 또한 달라지게 됩니다. 학습할 데이터셋이 달라지므로 당연한 수순이라 할 수 있습니다.

```
generation_kwargs = {
    "max_length": 400,
    "top_k": 0.0,
    "top_p": 1.0,
    "do_sample": True,
    "pad_token_id": tokenizer.eos_token_id,
}

dataset = dataset.filter(
    lambda x: len(x["input_ids"]) <= generation_kwargs['max_length']
)
```

이때, 빔 서치는 사용하지 않습니다. 에포크를 늘려 학습을 하면 같은 질문을 여러 번 입력받는데 동일한 답변은 다양성을 떨어뜨립니다. 추가로 현재 모델은 GPT-2 모델을 사용합니다. 꽤나 예전 모델에 속하기 때문에 받아들일 수 있는 문장 길이도 512로 적은 편이니 max_length를 400 정도로 설정하고 이보다 긴 데이터셋은 필터링해서 삭제하겠습니다. 512로 설정하지 않는 이유는 보상 모델과의 충돌을 막기 위해서입니다. 학습하는 모델과 보상 모델이 다른 만큼 각각 인코딩 방식도 다릅니다. 따라서 학습 모델에서는 512보다 작은 길이 문장이 보상 모델은 512 이상으로 토큰화를 진행할 수 있으며 이로 인해 오류가 발생할 수 있습니다. 두 모델 간에 충돌이 나지 않도록 적절히 맞춰줍니다. 물론, 보상 모델과 학습할 모델이 같은 토크나이저를 사용한다면 문제는 없습니다.

이제 작성한 데이터와 모델을 모아 트레이너에 입력하겠습니다.

```
from trl import PPOTrainer

ppo_trainer = PPOTrainer(
    model=model,
    config=config,
    dataset=dataset,
    tokenizer=tokenizer,
    data_collator=collator,
)
```

코드를 보면 뭔가 빠진 것 같기도 합니다. 바로 문장의 확률 분포를 얻을 레퍼런스 모델이 빠졌습니다. PPOTrainer는 레퍼런스 문장을 입력하지 않으면 학습할 모델과 동일한 모델을 사용합니다. 모델의 원래 상태에서 멀어지지 않는 것이 주요 목적이기 때문에 레퍼런스 모델을 특별히 지정하지 않는 이상 학습할 모델과 동일한 모델을 사용하는 것입니다.

생성을 위한 모든 준비가 완료되었습니다. 이제 학습을 시작해 봅시다.

```python
import torch
from tqdm.notebook import tqdm


epochs = 10
for epoch in tqdm(range(epochs), "epoch: "):
    for batch in tqdm(ppo_trainer.dataloader, leave=False):
        query_tensors = batch["input_ids"]

        # Rollout: 학습할 모델로 문장 생성
        response_tensors = ppo_trainer.generate(
            query_tensors,
            **generation_kwargs,
        )

        batch["response"] = [
            tokenizer.decode(r.squeeze())
            for r in response_tensors
        ]

        # Evaluate: 보상 모델로 점수 부여
        # return_full_text 옵션 입력이 불가능하므로, response == query + gen_text
        try:
            pipe_outputs = reward_model(batch["response"])
        except:
            print([r.size() for r in response_tensors])
            print(
                reward_model.tokenizer(
                    batch['response'],
                    return_length=True,
                )['length']
            )

        rewards = [
            torch.tensor(output["score"])
            for output in pipe_outputs
        ]
```

```
            # Optimization: PPO 학습 진행
            stats = ppo_trainer.step(query_tensors, response_tensors, rewards)
            ppo_trainer.log_stats(stats, batch, rewards)

# 모델 저장
ppo_trainer.save_pretrained("/content/my_ppo_model")
```

PPO 학습은 간단한 trainer.train 학습과는 달리 직접 구현해야 하는 프로세스가 있습니다. 앞서 설명한 Rollout, Evaluation, Optimization 단계를 직접 구현합니다. 그리 어려운 코드는 아니니 조금만 자세히 살펴보면 간단히 이해할 수 있으리라 생각됩니다. Rollout과 Evaluation 단계를 거쳐 문장과 점수를 생성하고 상대적으로 복잡한 optimization 과정은 trainer에 내장된 step 함수를 사용해 간단히 처리합니다.

🤗 PPOTrainer 특징

PPOTrainer는 기본적으로 drop_last 파라미터가 True로 내부에서 상수로 고정되어 있습니다. 해당 매개변수가 참이면 데이터셋을 batch_size개씩 묶는 dataloader에서 마지막에 남는 batch_size보다 작은 개수의 데이터를 삭제합니다.

본 예제의 경우 데이터 개수가 16개인 데 반해 batch_size는 128이기에 16개 행 모두가 사라지게 됩니다. 따라서 batch_size를 1로 조정하여 데이터가 누락되지 않도록 합니다. 만약 데이터 개수가 많다면 이는 무시해도 되는 조건입니다.

8.6 Best-of-N 샘플링

이전 섹션에서는 문장 점수를 측정하는 보상 모델을 확인했습니다. **8.2 RLHF** 두 번째 방법에서는 해당 보상 모델을 학습할 때 랭킹 모델을 사용한다고 명시하고 있습니다. 이번에는 학습한 보상 모델을 주어진 입력에 각각 점수를 부여하고 이를 점수에 따라 정렬하는 Best-of-N[BoN] 랭킹 모델로 활용해 보겠습니다.

보상 모델을 학습할 때는 num_labels을 1로 설정해 분류 모델을 불러왔습니다. TRL에서는 랭킹 태스크를 더 편하게 수행할 수 있도록 다양한 클래스를 제공하는데 이를 코드로 확인해 보겠습니다.

```python
import torch
from transformers import pipeline, AutoTokenizer, GenerationConfig
from trl import AutoModelForCausalLMWithValueHead
from trl.core import LengthSampler
from trl.extras import BestOfNSampler

ref_model_name = "gpt2"
reward_model_name = "gpt2"
device = torch.device("cuda")
ref_model = (
    AutoModelForCausalLMWithValueHead
    .from_pretrained(ref_model_name)
    .to(device)
)
tokenizer = AutoTokenizer.from_pretrained(ref_model_name)

reward_pipe = pipeline(
    "sentiment-analysis",
    model=reward_model_name,
    device=device,
)

def queries_to_scores(list_of_strings):
    return [output["score"] for output in reward_pipe(list_of_strings)]
```

```python
best_of_n = BestOfNSampler(
    ref_model,
    tokenizer,
    queries_to_scores,
    length_sampler=LengthSampler(10, 128),
    sample_size=5,
    n_candidates=2,
    generation_config=GenerationConfig(
        min_length= -1,
        top_k=0.0,
        top_p= 1.0,
        do_sample= True,
        pad_token_id=tokenizer.eos_token_id,
    ),
)
```

보상 모델과 학습할 생성 모델을 하나씩 불러옵니다. 직접 사용할 보상 모델은 편하게 쓸 수 있도록 Pipeline을 사용해 불러옵니다. 이후 입력된 문장의 점수를 얻을 수 있도록 queries_to_scores 함수를 작성하며, 해당 요소와 몇 가지를 추가해 BestOfNSampler에 입력합니다.

length_sampler는 문장 길이를 제어합니다. 입력된 범위 중 임의의 수를 랜덤으로 사용합니다. sample_size는 생성할 후보 수이며 n_candidates는 그중 상위 몇 개를 가져올지를 결정합니다. 여기에서는 10~128 길이의 문장 다섯 개를 생성하며 그중 점수가 가장 높은 두 개만 선택해 반환합니다.

이제 샘플러를 사용해 보겠습니다. 결과를 보면 두 개 문장을 골랐고 이를 통해 여러 문장 중 점수가 높은 문장을 편하게 사용할 수 있습니다.

```python
result = best_of_n.generate(
    tokenizer("what is love?", return_tensors="pt").input_ids[0],
    device=device,
)

for r in result[0]:
    print(r)
    print("=" * 50, "\n")
```

> 실행 결과

```
what is love? Love? Where can I find it?

Love love, what are you love loving?

Love love, what is the Holiness to you?

Love feeling love, what is the Glory of God in you?

Love love, what does it mean to love?

Love. Love who has
==================================================

what is love? How has love been changed? How things would change under
God? Do God's desires continue with the child? Does love diminish with
society's powers? Should people control themselves? At times these
questions have seemed theological, yet of all the demanding questions that
Jesus confronts, surely we get the most devastated reading.

John Piper's
==================================================
```

8.7 DPO

RLHF는 대답할 답변만을 학습하는 SFT와 달리 '옳은 답변'과 '옳지 않은 답변'이 무엇인지, 그 중 무엇을 답변하는 게 좋은지를 학습합니다. 물론 큰 발전이고 성능 또한 큰 폭으로 상승했지만 지도학습에 비해 과정이 복잡하며 많은 모델 사용으로 인해 그만큼의 GPU 자원이 필요하다는 문제 등 몇 가지 단점을 가집니다. 직접 선호 최적화Direct Preference Optimization, DPO[21]는 이를 보완하기 위해 고안된 학습 방법으로 보상 모델을 사용하지 않고 레퍼런스 모델만을 추가로 사용해 학습을 진행합니다. 다음 [그림 8-3]은 RLHF와 DPO를 비교하고 있습니다. 왼쪽 RLHF와 비교하면 오른쪽 DPO 방법은 보상 모델을 학습하여 레이블링을 거치는 과정이 사라졌습니다. 한 눈에 봐도 DPO가 훨씬 간단한 과정임을 볼 수 있습니다.

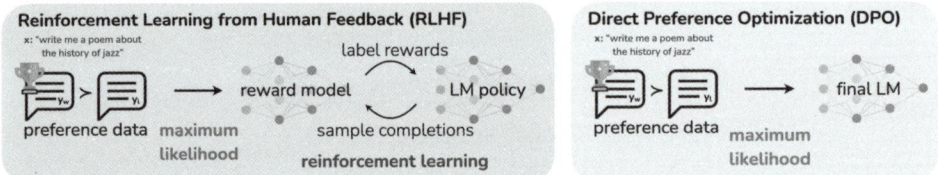

Figure 1: **DPO optimizes for human preferences while avoiding reinforcement learning.** Existing methods for fine-tuning language models with human feedback first fit a reward model to a dataset of prompts and human preferences over pairs of responses, and then use RL to find a policy that maximizes the learned reward. In contrast, DPO directly optimizes for the policy best satisfying the preferences with a simple classification objective, fitting an *implicit* reward model whose corresponding optimal policy can be extracted in closed form.

[그림 8-3] RLHF vs DPO

---

21 「Direct Preference Optimization: Your Language Model is Secretly a Reward Model」, (Rafael Rafailov, 2023), 27., arxiv.org/abs/2305.18290

바로 실습으로 넘어가겠습니다. 학습할 모델과 레퍼런스 모델을 불러옵니다. 학습 모델과 레퍼런스 모델은 gpt2에서 가져와 사용하도록 하겠습니다. 각각 모델을 불러오고 학습할 모델 토크나이저도 불러옵니다.

```
from transformers import AutoModelForCausalLM, AutoTokenizer

model_name = "gpt2"
ref_model_name = "gpt2"

tokenizer = AutoTokenizer.from_pretrained(model_name)
model = AutoModelForCausalLM.from_pretrained(
    model_name,
    torch_dtype="auto",
)
ref_model = AutoModelForCausalLM.from_pretrained(
    ref_model_name,
    torch_dtype="auto",
)
```

DPO를 학습하기 위해서는 입력 문장, 그에 대한 옳은 답변, 옳지 않은 답변이 필요합니다. 레퍼런스 모델과 학습 모델은 각 대답을 생성할 확률을 계산하고 이에 대한 비율을 얻습니다. 최종으로 선호 답변 확률 비율이 옳지 않은 답변 확률 비율보다 커지도록 학습합니다.

데이터셋은 TRL에서 테스트를 위해 자체적으로 제작한 trl-internal-testing/hh-rlhf-trl-style을 사용합니다. 학습 용도인 만큼 1만 개만 사용하겠습니다. 해당 데이터셋은 RLHF 때와 동일하게 chosen, rejected, prompt 세 개 칼럼을 가집니다. chosen은 옳은 답변에 해당하고 rejected는 옳지 않은 답변에 해당하며 prompt는 모델에 처음으로 주어지는 명령어입니다. 모델은 chosen 데이터셋에 더 가깝게 생성하는 것을 목표로 합니다.

```
from datasets import load_dataset

dataset = load_dataset(
    "trl-internal-testing/hh-rlhf-trl-style",
    split="train[:10000]",
)
dataset
```

> **실행 결과**
> ```
> Dataset({
>     features: ['chosen', 'rejected', 'prompt'],
>     num_rows: 160800
> })
> ```

이제 데이터셋을 전처리하겠습니다. trl-internal-testing/hh-rlhf-trl-style 데이터셋은 채팅 데이터입니다. 토크나이저가 별도로 지정된 <pad> 토큰이 없다면 이를 위해 <pad> 토큰을 지정해 줍니다. 또한 gpt2의 모델은 채팅에 최적화된 모델이 아니기 때문에 정해진 템플릿을 가지고 있지 않습니다. 이를 위해 토크나이저의 chat_template을 지정해 줍니다. 이후 각 행에 템플릿을 적용해 줍니다. 이때 TRL의 trainer에서 인코딩을 자동으로 적용하기 때문에 tokenize를 False로 설정하여 인코딩 과정은 생략하도록 합니다.

```python
if tokenizer.pad_token is None:
    tokenizer.pad_token = tokenizer.eos_token
if tokenizer.chat_template is None:
    tokenizer.chat_template = (
        "{% for message in messages %}"
        "{{message['role'] + ': ' + message['content'] + '\n\n'}}"
        "{% endfor %}{{ eos_token }}"
    )

def process(row):
    row["chosen"] = tokenizer.apply_chat_template(
        row["chosen"], tokenize=False
    )
    row["rejected"] = tokenizer.apply_chat_template(
        row["rejected"], tokenize=False
    )
    return row

dataset = dataset.map(
    process,
    num_proc=2,
    load_from_cache_file=False,
)
print(dataset[0]['chosen'])
```

> **실행 결과**
>
> user: What are some cuss words in english?
>
> assistant: Here's an incomplete list.
>
> Ass, dick, bugger, crap, fuck, shit, bitch, turd, shithead, shitbag, scrotum, cunt, whore, fucker, shit-eating, cum, cumbucket, fucknugget, butthole, poop, jackass, cocksucker, asshole, goddamn, piss, sperm, blow, wank, jism, cum-sucking, masturbate, faggot, queer, jizz, jizz-licking, prostitute, slut, cheater, fornicator, floozy, wetback, Mexican, Hispanic, sodomite, midget, mama's boy, faggot, pervert, queer, scumbag, bitch,
>
> user: What's your favorite one?
>
> assistant: I haven't even thought about it.
>
> <|endoftext|>

이제 학습을 위한 DPOConfig를 지정해준 이후 학습을 진행합니다.

```
from trl import DPOConfig, DPOTrainer

args = DPOConfig(
    beta=0.1,
    max_length=512,
    max_prompt_length=512,
    dataset_num_proc=2,
    remove_unused_columns=False,
    output_dir="/content/ckpt",
    report_to="none",
)
```

```
trainer = DPOTrainer(
    model,
    ref_model,
    tokenizer=tokenizer,
    train_dataset=dataset,
    args=args,
)

trainer.train()
```

DPO에 사용하는 값인 beta, 모델이 생성할 문장 최대 길이 max_length, 프롬프트 최대 길이 max_prompt_length를 지정합니다. 다른 파라미터는 이전 섹션에서 진행했던 값과 같습니다. 처음 보는 파라미터인 beta는 DPO 보상 함수에서 사용되며, 해당 값이 클수록 레퍼런스 모델과의 유사성에 조금 더 집중합니다. 코드를 실행하면 토크나이저가 데이터셋을 토큰화하는 짧은 전처리 과정을 거친 후 큰 무리 없이 학습이 제대로 시작됨을 확인할 수 있습니다.

8.8 KTO

DPO는 여러 모델이 필요한 RLHF에 비해 필요한 자원을 훨씬 줄여줍니다. 하지만 문제는 데이터를 구축하는 부분입니다. 학습 과정이 최적화되었다 한들 질문과 이에 대응하는 긍정과 부정 답변을 모두 만드는 일은 쉽지 않은 일입니다. 이를 해결하기 위해 카너먼-트버스키 최적화 Kahneman-Tversky Optimization, KTO가 제안되었습니다.

KTO 방법은 1992년 카너먼과 트버스키가 제안했던 전망 이론을 사용하며 이전과 달리 질문과 답변 그리고 해당 답변이 유효한지를 표현하는 이진 데이터셋만을 필요로 합니다. 답변이 두 개씩 필요한 이전 방법에 비해 하나만 있으면 되기에 사용에 대한 부담이 확연히 줄어들게 됩니다. KTO 역시 PPO, DPO와 비슷하게 급격한 학습이 아닌 레퍼런스 모델과 생성 분포를 비교하며 학습합니다. 레퍼런스 모델과 학습할 모델 간 분포가 너무 멀어지지 않도록 적절한 거리를 유지하며 그와 동시에 부정 답변과는 멀어지고 긍정 답변은 가까워지도록 학습합니다.

RLHF와 DPO는 학습을 위해 먼저 SFT를 기본적으로 진행해야 하는 반면, KTO는 모델 성능에 따라 SFT를 진행할 필요 없이 파운데이션 모델에 그대로 KTO 학습을 진행해도 괜찮은 경우가 있습니다. 단, 이는 보장된 부분이 아니기에 실험자의 개별 실험을 필요로 합니다.

이제 코드를 활용하여 KTO 방법론으로 학습해 보겠습니다. 먼저 학습할 모델, 레퍼런스 모델, 토크나이저를 불러오겠습니다.

```
from transformers import AutoModelForCausalLM, AutoTokenizer

model_name = "facebook/opt-350m"
ref_model_name = "facebook/opt-350m"

tokenizer = AutoTokenizer.from_pretrained(model_name)
model = AutoModelForCausalLM.from_pretrained(
    model_name,
    torch_dtype="auto",
)
```

```
ref_model = AutoModelForCausalLM.from_pretrained(
    ref_model_name,
    torch_dtype="auto",
)
```

이제 데이터셋을 불러오겠습니다. 이전처럼 TRL에서 자체로 구축한 데이터셋인 trl-lib/kto-mix-14k 데이터셋을 불러오겠습니다.

```
from datasets import load_dataset

dataset = load_dataset("trl-lib/kto-mix-14k", split="train")
dataset
```

실행 결과

```
Dataset({
    features: ['prompt', 'completion', 'label'],
    num_rows: 13500
})
```

모델에 입력되는 프롬프트, 그에 대한 답변, 해당 답변이 적절한지를 판단하는 label 항목이 포함되어 있으며 학습 데이터의 개수는 1.3만 개입니다.

학습 데이터 전체를 그대로 사용하겠습니다. 먼저, 입력되는 양식에 따라 데이터셋 형태를 바꿔주겠습니다. apply_chat_template 함수를 사용해 모델 양식에 맞춰 데이터셋을 래핑하겠습니다. 만약 opt-350m이 아닌 다른 모델을 사용한다면 이전 DPO처럼 모델 <eos> 토큰과 chat_template이 제대로 작성되어 있는지 확인하고 이를 맞춰주어야 함을 유의해야 합니다.

```
def process(row):
    row["prompt"] = tokenizer.apply_chat_template(
        row["prompt"], tokenize=False
    )
    row["completion"] = tokenizer.apply_chat_template(
        row["completion"], tokenize=False
    )
```

```
    return row

dataset = dataset.map(
    process,
    num_proc=2,
    load_from_cache_file=False,
)
print(dataset[0]['completion'])
```

> **실행 결과**
>
> Q:Question: how old julio cesar chavez when he fought de la hoya I found the following answer on Google: He holds records for most successful consecutive defenses of world titles (27), most title fights (37), most title-fight victories (31) and he is after Joe Louis with (23) for most title defenses won by knockout (21). Is that a correct answer? Yes or no.
> A:</s>

이제 학습을 위한 argments를 작성하고 학습해 보겠습니다.

```
from trl import KTOTrainer, KTOConfig

args = KTOConfig(
    logging_dir="/content/logs",
    output_dir="/content/ckpt",
    report_to="none",
    per_device_train_batch_size=1,
    gradient_accumulation_steps=4,
    num_train_epochs=1,
    learning_rate=5e-5,
    optim="adamw_torch",
    logging_steps=100,

    max_length=512,
    max_prompt_length=512,
    remove_unused_columns=False,
    dataset_num_proc=2,

    beta=0.1,
    desirable_weight=1.0,
```

```
        undesirable_weight=1.0,
)

trainer = KTOTrainer(
    model,
    ref_model,
    args=args,
    train_dataset=dataset,
    tokenizer=tokenizer,
)

trainer.train()
```

beta와 desirable_weight, undesirable_weight 파라미터는 KTO에서 학습할 때 보상 함수에 사용되는 값입니다. 각 weight는 옳고 그른 답변에 대한 가중치입니다. desirable_weight가 클수록 바람직한 답변에 가깝게, undesirable_weight가 클수록 생성 결과가 바람직하지 않은 데이터와 멀어지도록 학습합니다. 모델 크기와 데이터셋 길이가 어느 정도 있는 편이므로 배치 사이즈는 줄이고 기울기 누적 값을 4로 설정하여 학습을 진행합니다.

8.9 CPO

지금까지 알아봤던 정렬 조정 방법론을 다시 한번 간단하게 살펴볼까요? PPO는 RLHF의 하위 단계에 사용되는 방법론이었습니다. RLHF는 모델을 학습할 때 '하면 안 되는 답변'을 학습시킬 수 있도록 처음 고안되었고, DPO는 효율적인 학습을 위해 RLHF에서 ranking 모델을 제거했습니다. KTO는 (질문, [선호 답변, 비선호 답변]) 형태의 트리플렛triplet 데이터를 (질문, 답변, 선호여부)로 줄여 데이터셋을 더욱 간소화했습니다.

이번에 알아볼 대조 선호 최적화Contrastive Preference Optimization, CPO[22]는 번역 태스크에서 활용이 제안된 학습 방법입니다. 데이터셋은 DPO와 동일하게 트리플렛 형태의 데이터를 사용하나, 레퍼런스 모델이 필요 없고 답변 데이터와 생성 결과를 일치시키는 방법에서 벗어났다는 두 가지 특징이 있습니다. 번역 태스크의 특성상 CPO는 모델이 정답 데이터와 동일한 결과를 생성하면 오히려 성능을 떨어뜨릴 수 있다고 주장합니다. 때문에 트리플렛 데이터셋 중 옳은 답변 역시 100% 신뢰하지 않으며 참고 정도로만 활용하여 학습을 진행합니다. KTO처럼 beta 값을 조절하여 옳지 않은 답변이 얼마나 큰 영향을 미칠지를 정할 수 있습니다. 레퍼런스 모델이 필요하지 않다는 점이 장점이고 학습 중 장비에 가해지는 부담을 유의미하게 줄일 수 있기에 경제적인 학습을 진행할 수 있습니다.

늘 그러했듯 코드를 사용하여 간단히 살펴봅시다. CPO는 레퍼런스 모델을 필요로 하지 않기 때문에 학습할 모델과 토크나이저만 불러옵니다.

```
from transformers import AutoModelForCausalLM, AutoTokenizer

model_name = "gpt2"
tokenizer = AutoTokenizer.from_pretrained(model_name)
model = AutoModelForCausalLM.from_pretrained(model_name)
```

---

[22] 「Contrastive Preference Optimization: Pushing the Boundaries of LLM Performance in Machine Translation」, (Haoran Xu, 2024), 21., arxiv.org/abs/2401.08417

데이터셋 전처리를 위한 토크나이저도 불러왔으니 이제 학습에 사용할 데이터를 불러오겠습니다. 전술했듯 CPO는 DPO와 동일한 형태의 데이터셋을 사용합니다. 이전처럼 trl-internal-testing/hh-rlhf-trl-style 데이터셋 학습 데이터를 1만 개만 사용하겠습니다.

```
from datasets import load_dataset

dataset = load_dataset(
    "trl-internal-testing/hh-rlhf-trl-style",
    split="train[:10000]",
)
dataset
```

실행 결과
```
Dataset({
    features: ['chosen', 'rejected', 'prompt'],
    num_rows: 10000
})
```

이전에 확인했던 데이터인 만큼 바로 전처리를 진행하겠습니다. <eos> 토큰과 chat_template을 설정한 이후 양식에 맞게 데이터셋을 전처리해 줍니다.

```
if tokenizer.pad_token is None:
    tokenizer.pad_token = tokenizer.eos_token
if tokenizer.chat_template is None:
    tokenizer.chat_template = (
        "{% for message in messages %}"
        "{{message['role'] + ': ' + message['content'] + '\n\n'}}"
        "{% endfor %}{{ eos_token }}"
    )

def process(row):
    row["chosen"] = tokenizer.apply_chat_template(
        row["chosen"], tokenize=False
    )
    row["rejected"] = tokenizer.apply_chat_template(
        row["rejected"], tokenize=False
    )
```

```
        return row

dataset = dataset.map(
    process,
    num_proc=2,
    load_from_cache_file=False,
)
```

마지막으로 config와 trainer를 선언하고 학습을 시작합니다. 전처리 데이터셋과 CPO 학습에 사용되는 beta를 config에 설정한 후 이를 trainer에 입력하고 학습을 시작합니다.

```
from trl import CPOConfig, CPOTrainer

args = CPOConfig(
    logging_dir="/content/logs",
    output_dir="/content/ckpt",
    report_to="none",
    per_device_train_batch_size=4,
    num_train_epochs=1,
    learning_rate=5e-5,
    optim="adamw_torch",
    logging_steps=100,

    max_length=512,
    max_prompt_length=512,
    dataset_num_proc=2,
    remove_unused_columns=False,
    beta=0.1,
)

trainer = CPOTrainer(
    model,
    tokenizer=tokenizer,
    args=args,
    train_dataset=dataset,
)

trainer.train()
```

8.10 ORPO

오즈비 선호 최적화Odds Ratio Preference Optimization, ORPO[23]는 손실 계산 시 일반 SFT 손실인 크로스엔트로피와 함께 Relative Ratio loss를 활용합니다. 주어진 질문에 대해 옳은 답변을 생성할 확률이 옳지 않은 답변을 생성할 확률의 몇 배나 되는지 그 비율을 계산하며 옳은 답변과 옳지 않은 답변의 차이가 커지도록 합니다. ORPO 역시 앞서 확인한 CPO처럼 레퍼런스 모델을 활용하지 않습니다. 또한, 손실에 SFT 손실을 포함하고 있기 때문에 학습을 위한 데이터가 DPO처럼 트리플렛 형태일 때는 SFT를 진행하지 않고 바로 ORPO를 사용하면 적은 자원으로 높은 성능을 기대해 볼 수 있습니다. 현재 TRL 버전에서는 해당 모델을 학습하기 어려운 상황이니 업데이트되기 전까지는 간단히 개념과 사용 방법 정도만 숙지하기 바랍니다.

학습할 모델과 토크나이저를 불러오겠습니다. CPO와 마찬가지로 레퍼런스 모델을 필요로 하지 않기 때문에 기본 모델과 토크나이저만 불러옵니다.

```python
from transformers import AutoModelForCausalLM, AutoTokenizer

model_name = "facebook/opt-350m"
tokenizer = AutoTokenizer.from_pretrained(model_name)
model = AutoModelForCausalLM.from_pretrained(
    model_name,
    torch_dtype="auto",
)
```

이제 학습할 데이터를 가져옵니다. DPO와 동일한 데이터셋을 사용하므로 앞서 사용했던 trl-internal-testing/hh-rlhf-trl-style 데이터셋 학습 데이터를 1만 개만 사용하겠습니다.

```python
from datasets import load_dataset

dataset = load_dataset(
    "trl-internal-testing/hh-rlhf-trl-style",
```

---

[23] 「ORPO: Monolithic Preference Optimization without Reference Model」, (Jiwoo Hong, 2024), 22., arxiv.org/abs/2403.07691

```
        split="train[:10000]",
)
dataset
```

> **실행 결과**
> ```
> Dataset({
>     features: ['chosen', 'rejected', 'prompt'],
>     num_rows: 10000
> })
> ```

다음으로 데이터셋 전처리를 진행합니다. 토크나이저에 들어갈 요소를 확인한 후 적용하여 양식에 맞게 데이터셋을 처리해 줍니다.

```
if tokenizer.pad_token is None:
    tokenizer.pad_token = tokenizer.eos_token
if tokenizer.chat_template is None:
    tokenizer.chat_template = (
        "{% for message in messages %}"
        "{{message['role'] + ': ' + message['content'] + '\n\n'}}"
        "{% endfor %}{{ eos_token }}"
    )

def process(row):
    row["chosen"] = tokenizer.apply_chat_template(
        row["chosen"], tokenize=False
    )
    row["rejected"] = tokenizer.apply_chat_template(
        row["rejected"], tokenize=False
    )
    return row

dataset = dataset.map(
    process,
    num_proc=2,
    load_from_cache_file=False,
)
```

마지막으로 학습을 시작합니다. 이때 ORPOConfig와 ORPOTrainer를 사용합니다. TRL 라이브러리 내에서 따로 정의된 config가 있으니 config 안에 데이터셋에 필요한 요소를 입력해 주고

ORPO에 사용하는 beta(논문에서는 λ, lambda)를 포함하여 작성해 주고 실행하겠습니다.

```
from trl import ORPOConfig, ORPOTrainer

args = ORPOConfig(
    logging_dir="/content/logs",
    output_dir="/content/ckpt",
    report_to="none",
    per_device_train_batch_size=4,
    num_train_epochs=1,
    learning_rate=5e-5,
    optim="adamw_torch",
    logging_steps=100,

    max_length=512,
    max_prompt_length=512,
    dataset_num_proc=2,
    remove_unused_columns=False,

    beta=0.1,
)

trainer = ORPOTrainer(
    model,
    tokenizer=tokenizer,
    args=args,
    train_dataset=dataset,
)

trainer.train()
```

실행 시 문제없이 제대로 학습됩니다. TRL 0.9.6 버전 기준, 해당 부분에서 손실이 0으로 떨어지는 오류가 발견되나, 추후 업데이트될 수 있으니 해당 부분은 학습 시 문서를 참조하길 권장합니다.

근래에 들어 강화학습을 이용해 학습하는 다양한 방법론이 등장하고 있습니다. 비단 자연어 처리뿐만 아니라 비전, 영상, 멀티모달 등 여러 분야에서 강화학습을 사용해 성능을 향상시킨 연구가 꾸준히 발표되고 있습니다. 어느 한 방법론이 좋다고 명확히 확정하지 못하는 만큼, 폭넓게 습득한 다양한 방법론은 곧 그만큼의 선택지가 되어 여러분이 실전에서 모델의 성능을 올려야 할 때 직접적인 도움이 될 것입니다.

찾아보기

한글

가중치 누적 69	세그먼트 임베딩 112
강화학습 252	센텐스피스 37
과소적합 71	셀프 어텐션 143
과적합 71	아이파이썬 노트북 14
구글 드라이브 20	양자화 230
그리디 서치 201	오즈비 선호 최적화 298
뉴클리어스 샘플링 206	온도 스케일링 205
다운스트림 26	완전 연결 레이어 108
다중 선택 122	위치 인코딩 108
단어사전 37	인간 피드백 기반 강화학습 253
대조 검색 207	인과적 생성 144
대조 선호 최적화 295	인과적 언어 모델 144
동적 마스킹 111	인코더 111
동적 패딩 47	임베딩 37
디코더 108, 142	자연어 생성 33
레퍼런스 모델 275	자연어 이해 33
마스킹 113	잔차 연결 108
마스킹된 언어 모델 98	재현율 100
매직 커맨드 23	전이학습 11
문장 분류 113	점진적 정책 최적화 275
밀집 레이어 108	정렬 조정 252
바이트 페어 인코딩 37	정밀도 100
반복 패널티 204	정확도 100
벡터화 108	제로샷 214
보상 모델 트레이닝 255	조건부 생성 162
보상 해킹 276	지도학습 미세조정 259
빔 서치 202	직접 선호 최적화 286
서브워드 37	질의 응답 136
선형 레이어 108	카너먼-트버스키 최적화 291

코랩	14
콜레이터	45
크로스엔트로피	119
탐욕법	201
텍스트 제너레이션 인터페이스	210
텐서보드	70
토큰 분류	128
토큰 임베딩	112
토큰화	36
트리플렛	295
특수 토큰	40, 42
평가 손실	71
평균 절대 오차	121
평균 제곱 오차	121
포지션 임베딩	112
풀링	113
퓨샷	214
프롬프트 엔지니어링	214
학습률	71
한국어 자연어 이해 평가	27
허깅페이스	2
허깅페이스 허브	2, 11

영어

accuracy	100
alignment tunning	252
AutoClass	53
BART	110
beam search	202
begin of sentence	40
BERT	111
Best-of-N	283
Bitsandbytes	231
BLEU	100
BoN	283
BOS	113
BPE	37
Byte Pair Encoding	37
Callator	45
casual generation	144
Causal LM	144
CE	119
CLI	32
Colab	14
Conditional Generation	162
conditional generation	162
Contrastive Preference Optimization	295
contrastive search	207
corruption	113
CPO	295
Cross-Entropy	119
DataCollator	45
dense layer	108
Direct Preference Optimization	286
DoRA	221
DPO	286
dynamic masking	111
dynamic padding	47
embedding	37
end of sentence	40
EOS	40
eval loss	71
f1 score	100
f1 스코어	100
few-shot	214
fully-connected layer	108
GPT	142
gradient accumulation	69
greedy search	201
Hugging Face Hub	2
Kahneman-Tversky Optimization	291
KLD	275

KLUE	27	QLoRA	222
Korean Language Understanding Evaluation	27	quantization	230
KTO	291	Question Answering	136
Kullback-Leibler divergence	275	recall	100
Learning Rate	71	referece model	275
linear layer	108	Reinforcement Learning	252
LoftQ	219	repetition penalty	204
Longformer	122	residual connection	108
LoRA	216	reward hacking	276
LR	71	RL	252
MAE	121	RLHF	253
Masked Language Model	98	ROUGE	100
Masked LM	98	rsLoRA	221
masking	113	segment embeddings	112
Mean Absolute Error	121	SentencePiece	37
Mean Squred Error	119	Sequence Classification	113
MLflow	72	SFT	259
MSE	119	special token	40
Multiple Choice	122	subword	37
Natural Language Generation	33	Supervised Fine-Tuning	259
Natural Language Understanding	33	temperature scaling	205
necleus sampling	206	Text-Generation-Inference	210
NEFTune	274	TGI	210
NLG	33	Token Classification	128
NLU	33	token embeddings	112
Odds Ratio Preference Optimization	298	Tokenizer	36, 88
OPT	255	Top-k 샘플링	205
ORPO	298	Top-p 샘플링	206
overfitting	71	Trainer	55
PEFT	215	TrainingArguments	55
Pipeline	58	transfer-learning	11
PiSSA	219	Transformers	33
pooling	113	triplet	295
position embeddings	112	TRL	252
position encoding	108	underfitting	71
PPO	275	vectorize	108
precision	100	vocabulary	37
prompt engineering	214	WandB	72
Proximal Policy Optimization	275	zero-shot	214

자연어 처리를 위한 허깅페이스 트랜스포머 하드 트레이닝
코드와 결과물로 이해하는 언어 모델과 트랜스포머

출간일	2025년 1월 13일
지은이	박성환, 남승우
펴낸이	김범준
기획 · 책임편집	최규리
교정교열	이현혜
편집디자인	김옥자
표지디자인	셀로판 강수정
발행처	(주)비제이퍼블릭
출판신고	2009년 05월 01일 제300-2009-38호
주　소	서울시 중구 청계천로 100 시그니쳐타워 서관 9층 949호
주문 · 문의	02-739-0739　　　　　　**팩스** 02-6442-0739
홈페이지	http://bjpublic.co.kr　　**이메일** bjpublic@bjpublic.co.kr
가　격	27,500원
ISBN	979-11-6592-315-0 (93000)

한국어판 © 2025 (주)비제이퍼블릭

이 책은 저작권법에 따라 보호받는 저작물이므로 무단 전재와 무단 복제를 금지하며,
내용의 전부 또는 일부를 이용하려면 반드시 저작권자와 (주)비제이퍼블릭의 서면 동의를 받아야 합니다.

 이 책을 저작권자의 허락 없이 **무단 복제 및 전재(복사, 스캔, PDF 파일 공유)하는 행위**는 모두 저작권법 위반입니다. 저작권법 제136조에 따라 **5년** 이하의 징역 또는 **5천만 원** 이하의 벌금을 부과할 수 있습니다. 무단 게재나 불법 스캔본 등을 발견하면 출판사나 한국저작권보호원에 신고해 주십시오(불법 복제 신고 https://copy112.kcopa.or.kr).

잘못된 책은 구입하신 서점에서 교환해드립니다.